KB119316

정의라는 위선,
진보라는 편견

NANAM
나남출판

정의라는 위선,
진보라는 편견

2021년 6월 6일 발행
2021년 6월 6일 1쇄

지은이   윤석만
발행자   조완희
발행처   나남출판사
주소   10881 경기도 파주시 회동길 193, 4층(문발동)
전화   (031) 955-4601 (代)
FAX   (031) 955-4555
등록   제 406-2020-000055호 (2020.5.15)
홈페이지   http://www.nanam.net
전자우편   post@nanam.net

ISBN 979-11-974673-3-2
ISBN 978-11-971279-3-9 (세트)

이 책은 관훈클럽정신영기금의 도움을 받아 저술·출판되었습니다.

정의라는 위선,
진보라는 편견

윤석만 지음

NANAM
나남출판

Liberal, Justice and Hypocrisy

by

YUN SUKMAN

NANAM

머리말

우리의 편견과 착각은 아니었을까. 민주주의를 위한다며 행한 일들이 민주주의를 위기에 빠트리고, 정의를 구현하기 위한 과거 청산이 도리어 새로운 적폐를 만들어낸 건 아니었느냐는 말이다.

이 책을 쓰는 내내 들었던 생각은 '이명박근혜'라는 표현이 과연 옳은가 하는 것이었다. 나는 오히려 '문박근혜'가 맞지 않나 생각한다. 역사 해석을 독점하려 하고(국사 교과서 국정화, 5·18 역사왜곡 처벌법), 정의에 대한 독선적 태도(비정상의 정상화, 적폐 청산)를 보인다는 점에서 문재인은 박근혜와 닮았다.

이념보다 실용을 내세웠던 이명박과, 미래를 위해 지지층까지 등질 수 있던(한미 FTA 타결) 용기를 가진 노무현은 '문박근혜'와는 전혀 다른 사람이다. 그런데도 문재인을 계속 노무현의 계승자로 오독誤讀하고, '이명박근혜'로 뭉뚱그려 부르는 것은 지금 한국사회가 갖고 있는 가장 큰 편견이자 착각이다.

　문재인 정권은 '촛불혁명'이라는 실체가 불분명한 말로 자신의 집권 정당성을 내세워 왔다. 하지만 2016년 국정농단 사태에 분노해 광장에 나선 시민들의 마음은 거리에 켜진 촛불의 개수만큼이나 다양했다. 유일한 공통점은 시민이 양도한 국가 권력을 민주주의라는 제도의 틀 안에서 사용하지 않은 통치자에 대한 단죄였다.

　광장에 나섰던 모두가 염원했던 소망은 적어도 박근혜보다 나은 정치를 해달라는 거였다. 수백만의 촛불 중엔 문재인식 검찰개혁을 찬성하는 이들도 있고, 반대하는 이들도 있다. 정부의 친북·친중, 반일·반미 성향의 외교 노선도 각자 생각을 달리한다. 정치팬덤의 '양념'에 대한 생각 역시 제각각이다. 모두가 동의하는 유일한 한 가지는 민주주의의 질적 성숙이다.

　하지만 문재인 정권은 국민 다수가 동의하지 않은 일조차 '촛불정신'이란 미명을 씌워 제멋대로 해왔다. 그 탓에 박근혜에서 문재인으로 이어진 시간 동안 급격히 한국의 민주주의는 후퇴했다. 1987년 운동으로서의 민주화가 끝난 이후, 작은 부침은 있을지언정 그래도 우리는 제도로서의 민주주의를 조금씩 성숙시켜 왔는데 이를 한꺼번에 망쳐버린 것이다.

　반증 불가능한 선험적 정의를 통치철학으로 내세우고, 그에 대한 맹목적 믿음을 권력의 자양분 삼아 민주주의를 위기에 빠뜨린 이들의 죄는 후대에서 냉정하게 평가될 것이다. 특히 민주주의와 한 쌍인 자유주의를 헌신짝처럼 내던진 집권세력의 행태는 부르봉 왕조를 단죄했다 스스로 몰락해버린 자코뱅처럼 이성의 법정에 세워질 날이 올 것이라 생각한다.

미래세대는 어쩌면 지금의 한국사회를 매카시즘의 광풍이 몰아쳤던 1950년대 미국처럼 반지성反知性의 시대로 기억하게 될지 모른다. 선거를 통해 권력을 획득한 독재자가 인민들을 광인으로 몰아넣었던 1930년대 독일을 떠올릴 수도 있겠다. 정도의 차이는 있을지언정 이성과 논리, 합리적 토론과 비판적 견제가 사라지고 있다는 점에서 그 본질은 같다.

데카르트의 방법적 회의처럼 사회구성원으로서 인간의 모든 권리와 가치를 하나씩 제거해 나갈 때 최후에 남는 것은 인간의 존엄과 자유뿐only liberty이다. 인간 이성의 마지막 보루인 자유주의의 관점에서 지금의 한국사회를 진단하는 것이 이 책의 주된 목표다.

존 스튜어트 밀은 사회·정치적 자유란 무엇이며 개인의 자유가 어떻게 역사를 발전시키는지 체계적으로 논증한 최초의 학자이자 정치가였다. 밀이 1859년에 쓴 〈자유론on liberty〉에서 말한 사건 하나를 소개한다. 1857년 7월 영국 콘월Cornwall에서 토마스 풀리라는 남성이 기독교를 비판하는 문구를 집 대문에 써 놨다가 유죄를 받았다. 비슷한 시기 런던의 형사법정에 배심원으로 출석한 에드워드 트루러브(7월)와 조지 홀리오크(8월)는 '신을 믿지 않는다'고 했다가 배심원 자격을 박탈당했다.

당시 영국엔 기독교를 모독하면 처벌받고, 하나님을 믿지 않으면 법정에서 증언할 수 없는 법률이 존재했다. 만약 두 배심원이 속으론 신을 믿지 않으면서 겉으로는 '신을 믿는다'고 거짓말했다면 불이익을 당하지 않았을 것이다. 양심을 속이면 이익을 얻고, 진실을 말하면 처벌받는 모순된 법이 통용되고 있던 셈이다. 일종의 '양심불량조장법'이다.

이에 대해 밀은 "생각과 표현을 금지하는 법이 아직까지 존재한다. 사상의 자유를 억누르는 질서가 영국의 정신을 갉아먹고 있다"고 비판했다. 그러면서 "법적 처벌을 받거나 사회적 오명을 뒤집어쓰는 것과 같은 현실적인 두려움이 크기 때문에 지식인들이 자신의 의견을 자유롭게 공표할 수 없다"고 꼬집었다.

밀은 이런 법과 제도, 문화를 '박해의 구습'이라고 규정하며 독선적 믿음이 이성을 마비시킨다고 생각했다. 이런 사회에선 "진실이 드러나기도 어렵고 불관용 앞에서 자신의 생각을 거짓으로 위장하게" 된다. 그 때문에 밀은 비판을 허용하지 않는 모든 신념과 이론, 주장 등이야말로 진짜 '악'이라고 지적했다.

160여 년이 지난 현재의 한국사회는 어떤가. 우리에게 '박해의 구습'이 없다고 자신 있게 말할 수 있을까. 지난 몇 년간 한국사회에서 벌어진 일들을 보면, 밀이 살던 19세기 영국보다 더하면 더했지, 덜하진 않을 거란 생각이 든다.

이 책에서 말하는 자유주의는 정확히 말해 사회·정치적 자유주의다. 모든 것을 시장의 원리로 설명하려는 자유방임과는 엄연히 다르다. 한때 보수의 총아였던 신자유주의와도 거리가 있다. 핵심 논지 중 하나는 표현·집회·결사의 사회적 자유주의가 어떻게 소수자를 보호하는 정치적 자유주의로 연결되고, 이것이 어떻게 현대 민주주의를 지탱하는 주요 원리가 됐는지 살펴보는 것이다.

다시 말해 '반자유주의적 민주주의' 현상의 원인을 보편과 특수의 관점에서 따져보고, 지금 우리에게 가장 필요한 것은 무엇인지 고민해 보고자 했다. 그 과정에서 문재인 정권이 내세운 '정의'의 가치가 어떻게 오염되고, 집권세력이 내세운 '진보'의 민낯이 얼마나 위선적이었는지 살펴보았다. 구체적 현상을 다루지만, 해석의 객관성을 위해 정치학과 사회학의 이론과 개념뿐 아니라 역사·철학·영화·과학 등 다양한 인문적 지식들로 현실을 깊게 투영했다. 이 책을 정치비판서 이전에 지식교양서라고 부를 수 있는 이유이기도 하다.

책이 나오기까지 신세 진 분들이 많다. 특히 20대 시절부터 민주주의란 무엇인가 고민할 수 있게 지적 영감을 주신 최장집, 홍세화 두 분 선생님께 감사드린다. 당신들께서 쌓아놓은 지성의 탑에 작은 돌멩이 하나라도 얹을 수 있다면 큰 영광이다. 원고를 직접 읽고 여러 조언을 아끼지 않으신 나남의 조상호 회장님과 꼼꼼히 교열해준 편집진 및 출판사 가족들에게도 고마운 마음을 전한다.

2021년 6월

차례

프롤로그

'문재인과 열린사회의 적들'에게 역사가 그 책임을 묻는다면 가장 큰 죄목은 분열이 될 것이다. 임대인과 임차인, 기업과 노조, 남성과 여성, 50대와 20대 등 나라 곳곳을 둘로 쪼개 놨기 때문이다. 광신적 팬덤으로 이성을 마비시키고, 분노의 파토스를 정치동력 삼아 선배들이 피땀 흘려 쌓아올린 민주주의의 탑을 무너뜨렸다.

유명 정치학자 후안 린츠는 "민주주의의 가장 위험한 적은 스스로를 민주주의자라 생각하고, 자신이 민주주의를 구하거나 개선하기 위해 투쟁한다고 확신하는 사람"이라고 했다(Linz, 1978). 그의 지적대로 민주화 투쟁을 일생의 업적으로 내세우는 문재인과 친문 정치인들은 아직까지 운동권 정서에 도취해 있다. 국정을 운영하지 않고 국민 과반수와 싸우며 갈등만 양산했다.

그들을 지지하는 40%[1]의 투표자만 국민으로 생각하고, 이들의 의견이 마치 전 인민의 생각인 것처럼 호도하며 대의민주주의를 위기에 빠트렸다. 그 결과 진보진영 내부에서도 "민주당엔 민주주의자가 없다"(홍세화) **2**거나 "진보를 참칭(僭稱)하는 동네 깡패"(김경율) **3** 같은 비판의 목소리가 터져 나왔다.

정권이 바뀐다 한들 이들이 분열시켜 놓은 한국사회가 다시 화합을 이루기는 쉽지 않아 보인다. 의견이 다르면 대화와 타협을 통해 조율할 수 있지만, 친문 세력이 만들어 놓은 대안적 사실**4**은 실재하는 현실을 오히려 거짓으로 만들어 놨기 때문이다. 그 결과 지지자

---

1 2017년 19대 대통령선거에서 문재인 후보는 41. 1%(1, 342만 3, 800표)를 얻었다. 광주(61. 14%)와 전북(64. 84%)·전남(59. 87%)에서 압도적 득표를 했고 세종(51. 08%)에서 과반을 얻었다. 인구가 밀집해 있는 서울(42. 34%)·경기(42. 08%)·인천(41. 20%)에선 평균에 근접했고 대전(42. 93%)·제주(45. 51%)에선 평균을 약간 웃돌았다. 전통적으로 보수세가 강한 대구(21. 76%)·경북(21. 73%)에선 열세였다.

2 〈레드필〉(2020. 2. 14.), "민주당에는 민주주의자가 없다".

3 〈중앙일보〉(2020. 3. 4.), "〔진보 지식인의 분열〕 민주당이든 통합당이든 뒷골목 깡패와 뭐가 다른가".

4 'Post-Truth'. 거짓말을 일삼는 도널드 트럼프 전 미국 대통령을 비판할 때 자주 쓰인다. 트럼프 취임식 당시 참가자 수가 전임인 버락 오바마 전 대통령보다 훨씬 적다는 지적이 나오자 숀 스파이서 언론 비서관이 기자회견을 통해 "오바마 때보다 더 많이 왔고, 잔디 보호를 위해 흰 천을 깔아 적게 보일 뿐"이라며 거짓말했다. 기자들이 이 사실을 추궁하자 캘리언 콘웨이 백악관 선임고문이 "거짓말 한 게 아니다. 대안적 사실을 말한 것 뿐"이라고 해명했다. '대안적 사실'이란 표현은 일종의 말장난 같지만 대중들에겐 엄청난 파괴력을 지닌다.
한국에서도 정경심 교수의 PC 반출을 증거인멸이 아닌 '증거보존'이라고 하거나, 정 교수 아들의 대리시험을 '오픈북 찬스'라고 한 사례(이상 유시민 노무현재단 이사장)가 대표적 '대안적 사실'에 해당한다.

들의 객관적인 인지·자각 능력까지 망가뜨렸다.

과거엔 같은 사실을 놓고 다른 주장을 했기에 서로가 의견을 조금씩 양보하면 절충이 가능했다. 그러나 이제는 두 개의 사실과 공존할 수 없는 각각의 세계관이 충돌한다. 대안적 사실을 맹신하는 이들은 객관적 현실을 말하는 사람들이 오히려 언론과 검찰, 재벌과 보수 정치인이 만들어낸 가짜뉴스에 빠져 진실을 보지 못한다고 믿는다. 그러면서 스스로를 '깨시민'[5]이라고 자부한다.

16세기 유럽에서 벌어진 종교전쟁을 놓고 몽테뉴가 "강 하나를 사이에 두고 이쪽과 저쪽의 진리가 다르다"고 말한 것처럼 진보와 보수, 친문과 반문, 서초동과 광화문 집회 참석자들은 진실이 다른 두 개의 세상에 살고 있다. 문재인 정권의 극성 지지자들, '문파'들에게 상대는 대화와 타협의 대상이 아니라 무지몽매한 중우衆愚이며, 그 때문에 이들을 뒤에서 조종하는 적폐와 토착왜구를 쓰러뜨려야 한다고 믿는다.

이때 교조적 역할을 하는 이들이 김어준·유시민 등으로 대표되는 '코스프레 언론인'이다. 객관적 팩트를 말하는 게 아니라, '합리적 의심'이라며 믿고 싶은 걸 사실처럼 이야기한다. 그렇게 사실은 창조되고 팬덤은 더욱 공고해진다. 이런 방식으로 대한민국의 민주

---

5 노무현 전 대통령이 이야기한 '깨어 있는 시민'의 줄임말이다. 최근에는 스스로 똑똑하다고 생각하지만 사실상 어느 한편에 치우쳐 객관적으로 현실을 인식하지 못하는 이들을 비판하는 말로도 쓰인다.

주의는 지난 몇 년간 급속도로 어두컴컴한 구렁텅이에 빠졌다.

열린사회의 적들이 무너뜨린 민주주의의 원칙들을 다시 쌓을 때까지는 오랜 시간이 걸릴 것이다. 조 바이든 미국 대통령이 취임 일성으로 '화합'을 내세웠지만 트럼피즘6의 상흔傷痕이 너무나도 커 치유하기가 어려워 보이듯, 우리도 지난한 갈등과 혼란의 과정을 겪을 수밖에 없다. 상처가 덧나지 않고 회복기간이 짧아지기만을 간절히 바랄 뿐이다.

그렇다면 열린사회의 적들이 망가뜨린 민주주의의 핵심 원칙은 무엇인가. 바로 자유주의다. 단순히 댓글테러와 신상털기로 반대파의 입에 재갈 물리는 것만을 이야기하는 게 아니다. 한국 정치의 가장 큰 위기는 자유주의를 무너뜨림으로써 전체주의로 치달을 수 있는 민주주의의 태생적 위험성7을 증폭시키는 데 있다.

본래 민주주의의 형태는 다양하다. 선거라는 합법적 제도를 통해 권력을 획득한 히틀러의 제3제국도 형식적으로는 민주주의를 표방

---

6 *Trumpism.* 도널드 트럼프 미국 대통령의 포퓰리즘적인 주장에 지지자들이 열광하는 현상. 보수 백인들의 이익을 옹호하며 극단적인 표현도 서슴지 않는다. 반이민 정서가 대표적이다. 트럼프 정부 후반에는 미국 지식인들이 민주주의의 위기를 지칭하는 동의어로 쓰기도 했다.

7 민주주의의 기본 전제는 평등이다. 신분제와 달리 시민 모두가 평등한 권리를 갖는 것이 민주주의의 핵심 원칙이다. 대표적인 의사결정 수단 또한 모두가 한 표씩 정당하게 행사하는 다수결이다. 그렇기 때문에 가장 현명한 자의 통찰과 제일 어리석은 자의 소견도 똑같은 무게를 지닌다. 기원전 4세기 소크라테스의 독배를 보며 중우정치의 문제점을 비판했던 플라톤의 지적은 오늘날에도 유효하다.

했다. 초기 나치당은 1928년 선거에서 80만 표(3%)를 얻는데 그쳤지만, 1930년 600만 표(18%), 1932년 1,400만 표(37%)를 얻었다. 나치당 돌격대의 브라운 셔츠는 1930년 10만 명에서 2년 사이 40만 명으로 늘었다.

선거를 통해 노동자들의 강력한 지지를 등에 업은 히틀러는 "분열되고 절망적인 세상 속에서 강렬한 사회적 열망을 가진 계층의 분노를 대변하면서" 권력을 휘둘렀다(Faulkner, 2016). 다수 대중의 열성적 지지는 소수를 억압하고 표현의 자유를 제한했다.

마르크스 · 레닌주의를 근간으로 한 인민민주주의도 마찬가지다. 1903년 러시아의 사회민주노동당은 두 파로 나뉘었는데, 이 중 레닌을 위시한 다수파가 볼셰비키였고 그 반대인 소수파가 멘셰비키였다.[8] 민주적 투쟁을 강조한 멘셰비키의 목소리는 순식간에 자취를 감췄고, 무산계급이 주도하는 체제 전복과 정권 탈취를 강조하는 볼셰비키만 독주했다. 혁명 후 레닌은 구소련의 통치체제로 인민민주주의라는 표현을 썼지만, 우리가 알고 있는 민주주의와는 전혀 다른 것이었다. 중국 역시 헌법 제1조에서 "중화인민공화국은 인민민주독재의 사회주의 국가"라고 명시해 놨고, 북한도 공식명칭은 '조선민주주의인민공화국'이다.

결국 어떤 민주주의를 하느냐가 중요하다. 민주주의라고 다 같은

---

8 볼셰비키는 러시아어로 '다수'(Большевики)를 뜻하며, 멘셰비키는 '소수'(Меньшевики)라는 의미다.

민주주의가 아니다. 지금까지 우리가 누려왔던, 미국·영국 등 서방으로 대표되는 민주정체의 공식명칭은 '자유민주주의'다. 평소 '민주주의'라고 줄여 쓰고 있지만, 실제로는 자유민주주의가 맞는 말이다. 자유주의가 없다면 북한의 민주주의와 차별화될 수 없다.

우리 헌법이 전문에서 "자율과 조화를 바탕으로 자유민주적 기본질서를 더욱 확고히 하여 … 자유와 권리에 따르는 책임과 의무를 완수하게" 한다고 명시해 놓은 것도 그 때문이다.9 미국의 수정헌법 제1조 역시 언론·출판·집회·결사 등 표현의 자유를 강조한다. "자유가 아니면 죽음을 달라"던 패트릭 헨리10의 외침도 자유주의가 문명사회의 가장 중요한 원칙임을 밝히고 있다.

9 우리의 현행 헌법(1987년 개정)의 전문은 다음과 같다.
　"유구한 역사와 전통에 빛나는 우리 대한국민은 3·1운동으로 건립된 대한민국 임시정부의 법통과 불의에 항거한 4·19민주이념을 계승하고, 조국의 민주개혁과 평화적 통일의 사명에 입각하여 정의·인도와 동포애로써 민족의 단결을 공고히 하고, 모든 사회적 폐습과 불의를 타파하며, 자율과 조화를 바탕으로 자유민주적 기본질서를 더욱 확고히 하여 정치·경제·사회·문화의 모든 영역에 있어서 각인의 기회를 균등히 하고, 능력을 최고도로 발휘하게 하며, 자유와 권리에 따르는 책임과 의무를 완수하게 하여, 안으로는 국민생활의 균등한 향상을 기하고 밖으로는 항구적인 세계평화와 인류공영에 이바지함으로써 우리들과 우리들의 자손의 안전과 자유와 행복을 영원히 확보할 것을 다짐하면서 1948년 7월 12일에 제정되고 8차에 걸쳐 개정된 헌법을 이제 국회의 의결을 거쳐 국민투표에 의하여 개정한다."
10 패트릭 헨리(1736~1799). 미국 독립혁명을 이끈 지도자. 1775년 "자유가 아니면 죽음을 달라"라는 연설로 미국 독립을 위해 영국과의 전쟁을 주장했다. 버지니아 초대 주지사를 지냈고, 자유주의자답게 강력한 연방정부의 탄생을 경계했다.

다만 안타까운 것은 한국사회에선 유난히 자유주의에 대한 오해가 팽배해 있다는 점이다. 과거 국가주의 세력11의 집권정당이 '자유당', '민주자유당'이었던 탓에 자유가 당명에 들어간 정당은 수구적이고 기득권적이라는 잘못된 이미지를 갖게 됐다. '국민의힘'의 전신인 자유한국당도 국민들에게 비슷한 인상을 줬다.

또 다른 오해는 신자유주의를 자유주의의 전부인 양 착각하는 것이다. 이명박 정부로 대표되는 뉴라이트12는 마치 시장이 만능인 듯한 인상을 줬다. 재벌과 자본을 편들며 불평등 해소에는 관심이 없는 것처럼 인식됐다. 보수정치 안에서도 이에 대한 자성의 노력으로 '경제민주화'를 내걸었지만, 박근혜 전 대통령 탄핵과 함께 보수정당이 경제민주화를 위해 노력했던 일들은 시나브로 잊혀졌다.

한국의 특수한 상황을 볼 때 진짜 자유주의 입장에서는 참으로 억울한 노릇이 아닐 수 없다. 제대로 된 자유주의를 펴보지도 못한 채 도매금으로 넘어가는 상황이기 때문이다. 진짜 자유주의는 사회적

---

11 이 책에서는 보수정치와 구분되는 개념으로 국가주의 세력을 따로 정의하고 있다. 즉, 제도적 민주주의가 이뤄지기 전(1987년 직선제 이전)까지 군부를 바탕으로 한 집권세력을 뜻한다. 제도적 민주주의가 자리 잡은 오늘날의 기준으로 독재정권이었던 국가주의 세력을 보수와 진보 중 어느 한편으로 규정하는 것은 온당치 않기 때문이다.

12 서방국가에서는 1980년대에 본격적으로 성장해 미국의 레이건, 영국의 대처 행정부의 정책기조를 이뤘다. 케인지언의 큰 정부를 비판하며 공적 영역의 축소와 시장의 확대를 강조했다. 다만 뉴라이트에서의 자유주의는 개인주의와 자유시장, 작은 정부 등으로 축소돼 있어 시장 만능이라는 오해를 사기도 했다.

·정치적 자유주의를 동반한다. 시장을 중시하고 작은 정부를 선호하는 경제적 자유주의만이 전부가 아니란 뜻이다.

그렇다면 사회적·정치적 자유주의란 무엇인가. 사회적 자유주의의 핵심은 표현의 자유이며, 정치적 자유주의의 핵심은 소수자 보호를 제도화하는 일이다. 말 그대로 표현의 자유는 누구나 자신의 의견을 자유롭게 말하고 행동할 권리를 뜻한다. 다양성과 관용, 개방이 기본가치다. 이를 가장 잘 설명해 놓은 책이 존 스튜어트 밀의 〈자유론〉13이다.

밀은 서문에서 "철학적 자유가 아닌 사회적 자유를 논하겠다"고 밝혔다. 사회적 자유주의가 제도로서 발전된 형태를 정치적 자유주의라고 볼 수 있다. 간단히 설명해 보면, 보통 우리는 자유주의가 '내 마음대로 할 권리'를 뜻한다고 생각한다. 좀더 아는 이들은 〈자유론〉이 자유에 제한을 가할 수 있는 조건을 명시해 놨다고 말한다.

대표적인 사람이 유시민(노무현재단 이사장)이다. 2020년 '재인산성' 논란 당시 그는 "어떤 사람의 행동이 타인의 자유를 부당하게 침해하는 지점에선 개입이 정당하다"고 말했다. '재인산성'을 옹호하는 논리로 밀의 자유주의를 차용한 것이다. 반대로 진중권(전 동양대 교수)은 "개인과 소수를 존중하는 것이 〈자유론〉의 핵심"이라며 유

---

13 존 스튜어트 밀의 〈자유론〉(1859)은 자유주의 사상의 고전이다. 그 때문에 이 책에서는 〈자유론〉이 여러 번 언급될 것이다. 존 스튜어트 밀은 〈자유론〉에서 "사회가 개인을 상대로 정당하게 행사하는 권력의 성질과 한계를 살펴보는 것이 목적"이라고 설명했다.

시민을 반박했다.**14**

똑같은 책을 놓고 두 사람의 해석이 다르다. 두 사람이 말한 내용 모두 〈자유론〉에 담겨 있다. 그러나 진중권의 해석이 책 전반에 흐르는 논지에 더 가깝다. 왜 그런가. 밀은 권력에 제한을 가하는 것이 진짜 자유라고 본인의 뜻을 분명히 밝혔다. 국가는 언제든지 개인의 권리를 침해할 수 있고, 권력은 호시탐탐 기본권을 제한하려 하기 때문이다.

자연상태의 인간이 사회계약을 맺고 국가에 권력을 양도한 시점부터 '리바이어던'**15**은 개인을 상대로 무소불위의 권력을 휘둘렀다. 이에 맞서 개인의 권리를 강화하고 국가의 역할을 축소하며 견제하려 했던 것이 민주주의 발전의 역사였다. 그러므로 자유주의는 국가로부터 개인을 지킬 수 있는 가장 기본적인 안전장치인 셈이다.

자유주의는 과거 신분제 사회였던 절대왕정으로부터 시민을 지킬 뿐 아니라 민주주의가 전체주의와 포퓰리즘으로 흐르지 않도록 중요한 역할을 한다. 민주주의는 평등이 핵심가치이며, 주요 의사결정 도구는 다수결이다. 그러나 모든 중요한 정치적 의사결정을 다수

---

14 〈중앙일보〉(2020. 11. 23.), "가짜 자유주의자 vs 진짜 자유주의자".

15 토마스 홉스가 1651년에 쓴 〈리바이어던〉은 국가를 구약성격의 욥기에 나오는 괴물 '리바이어던'으로 묘사했다. 홉스에 따르면 국가는 전쟁과 같은 외부의 침략과 위협, 내부에서 벌어지는 범죄와 무질서, 혼란 등을 막기 위해 사람들의 계약을 통해 만들어졌다. 홉스가 살았던 당시의 영국은 입헌군주제였기 때문에 오늘날과 같은 민주적 개념의 국가를 염두에 두진 않았다.

결로 해결하는 것은 오히려 민주주의에 위배된다.

예를 들어 2020년 거대여당이 된 더불어민주당이 야당을 '패싱'하고 각종 법안들을 강행 처리한 사례가 대표적이다. '부동산 3법'이나 '대북전단금지법' 등 처리에서 100명이 넘는 야당 의원들의 의견은 묵살된 것이나 다름없다. 물론 국회 입법은 다수결의 원칙에 따라 표결로 이뤄지기 때문에 앞선 행위 역시 '민주적'이라 볼 수 있다.

그러나 모든 것을 다수결 논리로 밀어붙이는 사회에선 반대편에 있는 소수자의 의견이 무시될 가능성이 크다. 즉, 평등에 기초한 민주주의는 다수의 폭정상태로 빠지기 쉽고 그 때문에 자유주의가 다수결의 견제장치로 작동해야만 민주주의가 전체주의나 포퓰리즘으로 흐르지 않는다.

최근 서구의 정치학계는 이를 두고 '반反자유주의적 민주주의'(Mounk, 2018)[16]라고 부른다. 당연히 한 세트라고 믿어왔던 자유민

---

16 야스차 뭉크(2018)는 〈위험한 민주주의〉에서 자유주의가 민주주의로부터 떨어져 나가며 대의정치의 위기가 시작됐다고 말한다. 대의정치의 위기는 크게 두 가지 양태로 나타나는데 첫째는 반(反)민주주의적 자유주의고, 둘째는 반(反)자유주의적 민주주의다. 먼저 반민주주의적 자유주의는 엘리트 위주의 정치체제에서 자유는 보장하되, 시민들의 의견이 정책결정에 반영되지 않는 경우를 뜻한다. 형식적인 선거는 존재하지만, 사실상 정치 엘리트와 사회 기득권의 이해관계를 중심으로 국정이 운영되는 체제다. 과거 독재정권 시절 한국의 체육관 선거를 떠올리면 이해하기 쉽다.

　반자유주의적 민주주의는 권력자가 대의정치를 무너뜨리고 국민과 직거래하는 방식을 말한다. 나치를 옹호했던 학자 칼 슈미트의 이론처럼 정치는 자신과 상대의 투쟁이며, 권력 획득만을 정치의 유일한 목표로 삼는다. 그 안에서 다수 의견은

주주의에서 자유주의가 떨어져 나갔기 때문이다. 미국과 프랑스 등 선진국도 '반자유주의적 민주주의' 양상을 띤다. 한국도 마찬가지다. 문재인과 열린사회의 적들이 빚어낸 혼란과 갈등의 본질 역시 자유주의를 무너뜨렸다는 데 있다.

이 책은 '반자유주의적 민주주의'가 나타난 이유를 보편과 특수의 관점에서 살펴본다. 정치 선진국인 서방국가들도 민주주의 위기 현상을 겪고 있기 때문에 위기를 초래하는 공통적인 원인이 분명히 존재한다. 미국의 도널드 트럼프, 프랑스의 장마리 르펜, 그리스의 알렉시스 치프라스, 이탈리아의 마테오 살비니 등이 '반자유주의적 민주주의'의 주범이다.

다만 비교적 오래전부터 민주주의의 위기를 겪어온 서방국가들과 달리 한국에선 급진적으로 '반자유주의적 민주주의'가 심화됐다. 이 말은 보편적 원인과는 다른 우리만의 특수한 상황이 있을 거란 뜻이다. 그렇기 때문에 보편과 특수의 관점에서 한국사회가 겪고 있는 민주주의 위기 현상의 본질을 분석하는 것이 이 책의 목표다.

먼저 책의 앞부분에서는 자유주의와 민주주의, 보수와 진보, 열린사회와 닫힌사회 등의 개념부터 흥미로운 이야기꺼리와 함께 살

인민의 총의로 승화되고, 그 뜻을 대리하는 것은 권력자이며, 다수 의견에 반대하는 것은 인민의 뜻에 반하는 것이 된다. 이 책에서는 주로 반자유주의적 민주주의에 대해 다룬다.

펴볼 것이다. 예를 들어 첫 장에서는 마블코믹스의 인기 캐릭터인 아이언맨과 블랙팬서를 소재로 자유주의와 국가주의의 개념을 따져 본다. 민주주의의 전체주의 위험성을 이야기할 때는 소크라테스의 마지막 법정이 그림처럼 묘사된다.

그다음으로 민주주의 위기의 보편적 원인은 무엇인지 서방국가들의 사례를 통해 살펴본다. '반자유주의적 민주주의'를 초래한 가장 핵심적인 독립변수는 불평등이다. 폴 크루그먼은 "지나친 양극화는 민주주의와 양립할 수 없다"고 말한다. 그러면서 "정치시스템이 불평등으로 왜곡되고 있고, 소수에 집중된 부가 계속 커갈수록 이런 왜곡이 점점 심해지고 있다"고 지적한다.17 세계화 이후 이런 불평등은 더욱 심각해졌고, 각 나라에서 비슷한 방식으로 민주주의의 위기를 초래하였다. 이를 세계 각국의 구체적인 케이스를 통해서 따져보고자 한다.

그다음은 한국의 정치현실이다. 한국 정치에 나타난 위기적 징후들을 그동안 발생했던 사건들을 중심으로 따져보고, 그 원인은 무엇인지 분석하고자 한다. 이때 주요 독립변수는 운동권 민주주의를 실행하는 586 집권세력과 이들의 핵심지지층인 X세대와 정치팬덤이다. 이를 통해 한국이 얼마나 닫힌사회로 가고 있는지 진단한다.

책의 후반부에선 지금의 위기를 타개할 수 있는 열린사회의 원칙

---

17 *New York Times*(2011. 11. 4.), "〔Paul Krugman column〕 Oligarchy, American Style".

에 대해 이야기해 보려고 한다. 그 핵심은 자유주의의 복원이다. 정확히 말하면 한국사회에선 자유주의가 제대로 뿌리내려 본 적이 없기 때문에 자유주의를 복원한다는 표현보다는 '파종播種'이라는 수사가 더 적합할 수도 있겠다. 경제적 자유주의에 더해 사회적·정치적 자유주의까지 우리 몸에 체화하자는 주장이다.

프랜시스 후쿠야마18는 2017년 9월 〈워싱턴포스트〉와의 인터뷰에서 "('역사의 종언' 이후) 민주주의가 어떻게 퇴보할 수 있는지 생각해보지 않았지만 민주주의도 분명히 후퇴할 수 있음을 깨달았다"고 말했다. 그가 여기서 말한 민주주의는 당연히 자유민주주의를 뜻한다. 트럼피즘으로 반자유주의적 민주주의가 판치는 세태를 개탄한 것이다.

1989년 후쿠야마는 〈역사의 종언〉에서 공산주의의 멸망을 예측했다. 실제로 1990년 독일 통일, 1991년 소련의 붕괴로 전망은 현실이 됐다. 사회주의와의 경쟁에선 자본주의가, 국가주의(독재)와의 경쟁에선 자유주의가 승리한 것이다. 자유민주주의의 경쟁자가 사라지며 냉전의 프레임이 지배했던 20세기의 역사는 끝났다는 게 그의 설명이었다.

---

18 1989년 프랜시스 후쿠야마(Francis Fukuyama)는 〈역사의 종언〉이란 논문에서 공산주의는 붕괴할 것이라고 예측했다. 실제로 얼마 후 동유럽과 소련의 공산주의 체제가 붕괴하며 일약 스타덤에 올랐다. 자유민주주의가 공산주의 체제에 승리하며 "역사는 종언을 고했다"고 선언했다. 이를 통해 자유민주주의는 항구적인 정치 체제로 자리 잡을 것이라는 믿음이 커졌다.

하지만 역사는 돌고 돈다고 했던가. 20세기 제국주의와 대공황을 겪으며 결합된 자유주의와 민주주의 조합에 균열이 생기기 시작했다. 한없이 공고하다 생각했는데 금이 가기 시작하더니 너무 쉽게 무너져 버렸다. 이 상태를 그대로 둔다면, 100년 전 세계가 겪었던 혼란을 다시 경험하게 될지 모른다. 그래서 우리는 자유주의의 끈을 더욱 더 놓지 말아야 한다. 이 책은 그 끈을 더욱 강하게 묶었으면 하는 마음에서 썼다.

책에 나오는 인물에 대해선 가급적 직책을 빼고 이름만 표기했다. 과거와 현재의 직책이 달라 혼선이 빚어질 경우, 직책을 써야만 의미 전달이 자연스러울 경우를 제외하곤 간결하게 이름만 썼다. 의미 없이 반복되는 단어들이 많아지면 글의 흐름을 깰 수 있다는 판단에서다. 혹시라도 해당 인물에 대해 불경不敬의 뜻이 있어 그런 게 아님을 미리 밝힌다.

1부

자유주의·민주주의의
중요한 원칙들

1

/

아이언맨의 자유주의
블랙팬서의 전체주의

아이언맨 vs. 블랙팬서

진보와 보수는 무엇이냐.1 이 물음에 답하는 것은 쉽지 않다. 어느 하나의 이슈를 놓고 찬반에 따라 보수와 진보를 재단裁斷하는 것도 바람직하지 않다. 그동안 우리는 두 개념이 정확히 무엇을 뜻하는지도 모른 채 당연한 듯 써왔다. 어찌 보면 한국 정치의 가장 큰 문제점은 진보와 보수라는 개념조차 정확히 모르면서 서로 패를 갈라 싸워온 것인지도 모른다.

---

1 진보와 보수는 어떻게 정의할 수 있고, 국가의 개념과 역할은 무엇인지에 대해선 저자의 다른 책 〈리라이트〉(2018)에 자세히 설명돼 있다. 다소 내용이 중복될 수 있지만, 이 책의 논지인 민주주의의 위기 현상을 따져보기 위해서는 해당 이론을 짚고 넘어갈 필요가 있어 간략히 논지만 소개한다.

이번 장에서는 영화 〈어벤저스〉의 인기 캐릭터 아이언맨과 블랙 팬서를 소재로 두 개념을 설명해 보고자 한다. 먼저 〈아이언맨〉에서 가업을 이어받은 괴짜 과학자 토니 스타크는 그의 회사 '스타크 인더스트리'에서 지구를 지키는 데 필요한 모든 물건을 만든다. '어벤저스'의 리더인 캡틴 아메리카의 방패도, 스파이더맨의 최첨단 슈트 역시 모두 스타크 인더스트리의 작품이다.

〈어벤저스〉에서 외계인이 지구를 침공했을 때 맞서 싸운 이들은 아이언맨과 그가 만든 로봇, 또 스타크 인더스트리가 발명한 제품을 착용한 히어로들이다. 이때 세계 최강의 군사력을 보유한 미국 정부는 무엇을 했나. 그저 손 놓고 바라보기만 했다. 최첨단 전투기들도 외계인의 우주선 앞에선 무용지물이었기 때문이다.

다만 미국 정부는 '쉴드'라는 조직을 만들어 아이언맨과 히어로들을 지원했다. 하지만 그 역할도 매우 미미했다. 히어로들을 통제하려는 '쉴드'와 간섭에서 벗어나려는 히어로들 간의 갈등으로 '어벤저스'는 내분까지 겪었다.[2] 결국 〈아이언맨〉이 대표하는 마블의 세계관에선 지구를 지키는 것과 같은 중요한 일은 아이언맨이 이끄는 스타크 인더스트리의 몫이다.

반면 또 다른 영화 〈블랙팬서〉(*Black Panther* · 검은 표범)[3]에서는 〈아

---

2 자세한 이야기는 〈어벤저스〉의 자매 시리즈인 〈캡틴 아메리카: 시빌 워〉에 잘 나타나 있다.

3 이 영화는 미국에서 2018년 개봉해 〈아바타〉 이후 8년 만에 처음으로 5주 연속 박스오피스 1위 기록을 세웠다.

이언맨〉과 전혀 다른 세계관을 보여준다. 주인공 블랙팬서는 아프리카의 가상국가 '와칸다'의 국왕 티찰라다. 블랙팬서로 변신한 티찰라가 지구 최강의 희귀금속 비브라늄 기술을 바탕으로 악당과 맞서 싸우는 이야기다.

신비의 물질 비브라늄은 10만 년 전 우주에서 떨어진 금속으로 와칸다에만 존재한다. 지구에 존재하는 그 무엇으로도 이 금속을 파괴할 수 없다. 또한 물질 자체에 에너지를 흡수하는 능력이 있어 이것으로 만든 무기는 외부에서 받은 충격을 그대로 저장한다. 그렇기 때문에 비브라늄으로 만든 블랙팬서의 슈트는 맞으면 맞을수록 그의 힘을 더욱 강하게 만든다.

와칸다는 비브라늄 기술을 바탕으로 엄청난 문명을 발전시켰다. 국가가 기술을 독점하고 그 혜택을 골고루 국민에게 나눠줬다. 모든 과학기술과 경제, 산업은 국가 주도로 이뤄진다. 와칸다 왕국이 무너지지 않고 수 세기 동안 건재할 수 있던 이유는 이곳의 왕이 위기 상황에선 블랙팬서로 변하는 '철인왕哲人王4이기 때문이다.

이제 〈아이언맨〉과 〈블랙팬서〉의 세계관을 비교해보자. 〈아이언맨〉에서 지구를 지키는 것은 개인 또는 민간인 반면, 〈블랙팬

---

4 플라톤은 스승 소크라테스를 죽게 한 아테네의 민주정에 큰 반감을 가졌다. 민주주의는 언제든 중우정치로 흘러갈 가능성이 크기 때문에 엘리트 지배계급이 정치를 맡아야 한다고 생각했다. 그가 바로 철인이다.

서〉에서는 그 역할을 국가 또는 공공이 담당한다. 전투에 필요한 자원도 〈아이언맨〉에선 각 개인(히어로)이 나눠 가지며, 모든 작전은 협업을 통해 이뤄진다. 반면 〈블랙팬서〉에선 모든 자원이 국가에 집중돼 있고, 왕의 명령에 따라 일사불란하게 전투를 치른다.

두 영화 속 세계관의 가장 큰 차이점은 개인과 국가의 관계를 어떻게 설정하느냐다. 〈아이언맨〉에선 국가가 개인의 합을 넘어설 수 없고, 오히려 개인보다 무력해 보이는 모습을 보인다. 국가는 일종의 필요악이다. 〈블랙팬서〉에서 국가는 개인의 합을 뛰어넘은 막강한 권력을 지닌다. 국가는 선한 동기를 지니며, 그 목적을 이루기 위해 절대권력을 행사한다. 다만 국가는 실체가 없기 때문에 왕이 그 역할을 대리한다.

구약성경 〈사무엘기〉에 기록된 선지자 사무엘의 이야기도 앞에서 살펴본 두 국가관의 차이를 선명하게 보여준다. 사무엘은 "(왕이 나타날 경우) 너희 아들을 데려다 전장에 내보내고 딸은 궁에 들여 시종을 삼을 것이다. 너희는 양을 키우고 밭을 갈아 바칠 것이며 끝내 모두가 종이 될 것이다. 그래도 왕을 원하느냐?"고 물었다.

하늘에 왕을 내려달라던 유대인들의 기도에 대한 답변이었다. 당시 핍박받던 유대인들은 백성을 하나로 모아 이민족과의 전쟁에서 승리할 수 있는 강한 지도자를 열망했다. 사무엘은 '자유를 잃게 될 것'이라고 경고했지만 유대인들은 강력한 국가의 꿈을 놓지 못했고, 하늘이 왕을 내려주기를 원했다.

그렇게 처음 이스라엘의 왕이 된 이가 사울5이다. 하지만 사울은 성격이 오만하고 시기심이 커 오래지 않아 백성들로부터 신망을 잃었다. 그 뒤를 이어 왕좌에 오른 이가 바로 지혜로운 청년 다윗6이다. 소년 시절 골리앗을 물리친 그는 인자한 성품으로 백성들의 존경을 한몸에 받았다. 그의 치세는 아들인 솔로몬까지 이어져 유대 왕국의 전성기를 이룩했다.

이스라엘 최초의 왕국에 대한 이야기는 앞서 〈아이언맨〉과 〈블랙팬서〉처럼 국가의 존재이유에 대한 두 관점을 모두 담고 있다. 첫째는 사무엘의 경고와 같이 국가를 개인의 권리와 자유를 침해하는 '필요악'으로 보는 것이다. 둘째는 다윗, 솔로몬 같은 지혜로운 왕이 다스리며 국가가 '선한 의지'를 실현한다는 입장이다.

국가에 대한 두 개념부터 명확히 짚고 넘어가야 민주주의와 자유주의, 진보와 보수를 정확히 이해할 수 있다.7 이제 국가는 무엇이며 왜 탄생했는지, 개인과의 관계에 따라 정치체제는 어떻게 달라지

---

5 재위 BC 1037~1010년. 선지자 사무엘이 세운 유대 왕국의 첫 번째 왕. 양치기 소년이던 다윗이 전쟁에서 승리 후 사람들의 존경을 얻자 암살을 기도했지만 실패했다. 사무엘과 틀어진 후 블레셋과의 전쟁에서 패해 자살한다.

6 재위 BC 1010~970년. 유대 왕국의 전성기를 이끌었다. 아들은 솔로몬왕이다. 블레셋의 전사 골리앗을 쓰러뜨려 영웅이 됐다. 미켈란젤로의 다비드상은 청년시절의 다윗을 모델로 했다. 성서에선 예수를 다윗의 자손으로 본다.

7 사회와 국가는 자연상태에서 저절로 존재한 게 아니다. 대략 6~7만 년 전 인지혁명 이후 인간에게 추상화하는 능력이 생기고, 농경생활을 시작하며 본격적으로 사회라는 개념이 생겨났다. 무리부터 마을, 부족 등 공동체를 거쳐 국가라는 개념이 생겼다. 눈에 보이지 않고 손에 잡히지 않는 형이상학적 무언가를 발명하고 함께 공유하는 것이 다른 동물과 다른 인간의 특징이다.

는지 자세히 살펴보겠다. 아리스토텔레스의 국가관부터 시작해 홉
스에서 로크로 이어지는 사회계약론을 비교해 보자.

개인과 국가의 관계

아리스토텔레스는 〈정치학〉에서 '인간은 정치(사회)적 동물'이라고
했다. 모든 사람은 타인과 관계를 맺고 살아간다. 타인에 견줘 자아
를 발견하며, 관계 속에서 삶의 의미를 찾고 자아실현을 한다. 삶의
목적은 자아실현에 있고, 이를 통해 사회적 인정을 받아야만 진정한
행복에 다다를 수 있다고 봤다. 사회에 속해 있지 않으면 인간일 수
없다는 뜻이다.

아리스토텔레스는 '행복의 철학자'라는 별칭으로도 불렸다. 그는
인간의 행동과 기술과 학문이 모두 좋은 것을 추구하는데, 좋은 것
들이 다 모인 곳의 최정상엔 행복이 있다고 주장했다. 특히 〈니코
마스 윤리학〉에서 '어떻게 사는 게 좋은 삶이냐'는 질문에 주저 없이
'행복하게 사는 것'이라고 말했다.

이데아에 천착했던 스승 플라톤과 달리 아리스토텔레스는 현실세
계의 인간을 이해하려던 철학자였다. 플라톤은 인간이 존재하는 삶
너머의 세상을 바라봤으나 아리스토텔레스는 부족하고 나약하지만,
그래도 땅에 발을 딛고 사는 인간들을 위해 고민하고 생각했다. 라
파엘로가 그린 〈아테나 학당〉을 보면 그림 한가운데에 하늘을 가리

키는 플라톤과 달리 그 옆의 아리스토텔레스는 손바닥을 아래로 향하고 있다. 형이상학의 세계가 아닌, 현실의 세계를 고민하는 철학자였다는 점을 묘사한 것이다.

자연상태의 인간은 가정에서 시작해 혈족 단위의 공동체를 이루고, 나아가 하나의 마을을 형성한다. 마을이 커지면 지역사회가 되고, 종국엔 하나의 독립국가로 인정받는다. 그러면서 정치체제를 만들어 공동체가 지켜야 할 규율과 기준을 제시한다. 여기서 아리스토텔레스는 인간의 복리를 증진시키기 위한 선의의 목적8으로 국가가 존재한다고 봤다.

이와 같은 관점에서 정치는 공동체가 살아가는 데 필요한 최소한의 기준을 만들고 공공의 복리를 증대시키는 행위다. 현대적으로 해석하면 국민의 권리와 자유를 보장하고, 외부의 침입과 내부의 혼란 같은 갈등과 범죄 행위로부터 국민을 보호하며, 공동체와 각 개인이 행복하게 살 수 있도록 이끌어 가는 것이다. 9 이때 시민 각자의 행복은 공동체라는 테두리 안에서만 가능하므로, 국가권력은 개인의

---

8 국가의 행위가 개인의 행위에 우선한다는 명제가 여기서 나온다. 국가는 선의의 목적을 갖고 움직이므로 어느 한 개인의 이익보다 중요하다. 사회 전체의 이익을 위해서라면 개인의 이익은 희생될 수 있다고 본다.

9 아리스토텔레스의 목적론은 스승인 플라톤의 이데아론과 함께 계몽시대 이전까지 서양철학을 지배한 중요한 철학 사조였다. 버트런드 러셀은 〈서양철학사〉에서 "아리스토텔레스는 교회만큼이나 무소불위의 지위를 누려 철학의 진보를 가로막는 심각한 장애물이었다. 17세기 이후 지성사에 획을 그은 많은 사상들이 그의 학설을 공격하며 시작됐다"고 평가했다.

권리에 우선한다.

하지만 이런 일련의 과정에선 필연적으로 조직과 집단, 개인 간의 의견차이나 이해충돌이 생긴다. 이를 합리적으로 조정하고 한정된 자원을 합리적으로 배분하는 것이 바로 정치다. 같은 맥락에서 정치학자 데이비드 이스턴은 정치를 "사회적 가치를 권위적으로 배분하는 행위"라고 정의했다. 10

그다음엔 이 역할을 누가 어떻게 할 것이냐 하는 문제가 남는다. 이는 곧 정치체제의 문제로, 어떤 시스템을 취하느냐에 따라 국가와 정부의 형태가 달라진다. 오늘날 이를 설명하는 대표적 이론은 사회계약론이다. 사회계약론에선 자연상태에서 뿔뿔이 흩어져 살던 개인들이 자신의 권리를 보장받기 위해 사회적 계약을 맺어 국가를 만들고 그 권한을 위임했다고 본다.

이는 아리스토텔레스의 국가관과는 맥락이 조금 다르다. 아리스토텔레스는 국가의 정체성을 '선의'의 목적을 추구하는 데 있다고 봤다. 보통 이런 입장을 목적론적 국가관11이라 부른다. 자연적으로

---

10 미국 시카고대 교수였던 데이비드 이스턴(1917~2014)은 그의 저서 *Framework for Political Analysis*에서 정치를 "*authoritative allocation of values for the society*"라고 정의했다. 이스턴의 정의에서 가장 중요한 키워드는 '*authoritative*'다. '권위적'이란 뜻으로 해석되지만 본질적 의미는 정당성에 가깝다. 이스턴은 1970년대까지 정치적 행태주의를 이끌었고, 국내외적 요구와 국민의 지지라는 투입을 통해 정부의 성패를 가르는 정치체제가 산출된다는 체제이론을 정립했다.

11 국가는 고유의 목적을 위해 존재한다는 이론. 자신의 덕성을 잘 구현하는 것이 인간의 진정한 행복이라고 하는 자아실현의 논리와 유사하다. 아리스토텔레스는 국

국가가 생겨난 게 아니라 특정한 목적을 달성하기 위해 국가가 만들어졌다는 입장이다.

반면 사회계약론자들은 국가엔 그런 의미심장한 목적 따위는 없다고 말한다. 국가는 개인의 재산과 권리, 자유를 지키기 위해 불가피하게 만들어진 일종의 '필요악'이다. 이는 목적론적 국가관과 대비해 발생론적 국가관12이라 부를 수 있다. 개인이 삶을 살다보니 우연하게 생겨난 형식적인 껍데기라고 보는 관점이다.

사회계약론의 원조는 토마스 홉스다. 1651년에 쓴 〈리바이어던〉13에서 국가는 전쟁과 같은 외부의 침략과 위협, 내부에서 벌어지는 범죄와 무질서, 혼란 등을 막기 위해 사람들의 계약을 통해 만들어졌다고 설명한다. 여기서 국가는 개인의 생명과 자유, 권리를 보호하기 위해 합법적 폭력을 행사할 수 있는 신과 같은 절대권력을 가진 존재다.

로크와 루소 등 후대의 사회계약론자들과 달리 절대왕정 시대에 살았던 홉스는 신성한 권력을 휘두르는 주체인 국가에 개인이 절대

가가 개인의 행복과 복리를 증진하기 위해 존재한다고 믿었다. 국가를 지배계급의 착취 도구로 본 마르크스의 유물사관도 목적론적 국가관의 일종이다.

12 발생론적 국가관에서는 목적론적 국가관이 국가에 인격을 부여하는 것처럼 위험한 일이라고 본다. 권력의 주체는 시민이며, 국가는 그저 필요악이라고 보기 때문이다. 당연히 발생론적 국가관에서는 정치의 핵심 사명이 국가의 권한을 견제하는데 있다. 로크 등 사회계약론자들이 대표적이다.

13 리바이어던은 구약성서 〈욥기〉에 나오는 괴물로서, 국가가 지닌 강력한 힘을 상징적으로 표현한 비유이다.

복종해야 한다고 봤다. 인간이 만들었다고는 하지만, 국가는 만들어진 순간부터 개인을 떠난 존재이기 때문이다. 국가는 그 자체로 이미 '인격'을 가진 존재이므로 국익은 언제나 개인의 이익보다 위에 존재한다. 홉스의 국가론에서 사회계약은 개인이 자신의 권리를 국가라는 '세속의 신'에 완벽히 양도했다는 점에서 '신약新約·covenant'에 가깝다.

홉스의 국가론은 수백 년이 지난 지금도 설득력을 지닌다. 최근의 코로나19 상황을 보면 국가의 대응방식에 따라 나라마다 혼란의 강도가 달랐다. 국가가 제 역할을 하지 못해 내전과 기아 등 국민이 큰 고통을 겪는 나라도 많다. 이는 국가의 역량이 달랐기 때문이다. 훌륭한 방역체계, 반란군을 진압할 공권력 등 여러 요소들이 합쳐 우수한 국가를 만든다.

1897년 조선의 국호를 바꾸며 자주독립국가임을 대내외에 천명한 대한제국은 국민을 보호할 물리력을 갖고 있지 못했다. 그 때문에 열강의 침략에 쉽게 무너지며 이권을 침탈당했고, 35년간 일제 식민통치를 받는 수모를 겪어야 했다. 6·25 전쟁과 그 이후로 대한민국이 스스로를 지킬 힘이 없었다면, 일찌감치 한반도 전체가 공산화됐을 것이다. 그만큼 국가의 역량은 중요하다. 이런 의미에서 본다면 국가는 여전히 '세속의 신'이다.

민주국가의 기본은 법치주의

〈리바이어던〉에서 홉스가 국가의 탄생 이유를 설명했다면 존 로크는 국가권력의 주체가 누구인지 명확히 했다. 1689년 로크가 쓴 〈통치론〉은 홉스와 달리 국가권력의 주체를 국민으로 설정했다. 로크의 국민주권론14은 오늘날 민주주의를 정치체제로 하는 대다수의 나라에서 헌법의 기본이념으로 삼고 있다.

우리 헌법의 제1조 2항도 '대한민국의 주권은 국민에게 있고, 모든 권력은 국민으로부터 나온다'이다. 그렇기 때문에 제 아무리 합법적 폭력을 행사할 수 있는 국가도 주권자인 국민의 의사에 반해 권력을 행사할 수 없다. 그래서 나온 것이 '저항권'이다. 국가가 주권자의 의사에 반할 때 국민은 사회계약을 해지해 국가를 부정할 수 있다. 15

---

14 근대 사상가 중에서 로크가 현대 민주주의의 기틀을 닦은 사람이기 때문에 이 책에서 그를 자주 소환한다.

15 저항권은 유가사상에도 나온다. 공자와 순자는 '물은 배를 띄울 수도 있고, 배를 엎을 수도 있다'고 했다. 왕이 백성을 제대로 통치하지 못하면, 백성이 왕을 권좌에서 끌어내릴 수 있다는 뜻이다. 이는 맹자의 철학에서 '역성(易姓) 혁명론'으로 발전했다. 정도전과 이성계가 고려를 무너뜨리고 조선을 건국한 이념적 바탕이 됐다. 처음 정도전에게 맹자의 철학을 소개한 사람이 정몽주였고 그들은 같은 신진 사대부로서 교우 관계가 특히 깊었지만 '역성혁명론'에서 의견이 갈렸다. 정몽주는 맹자가 말한 무왕의 이야기를 소개해줬다. 은나라를 멸하고 주나라를 세웠던 그에 대해 맹자는 "인(仁)을 해치는 자를 적(賊)이라 하고 의(義)를 해치는 자를 잔(殘)이라 했다. 잔적지인(殘賊之人)은 단지 '그놈'이라고 하니 무왕이 '주'(은나라의 마지막 왕)라는 놈을 처형했다는 말은 들었어도 임금을 시해했다는 말은 듣지 못했다"고 했다.

로크는 국가가 언제나 옳은 일만 하지 않는다고 생각했다. 그러므로 국가가 자신의 권력을 행사하기 위해선 주권자인 국민이 만들어 놓은 원칙과 기준에 따라야 한다고 설명했다. 이것이 바로 법치주의다. 이는 절대권력인 국가의 명령에 모든 인민이 따라야 한다고 했던 홉스와 다른 입장이다.

로크에 따르면 국가권력의 정당성은 국민으로부터 창출되며, 국가권력을 대리하는 사람들은 주권자인 국민을 위해 정치를 펼쳐야 한다. 권력을 행사할 때는 국민이 합의한 기준인 '법'에 의해서만 모든 행위가 정당화될 수 있다. 권력의 정당성이 사회계약을 맺은 순간부터 국가, 이를 대리하는 왕에게 부여된다고 생각한 홉스와 다른 지점이다.

그런데 우리 사회의 지도자, 특히 정치인들은 법치주의를 잘못 해석하는 경우가 많다. 법치주의는 법에 따라 국민을 '통치'하는 게 아니라, 국민의 대리인인 정치가가 법에 의해서만 정치, 즉 '법치'를 하라는 것이다. 법치주의는 권력을 가진 자를 구속하기 위한 것이지 국민을 통치하기 위한 것이 아니다.

로크의 사회계약론을 발전시켜 완성한 이는 루소다. 루소는 국가와 정권을 구분함으로써 저항권의 개념을 좀더 현실에 맞게 다듬었다. 국민의 뜻에 맞지 않는 국가에 매번 저항권을 행사하긴 어렵다. 그래서 루소는 국가와 이를 운영하는 정권을 따로 떼어내면 혼란이 없을 것이라고 생각했다.

즉, 국민의 뜻을 대변하는 정치세력이 있고, 이들이 각각 경쟁을 벌여 정권을 잡은 뒤 국가의 역할을 하도록 하는 것이다. 만일 정권이 잘못된 정치를 펴면, 국가를 일일이 전복할 필요 없이 정부만 교체하면 된다. 이 같은 루소의 이론은 현대의 의회민주주의를 지탱하는 초석이 됐다. 16

이들의 사상과 맞닿아 있논 또 다른 중요한 인물이 몽테스키외다. 그는 〈법의 정신〉에서 삼권분립 사상을 발전시켰다. 입법·행정·사법 세 기관의 견제와 균형에 기반을 둔 대의정치야말로 이상적 정치체제라고 주장했다. 그의 사상은 미국 독립혁명의 근본이념이 됐고, 최초의 삼권분립 국가를 탄생시켰다.

이와 같이 국가의 존재 이유를 설명하는 이론은 목적론에서 시작해 발생론으로 진화했다. 이는 역사 발전의 주체를 '국가'에서 '시민'으로 바꿔 놓은 것과 같다. 시민의 권리를 강조한 미국 헌법의 첫 문장이 'We the People'(우리 시민들은)로 시작하는 것도 그 때문이다. 근대 정치사상에서 개인은 권력의 객체가 아니라 분명한 주체로 우뚝 섰다.

---

16 루소는 1755년에 쓴 〈인간 불평등 기원론〉으로도 유명하다. 이 책에서 루소는 불평등이 모든 갈등과 혼란의 원인이라고 생각했다. 가진 자와 못 가진 자의 차이는 사회 전체를 붕괴시킬 수 있는 위험을 내포한다고 봤다. 뒤에서 자세히 살펴보겠지만 오늘날 선진국들이 겪는 민주주의 위기 현상의 본질도 불평등이다. 불평등은 사유재산이란 개념이 생겨나면서 시작됐는데, 산업화로 양극화가 더욱 심해졌고 국가는 오히려 불평등을 강화하는 도구로 전락했다는 인식도 생겨났다. 이런 생각을 가진 이들이 초기 사회주의 사상가들이다. 마르크스와 엥겔스도 마찬가지다.

유토피아는 가능할까

19세기에는 사회계약론자들과 달리 국가를 전혀 새로운 관점에서 본 인물들이 나타났다. 대표적인 사람이 칼 마르크스다. 그의 모든 이론은 유물론에서 출발한다. 물질이 먼저 있고, 그다음에 정신과 의식 같은 형이상학적인 것들이 있다고 본다. 형이상학적 관념을 우선시하는 관념론과 대비되는 특징이다.

유물론의 관점에서 물질의 세계는 존재 자체로 의미가 있다. 물질은 신에 의해 창조된 것이 아니고 원래부터 그냥 있던 것이다.[17] 정신과 의식 같은 관념도 물질이 있어야 성립 가능하다. 형이상학에서는 인간을 영혼과 육신으로 나눈다. 물질과는 다른, 논리로 설명할 수 없는 무언가가 있다고 믿는다. 하지만 유물론에서 영혼 따위는 존재하지 않는다고 생각한다.

그런데 이런 물질의 본성은 늘 변한다. 고정된 상태로 불변하는 물질은 없다. 그 변화의 에너지는 내부에서 나온다. 겉으로는 하나의 통일된 무엇처럼 보이지만 내부에선 끊임없이 대립된 것들 간의 투쟁이 일어나고 변증법적 과정을 통해 새로운 것으로 변한다. 이것

---

17 유물론은 자연스럽게 무신론으로 이어진다. 신 또한 인간이 만들어낸 상상의 산물에 불과하다고 본다. 먼 옛날 동굴 속의 인간은 자신의 인식 능력으로는 이해할 수 없던 무지의 공포를 신이라는 절대자에게 투영하며 두려움을 극복했다. 천둥과 번개는 하늘의 노여움이고, 극심한 가뭄은 신의 변덕이었다. 그래서 고대 문명에서 신과 소통하는 제사장의 위상은 매우 높았다.

이 바로 변증법적 유물론이다.

이를 마르크스가 국가의 생성과 소멸, 역사의 발전과정에 적용한 것이 '사적 유물론史的 唯物論'이다. 원시 공동체 이후 인간의 모든 사회는 내부의 끊임없는 투쟁을 통해 지금에 이르렀다. 상반되는 두 계급 사이의 투쟁이 역사를 발전시켰다. 국가는 투쟁과정에서 지배층이 피지배층을 통제하고 착취하는 폭력적 기구였다.

과거에는 귀족과 노예, 봉건 영주와 농노, 부르주아와 프롤레타리아가 있었다. 현대사회에는 기업가와 노동자, 건물주와 세입자 등의 구도가 존재한다. 이처럼 모든 사회엔 착취하는 사람과 착취당하는 사람이 존재하며 이를 구조화하고 더욱 공고하게 만드는 것이 국가다. 지배계급이 국가를 이용해 피지배계급을 더욱 억압하고 통제한다는 뜻이다.

전통적으로 계급을 나누는 기준은 생산수단의 소유 여부다. 중세 지주들은 땅을, 산업혁명기 부르주아는 공장을, 현대 건물주는 부동산을 소유하고 있다. 마르크스는 노동의 가치보다 신성한 것은 없다고 믿었다. 열심히 일해서 번 돈을 공평하게 나눠 갖는 것이 이상적 사회라고 봤다.

그러나 합법적으로 생산수단(땅, 공장, 부동산 등)을 소유한 지배층은 경제활동을 통해 생산된 잉여가치 중 최소한의 몫만 노동자들에게 지급하고, 대부분의 몫을 이윤의 형태로 착취한다고 봤다. '일하지 않고 더 많은 이윤을 챙겨가는 것은 말이 안 된다'는 것이 마르크스 이론의 출발이다.

하지만 대화와 설득을 통해 이 구조를 타파하긴 어렵다는 게 마르크스의 생각이었다. 어찌 보면 당연한 논리다. 가진 자가 순순히 자기 것을 내놓지 않는 것은 인간의 기본 욕구이며, 역사 또한 이를 증명하고 있다. 그래서 마르크스는 프롤레타리아 혁명을 통해서만 착취와 지배 구조를 전복할 수 있다고 믿었다.

이처럼 마르크스에게 국가는 국민의 권리를 지키는 수단도, 불평등을 완화시켜주는 장치도 아닌, 착취와 폭력의 도구일 뿐이다. 그래서 프롤레타리아 혁명이 완료된 세상에선 국가도 사라진다고 봤다. 이를 통해 '인간해방'이라는 궁극적 목표를 이룰 수 있을 것이라 기대했다.

그런데 문제는 혁명 이후의 그림이 없다[18]는 점이었다. 실제로 마르크스 이론을 따른 사회주의 국가에서 인간은 해방되지 않았고 국가도 없어지지 않았다. 오히려 인간은 더 많은 구속과 착취를 당

---

18 자본주의를 무너뜨리자는 마르크스의 이론은 아이러니하게도 자본주의를 더욱 이해하고 발전시킬 수 있는 초석이 됐다. 마르크스 이전까지 자본주의를 그만큼 체계적으로 분석하고 이론화한 사람은 없었다고 해도 과언이 아니다. 그러나 마르크스의 이론은 여기까지다. 혁명으로 자본주의와 국가체제를 무너뜨려야 한다고 했지만, 그 이후 어떤 방식으로 인간이 살아가야 하는가에 대해선 해답을 주지 못했다. 이를 보완하고 현실의 구체적 목표와 방법론을 설파한 인물이 블라디미르 레닌이다. 〈국가와 혁명〉(1917)에서 그는 부르주아 자본주의와 국가 시스템을 폭력혁명으로 전복하고 소비에트 사회주의 국가의 수립을 내세웠다. 실제로 레닌의 책이 출간되고 5년 후 소비에트 연방이 수립됐다. 이후 레닌의 사상은 마르크스와 짝을 이뤄 '마르크스·레닌주의'라는 표현으로 함께 불렸다.

했다. 단지 억압의 주체가 자본가에서 독재자 또는 소수의 공산당 지도자로 바뀌었을 뿐이다.

왜 그럴까. 마르크스의 사상은 물질과 계급으로 역사와 자본주의를 설명하는 일종의 해설서다. 정작 혁명 이후의 구체적 계획이 제시돼 있지 않은 것이다. 역사의 발전과정을 대립물의 투쟁으로, 자본주의 모순을 잉여가치의 차등 분배로 설명한 이론은 매우 매력적이다. 그러나 혁명 이후 어떤 정치·경제체제를 갖춰야 하는지 구체적인 로드맵이 없었다.

그렇다고 마르크스의 이론이 쓸모없어진 것은 아니다. 불평등의 심화에 대한 그의 통찰은 현대사회에도 정확히 들어맞는다. '조물주 위에 건물주'라는 농담처럼 양극화는 더욱 심해지고 있다. 특히 최근 몇 년간 부동산 폭등으로 '벼락부자'는 물론 '벼락거지'까지 탄생했다. 2030세대는 아예 집 살 기회를 포기한 이들도 많다. 이런 상황에서 앞날이 나아질 것이라고 기대하기 어려운 사람들에게 혁명을 통해 세상을 뒤집어엎자는 주장은 매력적으로 들리기도 한다.

역사와 미래를 바라보는 태도

앞서 살펴본 것처럼 국가의 존재를 설명하는 이론은 다양하다. 아리스토텔레스가 말한 선한 목적을 가진 국가, 홉스가 이야기 한 리바이어던, 로크가 주장한 국민주권의 대리자, 마르크스가 분석한 착취·억압의 도구 등 여러 관점에서 국가를 분석하고 있다. 모두 맞는 말은 아니지만, 전부 틀린 말도 아니다. 그럼 이를 종합해 현대 사회에 적용해 보자.

먼저 국가를 최고의 선으로 본 아리스토텔레스와 인간해방을 위한 조건이자 없어져야 할 대상으로 본 마르크스 사이에는 중요한 공통점이 있다. 언뜻 보면 둘은 양 극단에 놓인 것처럼 보이지만, 이들에겐 인간과 세상에 대한 동일한 인식이 있다. 바로 인간이 세상을 설계하고, 의지에 따라 바꿔갈 수 있다는 믿음이다.

아리스토텔레스는 최고의 선을 실천하는 국가를 이상향으로 제시하고, 그 목적을 이루기 위한 방법들을 연구했다. 마르크스는 사적 유물론에 따라 역사의 발전단계를 서술하며 역사의 종착지로서 혁명 이후의 공산주의 사회를 설정했다. 두 사람의 이론에는 모두 인간이 설계한 도면대로 세상을 만들어 갈 수 있다는 굳은 믿음이 담겨 있다.

반면 사회계약론은 인간이 불가피하게 계약을 맺었지만 국가는 필요악이라고 본다. 계약서에서 손을 놓는 순간 국가는 계약 주체인 인간의 손을 떠나 버린다. 사회계약론에서는 인위적으로 사회를 설계하고 유토피아19를 만들어 가는 것이 불가능해 보인다. 다만 인간

---

19 이 말은 1516년 토머스 모어가 쓴 〈유토피아〉 이후 이상적인 세계를 뜻하는 보통 명사처럼 쓰인다. 모어는 "도둑질 말고 생존할 방법이 없는 사람이라면 그 어떤 처벌도 이를 막을 수 없다. 끔찍한 처벌 대신 일정 수준 생활할 수 있도록 지원해야 한다"고 주장했다. 그러면서 오늘날 회자되는 기본소득처럼 저소득층에 대한 국

의 손을 떠난 국가가 권력의 횡포를 부리지 못하도록 여러 장치만 설정해둘 뿐이다.

이렇게 역사와 사회를 바라보는 두 가지 관점은 공동체를 어떻게 변화시킬 것인가 하는 문제의 해답을 얻는 과정에서 각자 다른 태도를 낳는다. 한편에서 인간은 충분히 유토피아를 설계하고 노력을 통해 이를 실천할 수 있다고 믿는다. 다른 한편에선 세상은 인간이 그린 설계도대로만 움직이지 않으며 그 어떤 개인도 인류의 집단 문화유산인 과거의 전통과 관습을 뛰어넘을 수 없다고 생각한다.

위와 같은 구분에서 우리는 앞의 것을 '진보'라 부르고, 뒤의 것을 '보수'라 칭한다. 즉, 진보와 보수는 단순히 변화의 속도에서만 차이가 있는 것이 아니라 세상을 바라보는 관점이 다르다. 결국 보수와 진보는 그 자체로 어떤 이념이 아니라 일종의 '성향과 태도attitude'를 의미한다. 다시 말해 그 자체가 내용이 아니고 특정한 내용물을 담는 그릇일 뿐이다.

결국 시대가 변하면 보수·진보의 의미도 달라진다. 두 개념은 그 자체로서 만고불변의 철학과 이데올로기를 갖고 있지 않다. 어떤 내용물이라기보다는 그 시대에 필요한 이념과 가치를 담는 그릇이기 때문이다. 영원한 진보도, 영원한 보수도 있을 수 없으며 어제의

가의 구휼 의무를 제시했다. 모어가 살던 16세기 유럽에선 지주들이 양을 키우기 위해 소작농을 쫓아내는 일(인클로저 운동)이 많았다. 당시 모어는 이런 세태를 "양이 사람을 잡아먹는다"고 풍자했다.

진보가 오늘의 보수가 되기도 한다.

예를 들어 미국의 민주당은 19세기 남북전쟁 때 노예제 폐지를 주장하는 링컨의 공화당에 맞섰다. 하지만 지금까지 민주당이 노예제를 옹호하거나 인종차별을 지지하진 않는다. 14세기 말 고려의 권문세족은 보수였고, 성리학 이념에 따라 새로운 세상을 꿈꾸는 신진사대부는 진보였다. 20 그러나 조선 건국 후 사대부는 기득권을 거머쥐자 보수로 급변했다.

이처럼 세상이 바뀌면 보수·진보라는 그릇에 담기는 내용물도 달라지기 마련이다. 과거 우파의 자유방임에 맞서 좌파가 주장했던 복지국가 모델은 이제 보수·진보를 떠나 모든 민주 국가의 핵심 정체성이 됐다. 무상복지, 무상급식, 재난지원금 등은 진보와 보수를 떠난 공통의 정책이다.

한 가지만 기억하자. 보수와 진보는 그 자체가 특정 이데올로기와 가치적 지향점을 갖고 있지 않다. 그저 세상과 역사, 미래를 바라보는 태도일 뿐이다. 그러므로 재미삼아 정치 테스트하듯, 특정 이슈에 대한 지엽적인 찬반 문항으로 자신의 정치적 성향을 진보와 보수의 테두리에 가두지 말자. 그것처럼 어리석은 짓도 없다. 왜냐

---

20 〈고려사〉에 나오는 '입추지지'(立錐之地)라는 표현이 이를 잘 설명해준다. 권문세족이 땅을 독점해 일반 백성은 송곳 하나 꽂을 땅이 없었다고 한다. 권문세족은 또 음서제(蔭敍制)를 통해 과거를 치르지 않고 자녀들에게 관직을 대물림했다. 보수가 말 그대로 보수해야(지켜야) 할 가치를 잃어버리고 타락하면 새로운 세력에 의해 무너지고 만다.

하면 그렇게 무 자르듯 진보와 보수를 정하는 순간 기득권 정치의 프레임에 갇히기 때문이다. **21**

전체주의 치닫는 K국가관

유교적 전통과 공동체 이데올로기가 공고한 한국사회에선 발생론적 국가관보다 목적론적 국가관이 더 큰 위력을 발휘한다. 'K-방역'이 대표적인 예다. 진중권은 자신의 페이스북에서 "사생활을 생명처럼 중시하는 서구에선 한국식 모델이 애초부터 불가능했다"고 밝혔다. 실제로 독일의 〈슈피겔〉지는 K-방역은 개인정보보호법이 강한 유럽에선 도입할 수 없는 것이라고 논평했다.

물론 목적론적 국가관이 나쁜 것은 아니다. 다만 필수적인 조건이 있다. 아리스토텔레스의 표현대로 '탁월한 정치인'이 전제돼야 한다. 다윗과 같은 훌륭한 리더가 필요하다는 뜻이다. 국가에 '선한 의도'라는 인격을 부여하는 순간 통치자에게 지나친 권력이 집중되기 때문이다. 통치자의 철학과 역량에 따라 '선한 의도'가 다른 누군가에겐 압제와 폭력이 될 수 있다. 요즘말로 치면 '복불복'이다.

---

21 정치인들이 자신에게 유리하도록 프레임을 짜고, 이해관계에 따라 대중의 편을 나눠 지지를 이끌어내는 것을 '편향성의 동원'이라고 한다. 이때 서로 다른 정파는 진영논리를 통해 적대적 공생을 한다. 샤츠슈나이더가 주창한 이론으로 뒤에서 다시 살펴보겠다.

아리스토텔레스는 플라톤의 철인까지는 아니어도 '정의'와 '절제' 같은 정치가의 공적 역량이 시민보다 월등해야만 국가를 선한 방향으로 이끌 수 있다고 강조했다. 조선의 사대부가 끊임없는 자기수양을 통해 수신제가修身齊家에 힘쓴 것도, 어린 왕세자를 경연을 통해 성군으로 길러내려 한 것도 같은 이유였다.

그러나 현 집권세력은 선한 의도로 국가의 광범위한 개입을 강조22하면서도, 정작 정치인에게 필요한 공적 역량은 부족하다. 정의의 기준부터 옳고 그름이 아니라 '자기편이냐 아니냐'라 놓여 있다. 윤석열이 이명박·박근혜 정부의 실세들을 수사할 때는 성인처럼 떠받들다가, 대통령의 지시대로 살아있는 권력을 수사했더니 만고의 역적으로 몰았다. 상대 정파의 조그만 흠집까지 적폐로 몰 때는 언제고, 조국·윤미향 사태에서 드러난 각종 편법과 범죄 의혹에 대해선 눈감는다.

공사를 구분하는 절제의 역량도 부족하다. 공화국*republic*은 라틴어 '공적인 것*res publica*'에서 유래했다. 공화국의 리더는 공공의 임무에 투철하고 모범을 보여야 한다. 자신은 다주택자이면서 남들에게

---

22 "지옥으로 가는 길은 선한 길로 포장돼 있다"는 프리드리히 하이에크의 말처럼 경제적 자유주의자들은 정부의 개입과 국가권력의 확대를 경계한다. 예를 들어 좌파 정부가 복지 포퓰리즘을 시행하면 결과적으로 시민들의 호주머니에서 돈을 털어가야 하고, 장기적으로는 확장재정을 통해 국채가 남발돼 인플레이션을 동반할 수밖에 없다.

집을 팔라고 하거나(노영민 전 청와대 비서실장), 투기세력을 비판해 놓곤 재건축에 투자하면서(김의겸 전 청와대 대변인) 정당성을 잃었다. 대통령이 안희정 모친상에 공식 조화를 보낸 것도 공사의 구분을 못했기 때문이다.

여당 지자체장들의 위계에 의한 성폭력 사건도 시민이 부여한 공적 권한을 자신의 욕구를 채우는 데 불법적으로 사용한 사례다. 그런데도 여권은 이들을 옹호했다. "맑은 분이라 세상을 하직"(박범계 더불어민주당 의원), "너무 도덕적으로 살려 하면 사고나"(유인태 전 국회 사무총장) 같은 미화 발언이 진실을 은폐하고 피해자의 인권을 짓밟았다. 내 편이면 무조건 감싸주는 이들 특유의 '내로남불' 정의가 적용된 것이다.

문명의 발전과 함께 아리스토텔레스식 국가관이 사회계약론으로 발전한 것은 통치자의 역량에 온 사회를 맡기는 것에 대한 기회비용이 너무 컸기 때문이다. 역사엔 늘 세종 같은 성군만 있는 게 아니기 때문이다. 설령 최고 권력자가 높은 수준의 정의와 절제 역량을 갖고 있다 해도 그를 보좌하는 정치인까지 같다고 볼 순 없다.

사회계약론이 등장한 것도 이런 오류를 줄이기 위해서였다. '국가 = 필요악'이고 개인을 권력의 주체라고 가정하면, 정치인은 시민의 권한을 위임받은 대리인일 뿐이다. 시민은 주기적으로 대표를 교체하고 일상에서 비판적으로 정치인을 견제한다. 이렇게 하면 권력자의 복불복 문제도 해결되며, 시민의 권리를 침해하는 국가의 횡포도 방지할 수 있다. 이것이 바로 앞서 살펴본 로크(국민주권)와 몽테스

깊이 읽기 1

사대부의 나라 조선의 성군, 세종

조선은 사대부의 나라였다. 정도전이 조선을 설계할 때부터 그랬다. 왕은 복불복이기 때문에 왕권이 너무 강하면 나라의 앞날이 어찌될지 모른다. 그러나 신료들은 경쟁을 통해 우수한 사람들이 관직에 오르게 되므로 이 같은 불확실성을 줄일 수 있다고 봤다. 아울러 왕이 되기 전, 그러니까 왕자가 어릴 때부터 열심히 성리학을 가르치면 훗날 좋은 왕이 될 거라고 믿었다.

대표적인 사람이 세종이다. 역대 임금 중 유일하게 '성인'(聖人ㆍsaint)이란 뜻의 '성군'(聖君)으로 추앙받는 세종은 어질고 인자한 것도 모자라 똑똑하기까지 했다. 많은 역사가들은 그의 역량이 학습을 통해 길러진 것이라고 생각한다. 임금과 신하가 함께 공부하는 '경연' 횟수만 봐도 알 수 있다. 선대인 태종 때는 재위 18년 동안 60여 회에 불과했지만 세종은 32년간 1,898회나 진행했다. 세종은 성리학뿐 아니라 천문, 지리, 역법에도 통달해 집현전 학사들을 가르치기도 했다.

하지만 세종이 이렇게 학식이 두터울 수 있던 건 아이러니하게도 왕권에 뜻이 없었기 때문이다. 그는 1418년 8월 태종의 뒤를 이어 조선의 4대 임금으로 즉위했지만 원래는 왕세자가 아니었다. 그가 왕세자로 책봉된 건 즉위하기 불과 두 달 전인 6월의 일이었다. 세종(충녕대군)에겐 위로 두 형이 있었는데, 첫째인 양녕이 일찌감치 세자에 책봉됐다. 그러나 어린 세자를 등에 업은 외척들의 위세를 곱게 보지 않은 태종은 세자의 외삼촌, 즉 자신의 처남들을 일찌감치 제거했다. 이를 본 양녕은 큰 충격을 받고 방탕한 길로 빠졌다. 둘째인 효령은 불교에 심취해 승려들과 어울렸다. 결국 태종은 양녕을 폐한 뒤 충녕을 세자로 책봉하고 얼마 지나지 않아 왕위를 이양했다. 이때 충녕의 나이 21세였다.

충녕은 자신이 6살 때 세자로 책봉된 큰 형이 있었기에 일찌감치 왕권에 대한 욕심을 버렸다. 특히 태종이 왕권을 얻기 위해 무자비한 살육을 벌였던 것을 익히 잘 알고 있었기에 섣부른 야망을 품지 못했다. 그 때문인지 둘째인 효령도 권력과는 거리가 먼 종교활동에 매진했다.

그 덕분에 충녕은 오롯이 학문에 힘을 쏟을 수 있었다. 성인이 될 때까지 권력관계에서 오는 중압감에서 자유로울 수 있었고 오직 공부에만 충실할 수 있던 것이다. 유학의 경전인 사서삼경은 물론이거니와 농업, 과학 등 다양한 분야의 책들도 고루 읽었다. 질문이 많아 스승을 귀찮게 하는 경우도 다반사였다.

임금이 된 후에도 마찬가지였다. 사실 통치자로서의 수업을 전혀 받지 못한 채 임금에 올랐기 때문에 세종은 늘 신하들의 의견에 귀를 기울였다. 궁금한 것은 찾아보고 물어보며 공부를 게을리하지 않았다. 1만 800여 페이지에 달하는 〈세종실록〉에서 세종의 표현 중 가장 많이 나오는 말 중 하나는 "경들은 어찌 생각하시오?"다. 국가의 중대사를 논할 때도, 집현전 학사들과 격의 없는 논쟁을 벌일 때도 세종은 가장 먼저 신하들에게 질문을 던졌다.

박현모 세종리더십연구소장의 분석에 따르면 세종의 의사결정은 회의를 통한 것이 63%, 명령이 29%였다. 반면 그의 아들인 세조는 명령이 75.3%, 회의가 20.9%였다. 세종은 전분 6등법과 연분 9등법으로 나눈 토지조세 제도를 실행하기에 앞서 무려 17년 동안 일반 백성 16만 명의 의견을 조사하기도 했다.

키외(삼권분립) 이론의 요체다.

그러나 문재인 정권은 대의민주주의의 틀을 근본부터 무너뜨렸다. 정권이 국민의 대표인 의회, 특히 야당을 건너뛰고 국민, 그것도 일부 지지자들을 등에 업고 '직거래 정치'[23]를 하고 있기 때문이다. 최장집 고려대 명예교수는 "다원적 체제인 대의민주주의 대신 직접민주주의를 진정한 민주주의로 이해하고, 모든 인민을 다수의 '총의總意'에 복종하도록 강요하는 전체주의와 동일하다"고 지적했다(최장집, 2019).[24]

'직거래 정치'는 권력을 사유화해 자신의 이권과 계파를 지키는 데 사용하고, 포퓰리즘과 선동으로 의회를 무력화시킨다. 끝내는 검찰과 법원까지 장악해 삼권분립을 허물려 한다. 법무부 장관과 여권이 끊임없이 자신들의 이해관계에 유리하도록 검찰을 뒤흔들고, 이미 대법원에서까지 유죄로 밝혀진 한명숙 사건조차 뒤집으려 한 게 대표적 사례. '직거래 정치'는 언젠가 국민주권도 해치려 들 것이다.

이를 막기 위해선 의회정치가 공고해지고 시민은 더욱 깨어 있어야 한다. 정치인에게 맹목적 애정을 보낼 게 아니라 비판적으로 지

---

[23] 현대적인 대의제도 안에서 민의의 창구인 의회를 건너뛰고 직접민주주의의 실천이란 미명 아래 포퓰리즘으로 흘러가는 통치방식을 뜻한다. 의회가 무력화될 경우 선거에서 다수표를 얻어 당선된 대통령의 뜻이 마치 전체 국민의 의사인 것처럼 호도(糊塗)되는 경우가 있다. 이를 통치에 활용한 대표적인 인물이 제3제국 시절의 히틀러다.

[24] 최장집(2019), "한국 민주주의의 공고화, 위기, 그리고 새 정치질서를 위한 대안". 〈김대중 학술회의 기조강연〉.

지할 수 있어야 한다. 과거 노무현이 강조했던 '깨어있는 시민의 조직된 힘'도 이와 같은 맥락이다. 그러나 현재의 집권세력과 지지자들은 '깨어 있기'보다 '조직된 힘'에만 큰 의미를 부여한다. 선호 정치인을 마치 완벽한 인격체로 여겨 조그만 비판도 허용치 않으며 다른 생각을 틀린 생각으로 본다. '조직된 힘'으로 상대방을 공격하고, 내 편의 허물은 그 어떤 것도 용서하고 비호한다.

박원순의 피해자는 사건이 사회 전체에 공개되고 얼마 지나지 않아 이런 말을 했다. "더 좋은 세상에서 살기를 원한 게 아니다. 그저 인간답게 살고 싶다. 거대권력 앞에서 스스로를 지키기 위해 공정하고 평등한 법의 보호를 받고 싶었다."[25] 지금 대한민국은 어떤 국가인가. 계급착취의 도구인가, 아니면 리바이어던인가.

---

[25] 〈프레시안〉(2020. 7. 13.), "박원순 피해자 A씨 저는 살아있는 사람입니다".

2
/
진짜 진보와 진짜 보수

더불어민주당은 진보? 국민의힘은 보수?

우리에겐 '자멸'이라는 표현이 제일 정확하다. 이기려면 보수가 변해야 한다. 아스팔트 우파와 태극기부대의 나라 걱정하는 마음은 알지만, '낡은 보수'의 주장에 끌려가는 모습은 고쳐야 한다(유승민).[1]

저에게 가장 중요한 것은 나라를 사랑하는 애국시민이다. 자유우파의 필승을 위해 보수통합을 한다. 태극기 세력을 비롯해 자유한국당의 애국시민 등 자유우파가 함께 똘똘 뭉쳐야 한다(황교안).[2]

---

1   MBC 〈100분 토론〉(2020. 4. 23.).
2   유튜브 "신의 한수"(2020. 1. 28.).

유승민과 황교안은 대표적인 보수 정치인이다. 그러나 이 두 사람이 말하는 '보수'는 같은 뜻일까? 이들이 생각하는 정치의 지향점, 우선시하는 가치는 얼마나 비슷할까? 이들은 '보수'가 무엇이라고 생각할까. 국민의힘 비상대책위원장으로 영입돼 두 번의 선거를 치러낸 김종인은 이런 말을 했다.

보수란 개념조차 모르면서 보수통합만 부르짖었다. (참패하고도) 위기의식을 느끼지 못한다면 앞으로도 희망이 없을 것이다. … 시대가 변하면서 사람들이 뭘 원하는지 대안을 제시해줘야 한다. 그러나 미래통합당(현 국민의힘)은 그걸 안 하고 막연히 '보수'만 외치고 여당 비난만 했지 아무것도 안 했다. 3

그의 말처럼 "보수란 개념조차 모르면서 '보수'만 외친" 정치인들이 적지 않다. 아마도 반反문재인, 반反김정은 정도를 보수의 충분조건으로 생각했을지 모른다. 2020년 총선과 2021년 보궐선거에서 이들의 핵심 선거구호는 '문재인 정권심판'이었는데, 중도성향 유권자들의 입장에선 'X 묻은 개가 덜 X 묻은 개에게 뭐라고 한다'는 생각이 강했다. 4

---

3   〈중앙일보〉(2020. 4. 17.), "황교안, 정치인인지 법률가인지 정치 센스 없었다".
4   2021년 서울·부산시장 보궐선거는 국민의힘이 압승했다. 특히 청년층이 오세훈·박형준 후보를 많이 지지했다. 하지만 이를 놓고 청년층의 보수화란 프레임으로 진단해선 안 된다. 선거 직전(4월 2일) 한국갤럽이 발표한 조사결과에 따르면 1

그렇다면 더불어민주당은 어떨까. 참여연대 집행위원장 출신인 김경율은 "집권세력은 진보를 참칭했다. 그들에게 진보는 권력과 이권을 매개로 한 동아리가 이익을 위해 지은 이름일 뿐"이라고 비판했다. 5 진보라면 환경, 인권, 재벌, 노동 등에 대한 철학이 있어야 하는데 그런 것이 없이 오직 기득권을 지키기 위해 '진보'를 자칭하고 있다는 뜻이다.

진보진영의 원로 지식인인 최장집, 홍세화, 강준만 등이 잇따라 현 정권과 집권세력인 586을 비판하는 것도 같은 맥락이다. 특히 문재인을 부정적 의미에서 '착한 임금님'으로 비유했던 홍세화는 현 집권세력을 "민주주의를 제대로 배워본 적도 없고 돈 버는 게 얼마나 어려운지도 모르는 민주 건달들"이라고 평가했다. 6

윤성이(전 한국정치학회장·경희대 정치외교학과 교수)는 이런 진단을 내놓는다. "정책만 놓고 보면 한국사회의 이념갈등은 크지 않지만 어떤 대통령, 어느 정치세력을 지지하느냐를 따지면 갈등이 첨예해진다. 이념에 따라 정파가 나뉘는 게 아니고 정파갈등이 이념갈등을 부추긴다. 진보와 보수는 그저 서로 패를 갈라 싸울 때 내 편과 네

8~29세 정당 지지도는 더불어민주당(22%)·정의당(9%)이 국민의힘(14%)·국민의당(3%)보다 훨씬 높았다. 무당층(52%)은 압도적으로 많았다. "국민의힘이 승리한 걸로 착각하지 말라"던 김종인의 말처럼 압승의 일등공신은 국민의힘이 잘해서가 아니라 문재인 정부의 실정이다. 이에 분노한 청년들의 표가 몰린 것으로 보는 게 합리적이다.

5 〈월간조선〉(2020. 3. 4.), "뒷골목 깡패와 뭐가 다른가 … 386 퇴장해야".
6 〈신동아〉(2020. 10. 9.), "민주 건달들이여 진보를 참칭하지 마라".

편을 구분하기 위한 용도일 뿐이다."[7]

여야 할 것 없이 그저 보수와 진보는 이름만 남아 있을 뿐, 그 내용은 진짜 진보도, 진짜 보수도 아니란 이야기다. 그렇다 보니 두 정당이 추구하는 노선 중 서구사회와 같은 기준의 진보·보수 개념으로 보면 갸우뚱할 때가 많다. 예를 들어 인권과 성적 다양성 등은 진보적 가치에 가까운데 북한 인권을 다루는 현 정부의 태도나 고 변희수 하사 사건 등을 보면 진보라 부르기 어렵다.[8]

윤성이의 지적대로 한국에서 보수와 진보는 패를 갈라 싸울 때 내편 네 편을 구분하기 위해 서로를 부르는 이름일 뿐이다. 옛날 운동회 때 청군·백군으로 나눠 싸운 것처럼 말이다. 그렇다면 진짜 진보와 진짜 보수는 어떤 모습일까. 앞서 살펴봤듯 두 개념이 고정불변인 것은 아니지만 역사 속에서 드러나는 일종의 롤 모델은 있다.

---

7 〈월간중앙〉(2020. 3. 17.), "조국 사태에서 드러난 인지 편향".

8 문재인 정부 출범 후 유엔 최고인권대표사무소(OHCHR)의 인권문제 지적이 크게 늘었다. 고 변희수 하사 사건은 물론 서해 피살 공무원 사건 등에서 OHCHR는 한국 정부의 조치에 우려를 표하는 혐의 서한(*Allegation Letter*·AL)을 보냈다. OHCHR가 제기한 이슈는 국제사회에서 심각한 인권침해로 인식된다. 외교부 자료에 따르면, 지난 10년간 OHCHR는 총 35차례 인권문제 관련 서한을 한국에 발송했다. 이 중 절반이 넘는 18건이 문재인 정부(2017년 5월 이후)에서 이뤄졌다. 이명박 정부 5건, 박근혜 정부 12건보다 많다. 특히 2020년 한 해에만 6건이었다. 이와는 별도로 대북전단금지법은 미 의회의 경고를 여러 차례 받았다. 미 하원의 초당적 인권기구인 톰 랜토스 인권위원회 크리스 스미스(20선) 공동위원장은 2020년 12월 "한국의 헌법과 국제규약을 위반하는 조치"라며 "어리석은(*inane*) 입법이 공산주의 북한을 묵인하고 있다"고 비판한 바 있다.

영국은 보수, 프랑스는 진보?

18세기 영국과 프랑스는 많은 면에서 대비된다. 두 나라는 오랫동안 지지고 볶고 살았지만, 각국의 개성과 문화를 지켜가며 상보 관계로 발전했다. 민주주의의 역사도 마찬가지다.

먼저 오늘날과 같은 민주주의가 제일 먼저 뿌리내린 곳은 영국이다. 마그나 카르타9를 시작으로 권리청원, 권리장전10으로 이어지는 영국의 민주주의는 피를 흘리지 않고 발전을 이뤄 '명예혁명'으로 불린다. 전제 왕권에 대한 견제를 시작으로 의회의 성립과 권한 확대, 기본권의 증진 등이 이 시기에 이뤄졌다.

반면 프랑스는 1789년 프랑스혁명을 바탕으로 급진적 노선을 띠게 된다. 바스티유 감옥 습격과 함께 전제 왕권을 일거에 무너뜨리고 당시 루이 16세 왕과 마리 앙투아네트 왕비를 단두대에 세웠다. 혁명 기간 동안 많은 이들이 피를 흘려야 했기에 민주주의 발전사에서 영국의 명예혁명과 자주 비교된다.

---

9 1215년 영국의 왕 존이 귀족들과의 권력다툼에 밀려 승인한 대헌장. 처음엔 귀족의 권리를 인정하는 문서였지만, 17세기 이후 왕권을 견제하는 의회의 위상을 정립하는 문서로 그 의미가 확대됐다.

10 폭정을 일삼던 영국의 왕 제임스 2세가 프랑스로 도망간 뒤 1689년 국민협의회가 윌리엄 3세를 왕으로 추대하면서 의회가 제출한 선언문. 이를 토대로 영국에서는 '신민의 권리와 자유를 밝히고 왕위계승을 정하는 법'이 공포됐다. 직전 왕인 제임스 2세의 불법행위를 열거하고 의회가 동의하지 않은 채 이뤄진 과세, 징집 등을 금지했다. 이로써 의회정치의 기본 체제가 마련됐다.

이 시기에 보수와 진보를 명쾌하게 구분해 놓은 사람이 바로 영국의 정치인이자 철학가인 에드먼드 버크11다. 그는 1790년에 쓴 〈프랑스 혁명의 고찰〉에서 프랑스 혁명정부와 계몽주의를 비판했다. 영국 시각에서 썼기 때문에 프랑스혁명에 비판적인 입장을 보이지만, 진보와 보수를 가르는 그의 통찰은 지금도 유효하다.

버크의 논지는 명쾌하다. 당시 유럽에선 인간의 이성과 합리에 근거한 계몽주의가 지식의 주류를 형성했는데, 인간 이성에 대한 자신감은 인간의 의지로 역사를 더 나은 방향으로 발전시킬 수 있다는 자신감을 갖게 했다. 앞서 목적론적 국가관을 이야기하면서 설명한 것처럼 인간의 설계도대로 유토피아를 만들 수 있다는 믿음이 커져 나간 것이다.

그러나 버크는 인간의 이성이 뛰어난 것은 사실이지만, 그 또한 불완전함을 완전히 이겨낼 수 없다고 판단했다. 그렇기 때문에 다가올 미래를 완벽히 설계하거나 대처하는 것은 불가능하다는 결론을 내린다. 오히려 인간의 불완전함에서 비롯된 부실한 설계가 미래를 더욱 혼란과 갈등으로 몰아넣을 수 있다고 지적했다.

실제로 혁명 이후의 프랑스는 유토피아라기보다는 혼란과 갈등이 극심해진 사회의 단면을 보여줬다. 왕권국가가 무너지고 새로 수립

---

11 에드먼드 버크(1729~1797). 영국의 정치학자로 보수주의의 아버지라 불린다. 프랑스혁명과 같은 급진적 개혁을 반대하고 점진적 개선의 방식을 취하는 영국식 의회정치를 지지했다. 고전적 자유주의자로 미국의 독립을 찬성했다. 〈상식〉으로 독립운동의 불을 지피고 혁명을 주장한 토마스 페인과의 논쟁은 유명하다.

된 국민공회의 정치체제에 초기 권력을 쥔 자코뱅당12은 공포정치로 수많은 이들을 단두대에 보냈다. 그러면서 프랑스는 오히려 왕권국가 시절보다 더 많은 혼란과 갈등을 겪어야 했다.

이에 대한 버크의 생각은 뚜렷했다. 역사의 발전과 진화는 결코 단번의 혁명으로 이뤄질 수 없다는 것이다. 즉, 뛰어난 소수 엘리트의 설계가 아니라 과거에서부터 내려오는 전통과 관습만이 역사를 발전시킬 수 있다고 믿었다. 마치 영국이 수백 년의 세월을 거쳐 명예혁명을 성공시킨 것처럼 말이다.

버크의 생각을 좀더 자세히 살펴보면 이렇다. 과거의 유산이 때로는 극복해야 할 인습으로 여겨질 수 있지만, 이것이 오랜 시간 인류 역사에서 전통으로 내려오는 이유는 그만큼 정당성과 효용성을 인정받았기 때문이다. 평소 우리가 식당에 갈 때 블로그의 호평이 많고 대기줄이 긴 '맛집'을 찾아가는 것과 같은 이치다.

이에 대해 영국 정치철학자 로저 스크러튼은 보수에 대해 다음과 같이 정의한다. "훌륭한 유산은 쉽사리 창조되지 않는다는 믿음을 갖고 있는 사람들이 보수"라는 것이다(Scruton, 2014). 조직생활을 하다보면 새로운 리더가 올 때마다 늘 변화를 추구하는데, 나중에 보면 예전으로 돌아간 경우가 많다. 조직의 규율과 문화는 개선이 필요하지만, 핵심은 잘 바뀌지 않는다.

반대로 혁명과 같은 급진적 변화는 오히려 혼란과 갈등을 부추길

---

12 Jacobins. 프랑스혁명 직후 급진적 노선을 추구했던 정파.

가능성이 크다. 버크는 "급진적 사회변혁으로 오히려 갈등과 혼란만 초래할 것"이라고 진단한다. 아울러 "혁명의 사상은 종교적 색채를 띠게 될 것이고 이런 광신적 믿음에서 개인의 자유를 억압하는 독재 정부가 나올 수 있다"고 지적했다.

실제로 버크의 책이 출간되고 3년 후인 1793년 혁명 세력은 루이 16세[13]와 마리 앙투아네트[14]를 단두대에서 처형하며 부르봉 왕조를 몰락시켰다. 그러면서 혁명의 주동자였던 자코뱅당의 '공포정치'가 시작된다. 그러나 자코뱅당을 주도했던 이들 또한 자신들이 세운 단두대에서 생을 마감한다.

그다음은 우리가 잘 아는 나폴레옹의 시대다. 혁명군 사령관에서 황제의 자리까지 오른 그는 잦은 침략전쟁을 벌이며 유럽을 공포에 떨게 했다. 절대왕정을 무너뜨리고 국민이 주인 되는 평등사회를 만들었지만, 돌고 돌아 이번엔 황제가 통치하는 나라가 돼버렸다. 혁명은 쉽지만, 혁명의 가치를 지키는 것은 매우 어려운 일이다.

이렇게 버크의 예언이 적중하면서 영국적 의회정치 모델이 오늘

---

13 형장의 이슬로 사라진 프랑스의 마지막 절대군주다. 1761년 15세 때 죽은 형의 뒤를 이어 세자가 되었고, 1774년 즉위했다. 소심한 성격 탓에 절대군주 하면 떠오르는 강력한 카리스마와 권력을 지닌 왕과는 거리가 멀었다. 프랑스 혁명 직후 탈출을 시도했지만, 혁명군에 붙잡혔다.

14 루이 16세의 왕비이자 오스트리아 여왕의 막내딸이다. 빈에서 태어나 1770년 14세 때 루이 16세와 혼인했다. 검소했던 루이 16세와 달리 사치스럽다는 비판을 받기도 했고 남편과 함께 단두대에서 처형됐다. 그녀의 비극적인 삶은 영화와 소설의 모티프가 됐다.

날 민주주의를 대표하는 체제로 자리 잡았다. 점진적으로 민주주의를 발전시킨 영국의 전통, 피 한 방울 흘리지 않고 시민의 권리를 명문화한 명예혁명 같은 사례를 롤 모델로 꼽게 된 것이다. 반대로 혁명 이후 혼란과 갈등이 커진 프랑스는 보수주의자들에게 큰 반면교사가 됐다.

이후 영국식 의회 정치는 대영제국을 역사상 최고의 전성기로 이끌었다. 산업혁명을 통해 경제를 부흥시키고 입헌군주제 아래 민주주의를 발전시켰다. 19세기 영국은 영광의 '빅토리아 시대'를 구가하며 '해가 지지 않는 나라'[15]로 불리게 됐다. '군림하되 통치하지 않는다'는 왕실의 철학을 다졌고 양당제를 중심으로 한 의회정치의 기반이 마련됐다.

이렇게 눈부신 발전을 할 수 있었던 이유는 사회지도층의 가치적 지향점이 명확했고 이에 대한 국민의 지지가 두터웠기 때문이다. 영국의 정치가들은 국가를 부강하게 만들고 사회의 안녕과 질서를 지켰다. 오랜 문화적 전통을 중시하면서도 새로운 것을 받아들여 영국인으로서의 자부심을 키웠다.

---

15 섬나라로 고립돼 있던 영국은 19세기 해양국가로 발돋움하며 1800년대 후반 거의 세계의 4분의 1을 식민지로 지배했다. 미국과 캐나다, 호주, 뉴질랜드, 인도 등 대륙 곳곳에서 식민지가 있어 대영제국은 '해가 지지 않는다'고 비유했다.

노동자 정당으로 탈바꿈한 진보

프랑스 혁명 후 갈등과 혼란은 진보진영에 큰 숙제를 안겼다. 사회주의 혁명가16들이 나오기도 했지만 기본적으로 오늘날까지 명맥을 유지하는 진보세력은 과거와 같은 급진적 혁명으로 일거에 세상을 바꾸려 하진 않는다. 민중봉기나 혁명 같은 과격한 방식 대신 의회정치라는 제도적 틀 안에서 개혁을 모색한다.

그렇게 진보가 영역을 넓히기 시작한 게 노동자 계층이다. 산업사회의 발전과 함께 과거의 귀족과 평민, 지주와 소작농의 신분질서는 부르주아와 프롤레타리아로 나뉘었다. 마르크스는 프롤레타리아 혁명으로 단번에 자본주의 질서를 무너뜨려야 한다고 봤지만, 반反사회주의 진영의 진보 정치인들은 의회 안에서 노동자의 이익을 대표하며 정당정치를 뿌리내렸다.

자연스럽게 보수는 부르주아의 뜻을, 진보는 노동자의 권익을 대변하며 양당 정치가 확립됐다. 다만 마르크스의 실험이 실패로 끝난 뒤에도 유럽 사회에는 사회주의 정당이 여전히 많이 남아 있었다. 이념적 스펙트럼을 놓고 보면 유럽이 미국보다 왼쪽에 치우쳐 있다.

---

16 마르크스에 앞서 사회주의의 원조는 프랑스다. 생시몽, 푸리에 등은 이상적 사회주의 세계를 건설하기 위해 투쟁 대신 사랑과 협력을 강조했다. 하지만 엥겔스는 이들의 생각은 이상에 불과하다며 '공상적 사회주의'라고 명명했다. 그러면서 자신과 마르크스의 사회주의는 과학적 분석을 바탕으로 하기 때문에 자칭 '과학적 사회주의'라 불렀다.

왜 그런 걸까.

가장 큰 원인은 미국이 이민자의 나라이기 때문이다. 영화 〈갱스 오브 뉴욕〉17에는 이 같은 시대상이 잘 묘사돼 있다. 1840년대 뉴욕은 다양한 민족이 군락을 이뤄 모여 산다. 특히 이민자들이 처음 정착하는 곳 '파이브 포인츠'18는 절도, 도박, 사기, 살인 등 범죄가 들끓는다. 하지만 이곳엔 매일 수천 명의 이민자들이 골드러시를 꿈꾸며 유럽 각지에서 모여든다.

서로 다른 민족들이 갈등과 싸움을 반복하는 곳에서 부처(다니엘 데이 루이스)와의 전쟁에서 아일랜드계인 프리스트(리암 니슨)가 죽고 만다. 그의 아들 암스테르담(레오나르도 디카프리오)이 청년이 돼 돌아와 복수를 꿈꾼다는 것이 영화의 줄거리다.

원래 네덜란드령으로 '뉴 암스테르담'이라고 불렸던 뉴욕은 대서양 연안의 항구도시였기에 이민자들이 미국으로 오는 관문이었다. 그렇다 보니 19세기 뉴욕엔 노동자들이 넘쳐났지만, 이들을 하나로 묶을 수 있는 이데올로기가 없었다. 즉 유대계, 아일랜드계, 러시아계, 독일계 등 민족적 뿌리에 따라 패가 갈라져 있었기 때문에 노동자로서 계급적 연대를 이루기가 어려웠다.

---

17 이탈리아 출신의 미국인 감독 마틴 스콜세지가 연출한 이 영화는 19세기 이민자들의 적나라한 모습을 사실적으로 카메라에 담았다.
18 19세기에 파이브 포인츠는 오늘날의 맨해튼 지역에 있던 빈민가였다. 파이브 포인츠에 대해 찰스 디킨스는 "오물과 쓰레기 때문에 악취가 난다. … 이곳은 돼지 같은 인간들이 사는 곳"이라고 말했다.

반대로 민족적 전통을 유지하며 근대 국가로 발돋움한 유럽의 여러 나라들에서는 상대적으로 계급적 이해관계가 뚜렷했다. 비슷한 시기 마르크스를 비롯한 사회주의 사상가들의 이론이 큰 설득력을 얻으면서 노동자의 계급의식이 더욱 빨리 성장할 수 있었다. 사회주의 혁명을 지지하지 않는 진보 정치인과 지식인들은 노동자의 이익을 대변하면서 부르주아에 대항하는 양대 정당 체제를 구축하기 시작했다.

그러나 미국은 앞서 설명한 것처럼 이데올로기적 신념과 계급적 이해관계보다 민족적 정체성이 더욱 강하게 작용했다. 그 때문에 유럽과 같이 노동자들이 단일대오를 형성하기가 어려웠다. 아울러 미국에선 자본주의가 고도로 발전하면서 정치지형 자체가 유럽에 비해 '우클릭'된 상태로 형성됐다. 19

이처럼 보수와 진보는 역사의 발전과 함께 그 안에 담는 내용물을 늘 변화시켰다. 영국이 대표적이다. 보수당은 원래 부르주아 계급의 대변자였지만 19세기 선거권 확대를 주장하며 국민정당으로 탈바꿈했다. 20세기 초에는 일부 친親노동자 성향의 정책을 펼치며 넓은 스펙트럼을 갖게 됐다.

진보정당인 노동당도 마찬가지다. 1990년대 친親노조 일변도의

---

19 유럽 좌파 정치인과 지식인의 시각에선 미국의 공화당이나 민주당은 같은 우파의 우산을 쓰고 있다고 볼 수 있다. 버니 샌더스가 민주당 내에서 사회주의자를 자처하지만 그와 같은 인물이 소수인 이유도 그 때문이다.

정책을 탈피해 제3의 길을 내세우며 시장을 품에 안았다. 1997년 집권해 10년간 장수한 토니 블레어[20]가 대표적이다. 이렇게 진보와 보수 모두 이념과 기득권에 집착하지 않고 실용과 개혁을 내세우며 지금까지 살아남았다.

---

20 1994년 최연소 영국 노동당의 대표가 됐다. 1997년 5월 총선에서 집권 보수당에 압승을 거두며 18년 만에 정권을 탈환했다. 잘 생긴 외모와 매너로 3기 연속 총리를 지냈다. 그러나 노동당답지 않은 친우파 정책으로 비판을 받기도 했다. 한때는 이라크전쟁에 미국 다음으로 많은 군대를 파병해 '부시의 푸들'이란 오명을 쓰기도 했다.

3

/

자유주의를 억압한 자유주의자들

노무현을 배신한 자칭 리버럴

오랫동안 미국 민주당 성향을 뜻하는 리버럴*liberal*을 어떻게 번역하는
게 적절한지 혼선이 있었다. 그런 혼선은 이제 사라졌다. 노무현 전
대통령이 말했던 '진보'가 사실은 '리버럴'에 가장 가까운 개념이었다.
사회주의와 선을 긋고 '분배와 정의'를 위한 국가의 적극적 역할을 옹
호하는 것이 루스벨트 민주당의 진보주의*liberalism*고, 노 전 대통령이
〈진보의 미래〉에서 말했던 것이다. 1

〈한겨레〉 선임논설위원 박찬수의 말이다. 청와대와 국회 등 정치

---

1   〈한겨레〉(2020. 7. 28.), "노무현의 진보는 리버럴에 가까웠다".

·사회 분야를 두루 출입한 베테랑 언론인의 이야기인 만큼 설득력
이 있다고 본다. 한국에서 노무현은 명실상부한 진보로 분류되지
만, 유럽식 이념지형에선 보수와 별반 다를 바 없다는 평가를 받는
다. 왜 그런지 진보적 계간지인 〈마르크스 21〉 2010년 3월호에 실
린 논문 하나를 살펴보자.

전지윤(2010)은 노 전 대통령이 재임 중 한 일에 대해 "지긋지긋한
신新자유주의·친親제국주의 정책을 추진했다"고 지적했다. 그러면
서 "이런 정책 추진에 맞서는 노동계급과 피억압 민중의 저항을 폭
력과 탄압으로 짓밟았다. 경찰력과 특공대를 투입해 파업 파괴도 서
슴지 않았고, 재임 5년간 구속한 숫자는 김영삼·김대중 정부 때보
다 훨씬 늘었다"고 비판했다. 특히 "노무현이 한 일은 이명박이 지금
하고 있는 일들과 근본에서 다르지 않다"고 지적했다. **2**

이 같은 지지층 이탈의 심경을 잘 보여주는 것이 2009년 진보 지
식인인 박노자의 다음과 같은 발언이다.

2002년 노무현을 대통령으로 만든 한국이 무한히 자랑스러웠다. 노무
현의 한국은 희망의 오아시스로 느껴졌다. 그러나 그 뒤로는 가슴 아
픈 일이 하도 많아 그때의 감동은 여지없이 사라졌다. 이라크 파병과

---

2 노무현 정부 말기인 2007년 초 한국갤럽 조사에서 응답자의 61%가 "2002년 대선
에서 노무현에게 투표한 것을 후회한다"고 답했다. 심지어 '2007년 대선에선 노무
현이 미는 후보를 지지하지 않겠다'는 의견이 74%에 달했다.

김선일의 죽음 이후에는 '노무현'이란 더 이상 의미 있는 존재가 아니었다. **3**

박노자나 전지윤처럼 노무현보다 왼쪽에 치우친 진보진영에선 그를 비판할 때 주로 두 가지 논거를 든다. 한미 FTA 타결과 이라크 파병이다. 실제로 노무현도 자신의 책 〈진보의 미래〉에서 "확실하게 저한테 속았다고 생각하는 사람은 이라크 파병 때였을 것"이라고 했다. 또 한미 FTA에 대해선 "지지자를 배신하면서 국가를 위한 결단을 내렸다"고 회상했다. **4**

박찬수와 전지윤의 주장을 종합해 볼 때 노무현이 추구했던 진보는 유럽 좌파의 입장에서 보면 우클릭돼 있고, 미국식 정치지형으로 보면 민주당에 가깝다. 미국에서는 민주당 지지자들을 보통 '리버럴'이라고 부른다. 미국은 자유주의 사상을 기반으로 건국한 나라이기 때문에 공화당·민주당 할 것 없이 자유주의는 타협과 양보가 불가능한 최선의 가치다.

미국 민주주의의 파괴자로 일컬어지는 도널드 트럼프 사례를 보자. 코로나19 팬데믹 상황으로 트럼프가 기자회견을 하던 중 자신

---

3 〈한겨레〉(2009. 4. 9.), "개혁, 안개 속의 애매한 꿈".
4 〈진보의 미래〉는 고 노무현 전 대통령의 유작이다. 원래 그와 몇 명의 학자들이 모여 이 책을 집필하려 했다고 한다. 그가 처음 회의를 하기 위해 학자들을 불렀을 때 이미 책의 구상은 거의 끝나 있었다. 특히 제러미 리프킨의 〈유러피언 드림〉과 폴 크루그먼의 〈미래를 말하다〉가 이 책에 영향을 끼쳤다.

의 치적을 늘어놓자 이를 생중계하던 CNN은 방송을 끊어 버렸다. 또 행정부 고위 관료가 〈뉴욕타임스〉에 칼럼을 보내 대통령이 자유주의의 가치를 훼손하고 있다며 날선 비판을 했다. 여기에 트럼프는 서슴없이 "뉴욕타임스가 망해버렸으면 좋겠다"고 말했다.

그럼에도 불구하고 〈뉴욕타임스〉와 CNN이 위협을 느끼지 않고, 계속 트럼프의 실정을 비판할 수 있던 것은 무엇 때문인가. 미국 사회에선 자유주의가 절대 훼손될 수 없는 최고의 가치이기 때문이다. 그러므로 보수와 진보 할 것 없이 표현의 자유를 매우 중시한다. 만일 똑같은 일이 한국에서 벌어진다면 '불경죄'를 들어 온갖 비판과 매장에 가까운 사회적 비난이 일었을 것이다.

이처럼 자유주의는 미국 정치의 가장 핵심적 요소다. 이런 상황에서 스스로를 '리버럴'이라고 부르는 민주당 지지자들이야 오죽하겠는가. 결국 박찬수의 분석처럼 노무현이 진정한 '리버럴'이었다면 그 역시 자유주의에 대한 애정이 남달랐다고 봐야 한다. 실제로 그는 역대 대통령 중 가장 격의 없는 토론과 수평적 커뮤니케이션을 중시했다.[5] 그런 의미에서 본다면 가장 '리버럴'한 대통령이었다는

---

5 노무현은 의견이 서로 다른 이들과의 치열한 토론도 마다하지 않았다. 오히려 논쟁이 있는 곳일수록 제 발로 걸어 들어가 자유롭게 의견을 나눴다. 일각에서 '토론의 달인'이라는 별명을 얻게 된 것도 그 때문이다. 정권 초기 '검사와의 대화'도 마찬가지다. 당시 검사들이 강금실 법무부 장관 임명에 반발하자 2003년 3월, 10명의 검사들과 정말 격의 없이 생방송으로 TV 토론을 했다. 2003년 6월엔 일본 방송에 출연해 대학생과 직장인, 주부 등과 질의응답을 했다. 반일이 아니면 친일로 모는 현 정부 아래에선 도저히 상상도 할 수 없는 일이다.

평가를 받아도 손색이 없다.

그런 연유에서인지 노무현을 추종하는 인물들 중에는 '리버럴'을 자칭하는 인물들이 많다. 유시민이 대표적이다. 오랫동안 그는 스스로를 리버럴리스트로 명명했다. 2014년 그는 〈서울대 저널〉과의 인터뷰에서 "나는 스스로를 래디컬radical한 리버럴리스트liberalist라고 생각한다"고 말했다. "개인의 삶, 개인과 타인, 개인과 국가와의 관계를 살필 때 제일 중요하게 보는 것이 이 자유의 원리라는 점에서 제 자신을 자유주의자라고 하는 것"6이라고 말했다.

이처럼 유시민은 오랫동안 스스로를 리버럴리스트라고 생각했다. 그러나 문재인 정부 출범과 함께 '어용 지식인'을 자처한 그는 '재인산성'을 옹호하고 마스크 쓰고 반反조국 집회에 참여한 대학생들을 향해 마스크를 벗으라며 훈계하는 등 '안티 리버럴' 행동을 보였다. 당시 발언으로 그는 과거 박근혜 정부 때 발의된 '복면금지법'과 묘한 데자뷔라는 지적을 받았다.

이제 정리해 보자. 문재인 정부와 그 지지자들은 친노親盧에 뿌리를 두고 있다. 노무현의 철학에 깊게 공감하며 그를 지켜주지 못한 미안함이 문재인 대통령에 투영되며 지금과 같은 문파를 형성하기에 이르렀다. 집권세력의 정신적 지주인 유시민 또한 노무현의 후광으로 정치에 입문하고 명성을 쌓았다.

---

6 〈서울대 저널〉(2014. 5. 25.), "나는 근본적 자유주의자 … 너무 자책하지도, 비속해지도 말길".

이런 내막을 알고 본다면 현재의 집권세력 역시 리버럴이어야 맞다. 노무현처럼 표현의 자유를 존중하며 누구와도 격의 없이 토론할 수 있어야 한다. 그러나 문파들에겐 리버럴의 향기가 조금도 나지 않는다. 왜 이런 아이러니가 벌어졌을까. 누구보다 자유주의를 옹호해야 할 이들이 왜 자유주의를 억압하고 있을까. 이에 대해선 뒤에서 다시 살펴보겠다.

'자유 호소인' 국가주의 세력들

이번엔 보수로 가보자. 이승만의 자유당, 노태우·김영삼의 민주자유당, 이회창의 자유선진당, 최근의 자유한국당까지. 우리가 흔히 보수라고 부르는 정당들은 왜 그리 '자유'를 사랑할까. 이전 장에서 살펴봤듯 지금도 보수정당의 유력 정치인들은 자유를 입에 달고 산다. 그런데 그들은 정말 자유주의자일까. 이를 알기 위해선 해방 공간으로 잠시 돌아가 봐야 한다.

갑작스러운 해방으로 남한에 이식된 서구의 정치체제는 일제강점기를 겪었던 한국의 토양에 잘 맞지 않았다. 특히 보수의 입장에선 정치의 뿌리를 찾는 일이 쉽지 않았다. 35년의 일제강점과 한국전쟁을 겪으며 지키고 보존해야 할 보수의 가치들이 깡그리 무너진 상태였기 때문이다.

당시 세계는 자유민주주의 진영과 공산주의 진영으로 양분되었다. 러시아와 중국의 혁명, 두 차례의 세계대전을 거치며 민주주의에 대립하는 공산주의가 유력한 정치·사회체제로 떠오르자 자유주의 국가들은 큰 위협을 느꼈다. 특히 미국에선 1950~54년 불어닥친 매카시즘7 광풍으로 사회주의 포비아가 생겨났다.

브루스 커밍스(2010)는 매카시즘에 대해 "진보세력을 심문하고 거의 묻어버림으로써 미국의 정치적 스펙트럼을 극단적인 우파로 비틀었다"고 말한다. 그러면서 "이들의 무기는 소련의 핵폭탄과 중국 혁명이 폭발시킨 부정할 수 없는 세계적 위기였고, 그로써 세계의 절반이 붉게 물드는 것 같았다"고 설명한다.

그 무렵 6·25가 발발했다. 냉전체제의 경쟁과 대립이 한창이었던 시기였기 때문에 한국에 이식된 자유민주주의는 사회·정치적 자유주의와 다소 거리가 멀었다. 즉, 한국의 자유민주주의는 개인의 사회적 자유와 이를 정치체제의 핵심가치로 삼은 정치철학이라기보다, 공산주의에 대립하는 서방의 자유세계 진영을 뜻하는 말로 받아들여졌다.

특히 6·25 이후 한국 정부는 '반공'을 국시國是로 삼았다. 여기에 정치적 생명력을 강화하려는 정권의 이해관계가 결합하면서 여러 계층·집단의 의견 표출 및 조직화가 반체제적인 것으로 매도당하

---

7   미국 상원의원 조지프 매카시가 일으킨 반공주의 광풍. 브루스 커밍스는 "매카시가 국무부를 비롯해 여러 곳에서 205명, 실제로는 약점을 지닌 자유주의자들을 공산주의자라고 비난했다"고 기록했다.

기 일쑤였다. 그 때문에 한국 정치의 주류는 다양성을 억압하는 냉전주의冷戰主義로 귀결돼 반공주의에 입각한 강력한 우파를 만들어냈다(강원택, 2018).

최장집(2010)의 지적도 비슷하다. 해방 후 한국이 국가 정치체제로서 자유민주주의를 받아들이긴 했지만 이는 곧 '냉전반공주의'였을 뿐이라는 것이다. 원래 자유주의는 온데간데없이 사라지고 공산주의의 반대 개념으로만 작동했다는 이야기다. 당시 집권세력은 전쟁과 분단의 갈등을 치유하기 위해선 '내부 결집'이 중요하다며 반공을 이용했다.

특히 1958년 '진보당 사건'은 한국의 정치 스펙트럼이 보수로 우편향되는 결정적 사건이 됐다. 당시 이승만 정권은 진보당이 북한과 비슷한 평화통일방안을 주장했다는 혐의로 정당 등록을 취소했다. 이듬해 당수인 조봉암은 사형을 받았다. 사회주의에 입각해 독립운동을 주도했던 조봉암이 사망하면서 그를 따랐던 정치세력 또한 일거에 사라졌다. 이후 한국의 정파는 이념이 아니라 권력을 획득하려는 이해관계에 따라 형성됐다.

그러다 이승만 정권은 4·19 혁명으로 무너진다. 이승만은 여러 차례 법을 개정해 자신의 권력을 연장하려고 했다. 대통령 중임제한 규정을 없애는 게 목표였다. 사사오입 개헌8으로 연임에 성공한 이

---

8 개헌은 3분의 2가 찬성해야 한다. 당시 의석수 기준으로는 135.3석이었다. 그런데 뚜껑을 열어보니 찬성 135표, 반대 60표, 기권 6표, 무효 1표가 나왔다. 처음

승만 정권은 권력을 계속 유지하려 했다. 그러나 1960년 야당의 유력 경쟁자였던 민주당의 조병옥이 뇌수술 도중 사망하는 일이 벌어졌다. 이승만의 재집권이 확실시되면서 관심은 부통령 선거로 쏠렸다. 당시 국민들은 야당의 장면이 부통령이 될 것이라고 예상했다. 그러나 권력이 개입하면서 부정선거가 됐다. **9**

이를 규탄하는 시위가 전국적으로 벌어졌는데 그 시작을 알린 것은 마산 3·15 의거였다. 당시 시위에 참여했던 마산상고 1학년 김주열 군이 실종된 것이었다. 한 달 후 그의 시신이 마산 앞바다에 떠올랐다. 최루탄이 눈에 박힌 채 유기된 그의 시신을 보면서 시민의 분노는 극에 달했다.

4월 18일 고려대생 1천여 명이 서울에서 처음 대대적인 시위를 벌였고, 반공청년단 소속 폭력배들에게 공격받는 사태가 발생했다. 이 소식이 알려지자 다른 대학의 학생과 고교생, 시민 등이 거리로 쏟아져 나왔다. 당시 기록에는 20만여 명의 시민이 광장에 나온 것으로 돼 있다.

자유당 정권은 계엄령을 내리고 시민들에게 발포해 120명이 사망

엔 135. 3석에 못 미쳐 부결됐다. 그러나 여당이던 자유당은 135. 3을 반올림(사사오입)하면 135이므로, 찬성 135표를 받아 가결됐다고 선포했다.

9   개표를 해보니 이승만·이기붕 정·부통령 후보의 득표가 95~98%에 육박하는 지역이 속출했다. 조작이 너무 티가 나는 개표 결과에 당황한 자유당은 당시 최인규 내무장관에게 이승만은 80%, 이기붕은 70~80% 선으로 보고하라고 지시했다. 최종 집계 결과 이승만 88. 7% 이기붕 79. 2%의 압도적 당선이었다. 이것이 바로 3·15 부정선거다.

했다. 시위가 걷잡을 수 없이 커지자 이승만은 26일 하야下野성명을 발표했다. 독립운동의 중심역할을 했고, 초대 대통령으로서 국가의 기틀을 다진 이승만 대통령의 공은 분명 인정하지만, 그의 말로가 좋지 않았던 것도 분명하다.

건국 이후 제대로 기틀을 갖춘 최초의 보수정당인 자유당은 이렇게 몰락했다. 당의 핵심가치는 당명대로 분명 '자유'였을 것이다. 그러나 자유당이 진정한 자유주의의 가치, 즉 시민의 자유와 그로부터 파생되는 개별성과 다양성, 관용의 가치를 갖고 있었는지는 의문이다. 그런데도 왜 이승만은 자유당이라는 이름을 썼을까. 그것은 정치철학으로서 자유주의가 아닌 정치체제로서 자유민주주의를 대표하는 단어였기 때문이다. **10**

이런 상황에서 여야 정당의 역할은 서구 민주주의 국가들과 다른 양상을 띠었다. 즉, 야당이라고 해서 여당과 차별화된 이념과 정책을 추구하다기보다는 그저 집권세력에 반대하는 사람들의 집합이라는 성격이 강했다. 강원택(서울대 정치학과 교수)은 "한국전쟁 후 본격적 야당이 출현하긴 했지만 '반反이승만'이라는 것 외엔 정당 간 정체

---

10 보수 정치인들 중에는 아직까지도 '정치철학으로서의 자유주의'와 '정치체제로서의 자유민주주의'를 구분하는 못하는 이들이 많다. 20대 국회의원을 지낸 한 인사는 자신의 블로그에서 '역사 속 자유주의자들'을 소개하는 시리즈를 연재했는데, 그 안에 박정희 등을 포함시켰다. 냉전체제에서 자유민주주의 시스템을 지켜내고 산업화에 성공한 업적은 인정받아야 하지만, 그를 자유주의자라고 부르는 것은 틀렸다.

성 차이가 뚜렷하지 않았다. 특히 조봉암 이후의 정치지형은 보수로 일변됐다"고 분석한다(강원택, 2018).

이처럼 대한민국에 이식된 '자유민주주의'는 진짜 '자유주의'는 빠져버린 변질된 냉전반공주의였다. '반공'이 국시였던 당시 한국의 자유민주주의는 어처구니없게도 자유주의의 본질을 심각하게 침해했다. 1972년 유신헌법엔 국가 이익을 위해 개인의 자유도 침해할 수 있다는 내용이 포함됐다. 민주주의 헌법을 가진 나라에서 개인의 사회·정치적 자유가 퇴보하는 이례적 사건이었다.11

이는 정권에 의해 '한국적 민주주의'라는 말로 포장돼 한동안 지속됐다. 이후 유신헌법에 따라 1972년 12월 23일 통일주체국민회의 대의원들이 체육관에 모여 유일후보인 박정희를 대통령으로 뽑았다. 1973년 2월 치러진 제9대 국회의원 선거에서는 국회의원 정수의 3분의 1을 대통령이 지명했다.

다음 정권인 전두환 정부에서도 '부림사건'12처럼 표현의 자유를 구속하고, 인신의 자유까지 억압하는 일을 거리낌 없이 벌였다. 불

---

11 박정희 정부는 1972년 10월 17일 비상계엄 선언으로 국회를 해산하고 11월 21일 국민투표로 유신헌법을 제정했다. 투표율은 91.9%에 달했고, 무려 91.5%가 찬성했다.

12 영화 〈변호인〉의 모티프가 된 사건. '부산 학림사건'이라는 뜻에서 붙여진 명칭이다. 전두환 정부는 민주화운동 세력을 탄압하고자 부산에서 사회과학 독서모임을 하던 학생·교사·회사원 등을 영장 없이 체포한 뒤 불법 감금하고 고문했다. E. H. 카의 〈역사란 무엇인가〉와 같은 책을 이적물로 규정하며 사상과 표현의 자유를 탄압했다.

과 얼마 전까지도 국가보안법으로 시민의 자유를 억압하는 일이 쉽게 자행됐다. 국가보안법은 반공을 위해 태어났지만 실제론 집권세력의 권력을 강화하는 용도로 쓰였다.

이처럼 자유주의에 대한 잘못된 인식은 이승만·박정희·전두환을 거쳐 민주화 이후에도 꾸준히 이어졌다. 최초의 문민정권인 김영삼 정부에서도 정치갈등의 핵심은 '이념'과 '반공'이었다. 한국의 주된 집권세력은 '자유민주주의를 지킨다'면서 오히려 시민의 자유를 억압하는 아이러니한 상황을 자주 만들었다.

자유주의에 대한 오해 '신자유주의'

'자유주의'가 빠져 있는 아이러니한 상황은 독재정권이 물러나고 민주화가 완료된 이후에도 계속됐다. 이런 상황에서 '보수 대 진보'라는 구도가 선거를 통해 본격적으로 나타난 것은 노무현 정부 때의 일이다(진영재, 2018). 하지만 그 연원을 거슬러 올라가면 김영삼 정부의 출범이 그 시작점이라고 볼 수 있다.

한국은 자유민주주의를 표방했지만 오랫동안 독재 상태에 머물렀다. 운동으로서 민주화가 끝나고, 제도로서 민주주의가 정착되는 과정에서 보수와 진보의 구도가 형성됐다. 그런데 김영삼 정부 출범 전후로 형성된 보수세력에는 민주화 인사들만 있던 것은 아니다. 독재정권의 요직을 차지했던 다수의 국가주의國家主義 세력이 보수로 편입됐다.

그동안 한국 정치에서 민주화운동을 이끌었던 세력은 김영삼과 김대중의 두 정파다. 이들을 구심점으로 국가주의와 맞서 싸웠고 1987년 직선제 개헌을 이끌어 냈다. 그러나 두 정치인의 분열로 신군부의 핵심이었던 노태우가 집권에 성공한다. 국가주의 세력의 연장이다. 1987년 13대 대선에서 노태우가 36.6%로 당선됐고, 김영삼, 김대중은 각각 28%, 27%를 얻었다.

그러나 거센 민주화 물결과 함께 노태우를 마지막으로 국가주의 세력은 힘을 잃기 시작했다. 그대로라면 다음 대선(1992년)에선 민주 진영이 쉽게 정권 교체에 성공할 것처럼 보였다.

하지만 1990년 또 다시 민주 진영에 금이 갔다. 바로 3당 합당이다. 당시 여당인 노태우의 민주정의당과 김영삼의 통일민주당, 김종필의 신민주공화당이 힘을 합쳤다. 그 과정에서 자연스럽게 국가주의 세력과 김영삼 중심의 민주화 세력이 한 울타리에 모였다. 이들이 이후 신한국당과 새누리당, 자유한국당으로 이어지는 현재 보수세력의 원조가 됐다.

1992년 대선은 3당 합당으로 국가주의 세력을 흡수한 김영삼(42%)의 승리였다. 33.8%를 얻은 김대중은 정계은퇴를 선언하고 영국으로 출국해 6개월을 머물렀다. 그러나 강력한 구심점이 부재한 야당에선 김대중의 복귀를 원했다. 1995년 지방선거로 정계에 복귀한 김대중은 1997년 대선에서 승리를 거머쥐었다. 이렇게 두 인물을 중심으로 나뉜 정치구도는 오늘날까지 이어져 각각 보수와 진보라는 이름으로 불리고 있다.

3당 합당으로 출범한 김영삼 정부는 국가주의의 핵심 이데올로기였던 반공주의를 그대로 흡수했다. 반공주의는 '악화惡貨가 양화良貨를 구축하듯' 보수의 핵심이념이 됐다. 1997년 대선에서 당시 보수파가 주장했던 핵심 프레임은 김대중이 '빨갱이'인가 아닌가 하는 점이었다. '반공'은 독재정권의 국시였지만, 이젠 '색깔론'이라는 좀더 세련된 옷으로 갈아입고 21세기까지 생존해 왔다.

반공에 길들여진 국민들에게 색깔론의 위력은 대단했다. 김종필과 손을 잡았음에도 불구하고 김대중의 득표율은 40.3%에 불과했다. 만일 보수가 이회창(38.7%)과 이인제(19.2%)로 분열되지 않았다면 진보세력의 집권은 불가능했을 것이다. 이처럼 민주주의가 제도로 정착된 시기에도 독재정권이 내세웠던 냉전반공주의는 그 생명력을 이어갔다. 이는 보수세력의 주요 무기로 쓰이며 선거 때마다 엄청난 파괴력을 보였다.

주지하다시피 냉전반공주의는 자유주의의 대척점에 있다. 내가 아닌 남은 모두 '적'이 된다. 우리와 다른 생각을 하고 이를 표현하는 것은 '이적利敵'이다. 개성과 다양성은 말살되기 십상이며 획일화되고 표준화한 이념과 가치만이 수용된다. 경제적으로 한국은 이미 선진국 반열에 올랐음에도 자유주의의 토양은 여전히 척박하다.

이처럼 자유주의가 부재한 상황에서 자유에 대한 또 다른 편견을 만들어낸 것이 '신자유주의'다. 자유주의가 제대로 뿌리내리지 못한 상황에서 신자유주의를 받아들이면서 많은 혼란과 갈등이 벌어졌다. 수백 년간 이어진 자유주의 전통 아래 신자유주의를 적용한 미국·영국 등 서구 국가들과 달리 자유에 대한 감수성조차 희미한 한국사회에 덜컥 신자유주의를 도입하다 보니 탈이 날 수밖에 없었다.

아이러니한 것은 신자유주의를 제도화하고 발전시킨 것은 오히려 진보정권이라 불리는 김대중·노무현 정부였다는 점이다. 신자유주의는 미국의 뉴딜정책 성공 후 수십 년간 이어진 '큰 정부'의 대안 모델이었다. 1997년 외환위기를 극복하면서 자본시장이 개방되고 한국엔 거침없이 신자유주의의 물결이 몰아쳤다. 이를 계승해 신자유주의의 꽃을 피운 것은 이명박 정부다.

하지만 신자유주의 물결은 사회 곳곳에서 파열음을 냈다. 신자유주의는 자유주의의 다양한 측면 중에서 경제적 관점에만 집중돼 있다. 그러므로 정치·사회·경제의 보편적 자유주의 풍토가 형성되지 않은 한국에서 경제적 측면만 강조하다 보면 선진국에서 기대했던 효과와 다른 결과를 낳을 수 있다.

일례로 이 당시 한국에서 자유주의 담론을 이끌던 지식인들의 상당수는 경제학자들이다. 특히 2000년대 이후 '뉴라이트'라는 이름으로 위세를 떨쳤다. 프리드리히 하이에크나 밀턴 프리드먼과 같은 이들의 이론이 큰 영향력을 발휘했다. '뉴라이트 싱크넷', '하이에크 소사이어티', '교과서 포럼' 등의 단체가 우후죽순처럼 생겨났다.

하지만 앞서 살펴봤듯 신자유주의는 경제적 측면의 자유주의만 강조한 나머지 정치·사회적 자유, 여기에서 파생되는 개성과 다양성 및 수평적 의사소통에는 큰 관심을 보이지 않았다.

예를 들어 이 시기 뉴라이트를 강조했던 정치인들은 애덤 스미스를 높이 평가하면서도 〈국가론〉에서 말한 '보이지 않는 손'에만 관심을 보인다. 〈국가론〉의 모태가 되는 〈도덕감정론〉13에 대해선 큰 의미를 부여하지 않는다. 〈도덕감정론〉에서 스미스는 보이지 않는 손이 제대로 작동하기 위한 전제 조건으로 공감의 원리에 기초한 '따뜻한 손'이 먼저 있어야 할 것을 주장했다.

과격한 신자유주의자들은 스미스가 자유방임에 따른 시장 논리만 중시한 것처럼 포장하지만, 실제 스미스는 시장에서의 자유는 모든 개인의 행복과 안녕을 위해 존재하는 것이라고 봤다. 만일 그가 살아 있었다면 오늘날처럼 소수의 재벌과 엘리트 정치인의 기득권이 커져가는 것을 방임해선 안 된다고 비판했을 것이다.

---

13 애덤 스미스가 〈국부론〉(1776)에 앞서 1759년에 출판한 책. 당대 최고의 도덕철학자였던 스미스는 이 책에서 공감의 원리가 인간 사회를 지탱하는 힘이라고 봤다. 오늘날 경제학의 아버지로 불리는 그이지만, 그는 묘비명에 '〈도덕감정론〉의 저자 이곳에 잠들다'라는 문장을 써달라고 유언했다 한다.

머리는 자유주의, 행동은 권위주의

그렇다면 신자유주의자들은 왜 자유를 강조하면서도 자유를 억압하는 모순적 모습을 보였을까. 앞서 지적한 것처럼 보수와 진보는 특정 이념과 철학이 아닌 성향과 태도다. 즉, 머리로만 생각하는 게 아니라 삶에서 우러나오는 것이란 이야기다. 성향과 태도는 이념이나 사상보다 무섭다. 자기가 생각하지도 않은 데서 불쑥불쑥 자신의 정체성이 드러나기 때문이다.

사회적·정치적 자유주의는 실천하기가 더욱 어렵다. 머리로는 자유를 이해했을지 몰라도 몸에 밴 것은 쉽게 고쳐지지 않는다. 한국사회에서 엘리트로 성장한 이들은 대부분 그들의 삶 속에 권위주의가 짙게 배어 있다. 이들에겐 수평적인 의사소통, 복식 전통 파괴, 가부장 질서 해체 같은 이슈들이 불편하다.

비단 보수 정치인만의 문제가 아니다. 이른바 진보 정치인으로 분류되는 이들도 이런 비판에서 자유롭지 않다. 더불어민주당 전 대표인 이해찬을 보라. 그는 독자와 시청자를 대표해 질문하는 기자에게 반말하기 일쑤다. 박원순 사건 때는 당의 입장을 묻는 기자에게 욕설을 내뱉기도 했다. 그가 민주화운동을 위해 힘쓴 이력이 있다는 점은 인정하지만, 자유로운 의사표현과 평등한 소통 등 민주주의적 역량을 체화體化하고 있는지는 의문이다.

진보, 보수를 떠나 기득권을 갖고 있는 기성세대는 일상 공간에서 사회적·정치적 자유주의를 실천하기 힘들다. 말로는 자유주의를 떠들다가도, 한참 밑의 사람이 격의 없이 토론을 벌이고 자기 의견을 대놓고 반대하면 이를 받아들이기 힘들어 한다. 머리로는 자유를 학습했고 말로는 자유주의를 외친다 해도, 삶과 행동에서 자유주의를 실천하기 어려운 이유다.

끝으로 문재인을 한번 살펴보자. 노무현처럼 그는 늘 수평과 소통을 강조하지만, 청와대에 들어가고 난 뒤 불통不通의 화신化身이라는 비판까지 받는다. 다음은 과거에 문 대통령이 했던 말들이다. 그렇게 소통을 강조했지만 현실은 어땠는지 비교해보자.

문재인 대통령 어록 ─────────────────────

대변인에게만 맡기지 않고 오바마 대통령처럼 직접 나서 수시로 브리핑하는 대통령이 되겠습니다(2017. 5. 2. 3차 대선후보토론회).

주요 사안은 직접 언론에 브리핑하겠습니다. 시민 여러분과 격의 없는 대화를 나누겠습니다. 때로는 광화문 광장에서 대토론회를 열겠습니다(2017. 5. 10. 취임사).

더욱 폭넓게 소통하고 다른 의견들에 대해서도 귀를 기울이면서 공감을 넓혀 나가겠습니다(2019. 11. 11. 수석보좌관회의).

2021년 4월까지 청와대 e춘추관에 올라온 연설문과 브리핑 자료를 분석한 결과 문재인은 총 7차례 기자회견을 했다. 연평균 기자회견 횟수는 2회가 채 되지 않는다. 역대 대통령 중 기자회견을 가장 많이 한 사람은 김영삼(13.4회)이며, 노무현(8회)과 김대중(4.6회)이 그다음이다(신현기·우지숙, 2019).

전임 대통령 박근혜를 그렇게 불통이라고 비판했건만, 문재인 역시 비슷한 모습을 보이고 있다. 도널드 트럼프가 미국의 민주주의를 그토록 망가뜨렸다고 매우 많은 욕을 먹고는 있지만, 표현의 자유를 인정하고 소통하려 행동했던 것만 놓고 보면 문재인보다는 훨씬 나은 것으로 보인다.

이처럼 자유주의의 가치를 체화하고 실천하는 것은 어려운 일이다. 이는 보수와 진보 할 것 없다. 그러나 한국 민주주의의 가장 큰 위기는 이전까지는 그나마 형식적 자유주의라도 존중된 반면, 지금은 아예 그런 예우조차 없다는 점이다. 이 책의 주요 논지인 '반자유주의적 민주주의'로 치닫고 있기 때문이다. 다음 장에서는 보편적 관점에서 정치적 선진국들이 어떻게 민주주의의 위기를 겪고 있는지 따져보고, 다시 한국의 상황을 분석한다.

2부

보편적 원인은
불평등

4

/

악마는 광장의 분노에서 나온다

악의 탄생

베니스영화제에서 황금사자상을 수상한 영화 〈조커〉[1]는 배트맨의 맞수인 '역대급' 악당의 탄생기를 그렸다. 1980년대 초 가상의 도시 고담Gotham. 부자와 빈자의 불평등은 극에 달하고, 주인공 플렉처럼 하루 벌어 하루 먹고사는 이들은 내일이 오는 것조차 두렵다. 플렉은 광대 일을 하며 곧 쓰러질 것 같은 아파트에서 병든 어머니를 모시고 살아간다. 코미디언이 꿈이지만 정작 그에게 남들을 웃기는 재

---

1   이 작품은 코믹스 영화 최초로 3대 국제영화제 (칸 · 베니스 · 베를린) 에서 수상하는 영예를 안았다. 이전에 칸과 베니스에서 남우주연상을 수상한 연기파 배우 호아킨 피닉스가 악마로 변해가는 가난하고 소심한 광대 '아서 플렉'을 연기했다.

주가 없다.

어릴 때부터 어머니는 그를 '해피'라고 불렀지만 플렉은 "인생을 살면서 단 한순간도 행복했던 적이 없었다"고 말한다. 이런 그에겐 긴장된 상황에서 저절로 웃음이 터지고, 이를 멈출 수 없는 지병이 있었다. 어린 시절 양아버지에게 학대당해 뇌를 다쳤기 때문이다. 그가 지하철에서 우발적으로 살인을 벌이게 된 것도 그의 질환을 비웃음으로 오해한 부자들과 시비가 붙어서였다.

이런 그를 사람들은 차갑게 바라본다. 동네 불량배들에게 얻어맞거나 버스를 함께 탄 승객들에게 무시당하기 일쑤다. 고담시의 복지 예산이 줄면서 무료로 이용했던 정신과 상담마저 받을 수 없게 됐다. 급기야 그는 조그만 실수로 회사에서 해고돼 광대 일자리도 잃고 만다. 비극은 함께 찾아온다 했던가. 유일한 가족인 어머니마저 쓰러지며 플렉은 벼랑 끝에 몰린다. 더욱 충격적인 것은 어머니가 평생 숨겨왔던 비밀을 알게 된 것이다. 자신은 어릴 때 입양됐고, 그의 친부는 고담시의 재력가인 토마스 웨인이란 것이다. 하지만 이는 정신질환을 앓는 어머니의 망상에 불과했다.

슬픔에 잠겨 있던 플렉에게 어느 날 일생일대의 기회가 찾아온다. 자신과 어머니의 유일한 낙이었던 TV 코미디쇼에 출연하게 된 것이다. 하지만 그는 방송에서 '조크'를 하기보다는 세상을 향한 날선 비판을 쏟아낸다. 이 자리에서 현재 이슈가 되고 있는 지하철 총격 사건의 범인이 자신이라고 자백한다. 그러면서 세상을 향해 울분을 토한다. 그러곤 자신의 친부라 믿고 있던 토마스 웨인에 대한 날선 비판도 가한다.

"그들의 죽음이 그렇게 슬픈가? 토마스 웨인이 그들을 추모했기 때문에? 만일 내가 죽었다면 내 시체를 밟고 지나갔을 거 아니야!" 토마스 웨인은 시장 선거에 출마한 재벌로 훗날 배트맨이 되는 브루스 웨인의 아버지다. 코미디쇼 출연 이전에 플렉은 어머니의 망상 때문에 토마스를 자신의 아버지라고 생각해 찾아갔다 흠씬 두들겨 맞고 온 적이 있다.

플렉은 생방송 내내 자신이 겪은 고통과 사회적 모순을 가차 없이 고발했고, 분노가 극에 달한 상태에서 자신을 조롱했던 사회자를 총으로 쏴 죽인다. 그의 모습이 전파를 타는 동안 성난 군중들이 열광하면서 거리로 쏟아져 나온다. 그가 읊었던 "내 인생이 비극인 줄 알았는데, 알고 보니 개 같은 코미디였어!" 같은 대사에 공감하면서 말이다. 분노하는 군중들은 마치 자신이 플렉이라도 된 것처럼 모두 광대 분장을 하거나 가면을 쓰고 있었다.

거리의 광대들은 경찰에 붙잡힌 플렉의 호송차량을 탈취한다. 그를 지지하는 군중들은 플렉을 마치 십자가 위의 예수처럼 경찰차 위에 눕힌다. 의식을 차린 플렉은 자신에게 열광하는 사람들을 보며 처음으로 환하게 웃는다. 그러곤 입속에 난 피를 자기의 손에 묻혀 기괴하게 웃는 광대의 입술을 그린다. 희대의 악당 조커가 탄생하는 순간이다.

"나의 죽음이 내 삶보다 가치 있기를!" 조커가 되기 전 플렉이 독백처럼 자주했던 말이다. 그의 비극적 삶은 조커로 변신하면서 마침

표를 찍었다. 플렉이라는 과거의 자아가 소멸하면서 악당 조커로 다시 태어난 것이다. 조커에 감정이입한 군중들은 그를 영웅으로 치켜세우며 반란이 시작된다. 이 과정에서의 폭력과 혼란을 막기 위한 브루스 웨인의 이야기를 그린 작품이 바로 〈배트맨〉이다.

파시즘을 등에 업은 안티 히어로

영화 〈조커〉에선 조커를 연기한 호아킨 피닉스의 열연이 돋보인다. 전작 〈Her〉에서 인공지능과 사랑에 빠진 유약한 남성을 연기했던 그의 모습은 전혀 찾아볼 수 없다. 대신 23kg을 감량하며 도드라지게 나타나는 등 뒤의 앙상한 뼈는 날개 잃은 타락한 천사를 떠올리게 한다. 뼈만 남은 그의 몸은 뒤틀린 그의 내면을 상징한다.

원래 플렉은 정신질환을 앓고 있다는 사실만 제외하면 선하고 평범한 소시민이었다. 어머니를 지극히 정성스럽게 보살피고, 아이들에게 늘 웃음을 선사하기 위해 노력하는 성실한 코미디언 지망생이었다. 폭력도 쓸 줄 몰라 동네 꼬마들에게 몰매를 맞을 만큼 약해 빠졌다.

이렇게 사회적 약자였던 플렉이 〈배트맨〉을 비롯한 DC코믹스의 세계관에서 희대의 악당 조커가 될 수 있던 이유는 무엇일까? 조커는 초인적 능력도 없는데 말이다. [2]

조커가 최고의 악당이 될 수 있던 이유는 바로 '광장의 분노'에 있다. 생방송 도중 그가 사회자를 총으로 쏴 죽이고 경찰에 바로 잡혀 갔다면, 성난 군중들이 그가 탄 호송차량을 탈취하지 않았다면, 광대 분장을 하고 가면을 뒤집어 쓴 시위대가 길거리에 나오지 않았다면, 그랬다면 어땠을까. 아마도 조커는 악당이 될 수 없었을 것이다. 분노한 군중이 십자가에 올릴 주인공을 플렉으로 결정하면서, 희대의 악당 조커가 탄생한 것이다.

고담시는 정치와 경제, 권력과 부를 모두 장악한 부르주아들의 세상이다. 그 정점에는 한때 친아버지라고 믿었던 토마스 웨인 같은 사람이 있다. 하지만 이들을 견제하고 비판하는 언론과 시민단체는 보이지 않는다. 재산의 대부분을 사회에 환원하겠다는 빌 게이츠, 워런 버핏, 마크 저커버그 같은 기업인도 없다.

무엇보다 고담시에는 사회적 약자와 빈민들의 목소리를 대변할 정치적 채널이 부재했다. 자본주의가 정당성을 가질 수 있는 것은 민주주의 체제 아래 정의의 원칙이 지켜질 때다. 그러기 위해선 사회적 약자들의 목소리를 대변한 정치적 창구가 필요하다. 하지만 고

---

2 〈어벤저스〉의 타노스나 울트론처럼 다른 히어로 영화의 악당들은 어마어마한 힘을 갖고 있다. 그렇기 때문에 '빌런'(코믹스 작품에 나오는 악당)을 해치우기 위해선 여러 히어로가 힘을 합쳐야 한다. 하지만 조커는 다른 악당들과 공통점을 찾기 어렵다. 몸은 삐쩍 말라 평범한 성인 남성조차 상대하기 어려울 만큼 유약해 보인다. 의상과 분장은 외모만으로도 두려움을 풍기는 다른 빌런들과 달리 우스꽝스럽기 짝이 없다. 그럼에도 불구하고 조커는 DC코믹스의 빌런 중 최고로 꼽힌다. 그 이유는 대중의 분노를 일깨우고 자신이 원하는 방향으로 선동하는 능력이 탁월하기 때문이다.

담시에서는 정치가 이런 역할을 못하고 있었다. 그 때문에 플렉과 같은 사회적 약자들의 고통이 외면되고, 이를 참다못한 군중들이 광장에 나와 폭도로 변했다.

원래 대의제 정치는 사회에 존재하는 다양한 갈등과 균열의 지점을 정확히 짚어내고 그 안에서 나오는 여러 의견을 대리할 수 있어야 한다. 산업혁명 후 19세기 유럽과 미국에선 자본가인 부르주아 계급과 그에 맞서는 노동자 계급이 갈등과 균열의 중심축이었고, 이들을 대표하는 양대 정당이 만들어졌다. 중요한 사회적 이슈는 대부분 정당을 통해 조정되고 합의점을 찾았다.

그러나 사회가 분화되고 발전하면서 계급 외에도 다양한 갈등요소가 생겼다. 젠더, 세대, 문화, 환경 등 복잡한 이해관계를 대표하고 조율할 수 있는 '대의' 기능이 더욱 중요해졌다. 이 때문에 유럽은 다양한 가치를 표방하는 군소정당이 존재하며, 이들이 연정聯政을 통해 합의점을 찾는다. 미국은 양당제이지만 다양한 이슈에 유연하게 대응하고 있다.

하지만 고담시에는 이 같은 균열과 갈등에 빠진 집단의 이해관계를 대표할 정치세력이 존재하지 않았다. 컵에 물이 차면 언젠가는 넘치듯, 시민들의 분노는 광장을 통해 표출됐다. 영화 속에서 그 방아쇠를 당긴 것이 '조커'였을 뿐이다. 시민들의 광기어린 파토스는 조커라는 에토스를 만나 폭력과 극단으로 치달았다.

어쩌면 한국사회도 고담과 비슷할지 모른다. '헬조선', '흙수저',

'벼락거지'로 대표되는 불평등과 양극화 문제는 갈수록 심화되고 있다. 코로나19 팬데믹이 오기 전까지 군중들은 좌우로 나뉘어 연일 광화문 광장과 서초동 일대를 가득 메웠다. 시민들의 의사를 대변하고 사회갈등과 균열을 봉합해야 할 정치인들은 오히려 광장의 분노를 자극하기 급급했다.

시민들의 목소리는 다양한데 한국 정치는 오직 내 편과 네 편, 두 개의 진영논리뿐이다. 무슨 이슈를 대입해도 한국 정치는 진보의 '적폐'와 보수의 '빨갱이'로 찢어져 있다. 그렇다 보니 여당이 됐든 야당이 됐든, 제도권 정당 중 어느 곳도 지지하지 않는 무당층이 계속 늘고 있다. 여권에 등을 돌린 이들이 많아져도, 야당의 지지율이 오르지 않는 것은 그들을 대변할 정당이 없다는 뜻이다.

지금처럼 정당과 의회라는 공적 시스템을 통해 시민의 목소리가 계속 대표되지 못한다면 군중들은 영화 〈조커〉에서처럼 광장으로 나서게 될 것이다. 무엇보다 군중들이 거리로 나오도록 부추기는 정치인들이 있는 한 민주주의의 위기는 더욱 심화될 것이다. 정치인이 시민의 의중이 무엇인지 파악해 이를 대변할 생각을 하지 않고, 자기 이념을 실현하기 위해 시민을 선동하고, 여기에 세뇌洗腦당한 군중들은 맹목적 지지로 광장의 광기狂氣를 키운다.

광장은 4·19 혁명이나 1987년 민주항쟁처럼 민주주의를 진전시키고 역사를 발전시키기도 했다. 그러나 70만 명이 모였던 1933년 아돌프 히틀러의 뉘른베르크 군중집회는 전체주의로 가는 지름길이었다. 히틀러에 대한 맹목적 지지와 자기만 옳다는 폐쇄적 민족주의를 통해 전체주의로 가는 잘못된 길이었다. 우리는 지금 어느 길 앞에 서 있을까.

자본주의는 지속 가능할까

영화 〈조커〉의 무대인 고담시의 경우와 같이 불평등의 심화는 현재 전 세계가 안고 있는 과제다. 그런 문제의식을 깊게 파고든 것이 바로 영화 〈기생충〉이다. 〈뉴욕타임스〉는 이 영화를 '올해(2019년)의 영화'로 선정하며 "〈기생충〉은 디스토피아다. 그리고 우리는 그 안에 살고 있다"고 말했다. 그러면서 "반지하와 대저택은 현대사회를 은유적으로 표현하며, 영화는 계급투쟁에 관한 날카로운 시선을 보여 준다"고 설명한다.

〈기생충〉은 세계 곳곳에서 신드롬을 일으켰다. 그 이유는 무엇일까? 〈가디언〉은 "계급갈등을 적절히 다루면서 빈부격차의 담론에 굶주린 젊은 관객들에게 보편적 반향을 불러일으켰다"고 평가한다. 대다수 선진국이 겪고 있는 불평등 문제를 흥미로운 이야기로 풀어낸 것이 "영화의 본고장인 미국을 흔들 수 있었던"(〈워싱턴포스트〉)이유였다.

이 같은 현상은 미국의 밀레니얼 세대(1980~2000년생)가 버니 샌더스의 사회주의에 열광하고 '월가 점령Occupy Wall Street' 시위를 적극

지지했던 것과 마찬가지다. 실제로 2018년 8월 갤럽의 조사결과에 따르면 미국 청년들의 51%가 '자본주의보다 사회주의를 선호한다'고 답했다. 이는 경제적 황금기를 겪었던 부모세대와 달리 금융위기로 대규모 실직과 파산을 보며 자란 밀레니얼 세대에게 경제적 시련이 각인돼 있기 때문이다.

월가 점령 시위 이후 세계적으로 '#Occupy'가 퍼져나가기 시작했다. 해시태그는 디지털 사회의 새로운 저항운동으로 자리 잡았다. 다양한 형태의 '점령' 단체들이 생겨났고, 이들은 세계경제가 금융과 기업 등 소수의 특권을 지탱해주는 시스템에 의해 움직인다고 생각했다(Baylis et al., 1997). 그것은 물론 불평등과 양극화의 주원인이기도 했다. 그 결과 세계 각국에서는 불평등 완화를위해 금융 거래에 대한 로빈후드세稅, 상업은행과 투자은행 을 분리하는 '볼커 룰 Volcker Rule' 도입 등이 논의됐다.

이 같은 흐름 속에서 토마 피케티(2013)는 〈21세기 자본〉에서 "심각한 양극화로 자본주의 위기가 도래했다"고 말한다. 그에 따르면 미국 상위 1%의 소득은 1980년경 평균소득의 9배였는데, 2010년엔 20배로 늘었다. 같은 기간 영국에서는 6배에서 14배로, 호주에서는 5배에서 9배로, 일본은 7배에서 9배로 증가했다. 대다수의 나라는 일해서 버는 돈(노동소득)보다 '돈이 돈을 버는' 자본소득의 증가율이 훨씬 컸다.

이는 출신·가문에 상관없이 능력만 있으면 성공할 수 있다는 '능력주의*Meritocracy*'**3**가 사라지고 있다는 이야기다. 그 해법으로 피케티는 극단적인 처방까지 내놓는다. 바로 '글로벌 자산세'**4**다. 부유층 자산에 부과하는 세금을 대폭 늘려 불평등을 완화하자는 것이다.

표 4-1 미국 청년들의 사회주의 · 자본주의 선호도

단위: %

구 분	2010년	2012년	2016년	2018년
사회주의	51	49	55	51
자본주의	68	56	57	45

자료: 갤럽. 18~29세 미국인(2018.8.)

표 4-2 미국인들의 사회주의 · 자본주의 선호도

단위: %

구 분	사회주의	자본주의
18~24세	58	61
25~34세	51	58
35~44세	38	56
45~54세	32	60
55~64세	29	63
65세 이상	27	69
전체	39	61

자료: 서베이몽키 · 악시오스. 미국 시민 2,777명 대상 온라인 설문(2019.1.16.~1.18.)

---

3 영국의 사회학자 마이클 영이 1958년 출간한 〈능력주의 사회의 부상〉(*The Rise of Meritocracy*)에서 '귀족주의'(*aristocracy*)의 반대말로 만든 개념. 출신과 가문이 아닌 실력에 따라 보수와 지위가 결정되는 체제를 뜻한다.

4 피케티는 이 세금을 특정 국가만 도입하면 다른 나라로 자본이 빠져나갈 것이기에 '글로벌' 동시 도입을 주장한다. 그러나 실현 가능성은 거의 없어 보인다.

'세계불평등자료'(World Inequality Database)도 살펴보자. 전 세계 국가들의 상위 1%의 소득 점유율을 연도별로 살펴보면, 1980년 17.1%에서 2000년 20.6%로 증가했다. 2019년 19.3%로 다소 완화되기는 했지만 주요 국가들의 사정은 다르다.

특히 미국만 따로 떼놓고 보자. 1980년 10.5%에서 2000년 17.4%로 급증한 후 2019년 18.8%로 상위 1%의 소득 점유율이 높아졌다. 전 세계적 불평등은 다소 완화됐지만 미국은 오히려 심화된 것이다.

같은 기간 한국은 어떨까. 한국은 1980~2000년 8.7%에서 9.3%로 미국과 비교하면 비교적 안정된 모습을 보였다. 오히려 1995년에는 8.5%로 완화되기까지 했다. 그러나 1997년 IMF 외환위기를 겪으며 상위 1%로의 소득 편중이 심해지기 시작했다.

즉, 1980~90년대 한국의 불평등은 완화된 모습을 보였지만, 외환위기 이후 2000년대 들어 소득 편중이 강화됐다. 상위 1%의 소득 점유율은 2000년(9.3%) 이후 급증해 2015년 13.1%로 늘었다. 1995~2015년의 20년 사이 54%가 증가했다는 뜻이다. 쉽게 말해 상위 1%의 소득 비중이 1.54배 늘었다는 이야기다. 미국의 불평등 심화 속도보다 훨씬 빠르다.

정리하자면 한국의 불평등은 최근 20여 년 동안 급속도로 악화됐다. 더욱 큰 문제는 불평등이 세습이 점점 고착화되고, 계층 상승 가능성이 점점 희박해지고 있다는 점이다. 특히 한국에서 교육은 더 나은 지위를 얻기 위한 희망 사다리로서 기능을 해왔다. 비록 없는

표 4-3 상위 1%의 소득 점유율: 한국 · 미국 비교

단위: %

구분	1980년	1985년	1990년	1995년	2000년	2005년	2010년	2015년	2019년
한국	8.7	8.6	8.6	8.5	9.3	10.8	12.9	13.1	13.2
미국	10.5	12.1	14.3	14.4	17.4	17.8	17.7	18.9	18.8
세계	17.1	16.5	18.2	18.9	20.6	20.6	19.8	19.6	19.3

자료: World Inequality Database (2021.5.12. 검색).

그림 4-1 국가별 상위 1%의 소득 점유율(2019년)

단위: %

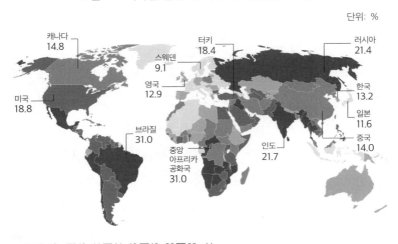

자료: World Inequality Database (2021.5.12. 검색).

106

집에서 자랐지만 열심히 노력하면 좋은 대학을 나와 원하는 직업을 얻을 수 있던 것이다. 하지만 지금은 그 사다리마저 부러졌다. 왜 계층이동의 사다리가 사라져 버렸는지에 대해서는 다음 장에서 자세히 살펴보자.

5

/

부러진 희망 사다리

명문대 독식한 고소득층

2020년 국정감사 때 국회를 통해 한국장학재단의 내부 자료를 입수해 보도한 적이 있다.[1] 매우 충격적이었던 그 자료의 내용을 요약해 보자. 재단은 매년 국가장학금 신청자를 대상으로 부모의 수입과 재산평가액을 월소득으로 환산한다. 그 결과 기초수급자부터 1~10분위까지 구간을 나눠 장학금을 선별 지급한다.

이 중 2020년 1학기 기준으로 제일 잘사는 계층인 10분위(월소득 1,427만 원 이상)와 9분위(월소득 949만~1,427만 원)의 비율을 대학별

---

1 〈중앙일보〉(2020. 10. 12), "文정부의 '개천 용' 실종사건 … SKY 신입생 55%가 고소득층".

로 비교했더니 SKY대학(서울대·고려대·연세대)의 경우 55.1%나 됐다. SKY대학이 아닌 다른 대학 평균(25.6%)의 2배 이상이다. 최상층인 10분위만 놓고 보면 SKY대학 37.9%, 다른 대학 12.2%였다. 9분위보다 고소득층 편중이 훨씬 심각했다.

특히 문재인 정부 출범 이후 이런 현상은 더욱 심화되고 있었다. 문재인 정부 출범 이전 5년간 SKY대학의 9~10분위 비율 평균은 41.4%였다. 2013년(40.4%)부터 2017년(41.1%) 입학자까지 40% 대에서 오르락내리락했다. 그러나 문재인 정부 3년 평균은 53.3%다. 불과 몇 년 사이에 10%가량 오른 것이다.

최상위권 학생들이 입학하는 의대로 좁혀 보면 이 같은 쏠림은 더욱 심각하다. 2020년 SKY대학의 신입생 중 9~10분위 비율은 74.1%나 됐다. 이 기사를 쓸 당시 인터뷰했던 30대 개원의의 이야기는 더욱 충격적이었다. 그는 SKY대학 의대를 졸업하고 대학병원에서 레지던트로 근무하다 몇년 전 피부과를 개업했다.

제가 대학 다닐 때 동기들 중 유독 형편이 어려운 친구가 한 명 있었는데, 알고 보니 그 친구의 아버지는 5급 공무원이었습니다. 하지만 후배들로 갈수록 잘사는 집 아이들이 많아요. 부모의 대부분이 의사·변호사 등 고소득층입니다. 이제 적어도 의대만 놓고 보면 '개천에서 용 난다'는 이야기는 거짓말 같습니다.

물론 재단의 자료가 모든 신입생을 대변하는 것은 아니다. 재단에 국가장학금을 신청한 학생들만 대상으로 분석했기 때문이다. 그러나 2020년 국가장학금을 신청한 SKY대학 신입생은 6,865명으로, 전체 신입생의 60% 수준이다. 그럼 나머지 40%는 이미 다른 장학금을 받기로 했거나 어차피 못 받을 것을 알기 때문에 처음부터 신청하지 않은 경우가 많다. 결국 이 40%의 학생들까지 감안하면 고소득층 비율은 더욱 늘어날 수 있다.

명문대학의 고소득층 쏠림은 새로운 이야기가 아니다. 중요한 것은 실증자료를 통해 이런 명제가 입증됐다는 사실이다. 특히 또 한 가지 중요한 점은 문재인 정부에서 고소득층의 SKY대학 쏠림이 더욱 커졌다는 것이다. 그 이유는 무엇일까. 현 정부 출범 전후 달라진 입시 정책 두 가지가 주원인이었다고 생각한다.

첫 번째는 2018학번부터 시행된 수능영어 절대평가다. 박근혜 정부 때 이미 예고된 사안이긴 했지만, 영어 외의 다른 과목까지 절대평가로 전환하는 것이 문재인 당시 대선후보의 선거공약이었다. 그러나 학부모와 입시 전문가 사이에서 절대평가 전환이 입시 변별력을 떨어뜨리고 교육격차를 키울 것이란 우려가 나오자 임기 내 실시는 무산된 상태다.

절대평가에선 일정 점수 이상이면 비율 제한 없이 1등급을 받는다. 해외 경험이 있거나 사교육을 받은 학생일수록 일찌감치 영어를 끝내 놓고 국어·수학 등 다른 과목에 집중할 수 있다. 즉 만점을 받든 90점을 받든 똑같은 1등급이기 때문에 어느 정도 실력만 되면 학습량을 대폭 줄여도 된다.

두 번째는 급격한 학생부 종합전형(학종)의 증가다. 종로학원 하늘교육에 따르면 SKY 대학의 수시모집 중 학종이 차지하는 비율은 2017년 39.4%에서 2018년 54.4%로 급증했다. 잘 알다시피 학종은 교내 활동 및 수상 실적 등 스펙이 뛰어날수록 도움이 되는 전형요소다. 이런 스펙을 쌓는 데는 부모의 사회·경제적 지위가 높을수록 유리하다는 것은 두말할 나위 없다.

물론 학종과 수능 모두 사교육의 영향력이 커 잘사는 집 아이들이 월등히 앞서 나간다. 그러나 수능은 아무리 사교육을 많이 받았어도 시험을 치르는 것은 학생 본인이다. 반면에 학종은 스펙 쌓기에서 '부모 찬스'가 가능하다. 조국 전 장관 딸이 교수인 부모 덕분에 SCI급 의학논문의 1저자가 된 것처럼 말이다. 그 결과 현 정부 출범 후 SKY대학 신입생 부모의 9~10분위 비율은 2018년 51.4%, 2019년 53.3%, 2020년 55.1%로 꾸준히 증가했다.

현실에 존재하는 SKY캐슬

미국 브루킹스연구소의 리처드 리브스는 〈20 VS 80의 사회: 상위 20퍼센트는 어떻게 불평등을 유지하는가〉라는 책에서 "고학력·고소득 부모들은 최고의 교사들이 가르치는 학교에 자녀를 보낸다. 교육을 통해 사회·경제적 부를 대물림하고 (계층이동이 불가능한) 구조

적 장벽을 쌓는다"고 말했다. **2**

리브스는 대표적인 예로 입시를 든다. "대입 평가의 핵심기준은 경험을 확장하는 여행을 많이 다니고 인턴 경험이 많은 응시자에게 유리하도록 설정돼 있다. 명문대 입시를 통해 만들어진 거대한 특권의 산꼭대기가 존재하는 것이다. 일부 장학금 제도를 만들어 학생들이 발 딛기도 힘든 작은 사다리를 쥐놓고는 평등한 기회를 마련했다고 자위한다."

리브스에 따르면 미국의 고학력·고소득 부모들은 그렇지 않은 부모들보다 취학 전에 자녀들과 2~3배 더 많은 시간을 보낸다. 1996년 이후 부유층의 자녀 교육비는 300% 가까이 증가했지만 다른 계층에서는 큰 변화가 없었다. 그는 특히 "고학력·고소득 계층은 자신들에게 유리하도록 사회체제를 구조적으로 조작한다"며, "포틀랜드, 뉴욕, 샌프란시스코 같은 곳에 몰려 살면서 다른 계층이 학군 좋고 쾌적한 환경을 지닌 지역에 진입하는 것을 가로막는다"고 지적했다.

몇년 전 〈SKY 캐슬〉이라는 드라마가 화제가 된 적이 있다. 이 드라마의 주인공은 입시 코디네이터인 김주영(김서형)이다. 그녀는 서울대 수학과를 나와 미국 버지니아주 페어팩스에서 딸을 키우며 살

---

2 *New York Times*(2017. 7. 25.), "How the upper middle class is ruining America".

았다. 이 딸은 어린 나이에 조지워싱턴대에 합격할 만큼 영재였지만 교통사고로 전두엽이 손상돼 지능이 낮아졌다. 이를 견디지 못한 김주영은 딸을 한적한 시골에 가둬두고 본인은 입시 코디네이터로 변신했다.

그런데 실제로 김주영이 살았던 페어팩스에는 미국 최대의 입시 컨설팅 회사가 있다. 미국에선 고액 컨설팅 자체가 불법이 아닌 데다 교육컨설턴트협회(IECA)도 결성돼 있다. 컨설팅 비용도 한국은 분당 5천 원(시간당 30만 원)으로 상한이 있지만, 미국은 그렇지 않다. 이 협회에 따르면 활동 중인 대학 컨설턴트는 8천 명이 넘는다. 미국 공립고에선 진학지도 교사가 수백 명의 학생들을 담당하기 때문에 컨설턴트에 대한 수요가 생긴다.

미국은 한국처럼 모두가 대학에 '올인'하는 구조는 아니지만 상위권 대학에 가려는 학생들은 치열한 경쟁을 뚫어야 한다. 고교시절 높은 성적과 SAT 점수를 확보했다 해도 그것만으로는 명문대 입학이 보장되지 않는다. 성적 외에도 다양한 방과 후 활동과 봉사활동이 필요하다.

특히 학생부 종합전형의 원조로 불리는 미국의 입학사정관제는 단순히 성적만 보는 게 아니기 때문에 복합적이고 다양한 요소를 고려해야 한다. 하지만 소수의 상류층이 아니라면 이런 문화가 낯설기 때문에 컨설턴트를 찾는다. 미국에서도 입시는 계층상승의 사다리이기 때문에 자녀에 대한 교육투자가 많아지고 있다.

미국 〈블룸버그 비즈니스위크〉의 보도(2018. 6. 18.)에 따르면 대입 컨설팅 회사 'ThinkTank Learning'은 미국 전역에서 1만 명에 가까운 학생들을 관리하며 연 수익만 1,800만 달러가 넘는다. 잡지는 이 회사의 오너인 스티븐 마가 2012년 5월에 한 고교생 부모와 맺은 계약의 구체적 내용을 공개했다.

보도에 따르면 고교생 자녀를 둔 한 기업의 오너는 5개월 간 대입 준비 비용으로 70만 달러를 입금했다. 만일 그의 자녀가 당시 대학 평가 순위(*U. S. News & World Report*)에서 1위 대학(당시 하버드대와 프린스턴대가 공동 1위)에 합격하면 110만 달러의 성공보수를 지급하기로 했다.

반대로 이 학생이 GPA 3.0과 SAT 1,600점을 받았음에도 불구하고 상위 100위권 안의 대학에 못 가면, 마 회장은 돈을 한 푼도 받지 않는다. 대신 81~100위권 대학은 30만 달러, 51~80위권은 40만 달러, 50위권 이내의 경우 대학 등수에 따라 60만 달러 + α 의 성공보수를 받기로 계약했다.

원래 헤지펀드 분석가였던 스티븐 마는 펀드매니저가 하는 방식대로 수천 명의 성공과 실패에 대한 분석 데이터를 바탕으로 알고리즘을 만들고 이를 통해 대입 결과를 예측한다. 예를 들어 고교성적이 3.8점(만점 4.5점)이고 SAT 2천 점(만점 2,400점)에, 리더십 자격증과 교과 외 활동 800시간을 확보한 미국 출생의 학생이라면 합격 가능성이 뉴욕대(NYU) 20.4%, 남캘리포니아대(USC) 28.1%라고 한다. 'ThinkTank Learning'에 따르면 관리 학생의 85%가 상위 40위안의 대학에 입학했다.

이처럼 드라마 〈SKY 캐슬〉의 이야기는 매우 현실적이다. 그렇다면 한국은 어떨까. 우리가 더했으면 더했지, 덜하지는 않을 것 같다. 한국의 상황도 자세히 살펴보자.

높아지는 교육 장벽

사교육 실태를 정확히 살펴보기 위해 전문가에게 의견을 구했다. 바로 이만기 유웨이중앙교육 평가연구소장이다. 1986년 교사로 시작해 18년간 학교에서, 16년간 사교육에 몸담은 그다. 1990년대 EBS 스타강사 1세대인 그는 2004년 메가스터디 출범 당시 '일타강사'로 이름을 날렸고, 현재는 업계와 학교·대학가 등을 넘나들며 온갖 입시 정보의 허브 역할을 하고 있다. [3]

이만기 소장 인터뷰

코디, 이른바 컨설턴트는 실제로 존재한다. 학생에게 맞는 강사를 과목별로 구해서 붙여주기도 하고, 학생부에 기록할 내용을 계획해 그대로 따라 하도록 한다. 예를 들어 의대 진학을 목표로 한다면 병원 봉사

---

3 〈중앙일보〉(2018. 12. 23.), "SKY캐슬의 70%는 진실".

활동을 하거나 생물 해부 동아리 같은 것을 만들도록 시킨다. 소논문을 작성해주고 체험활동의 보고서를 써주는 것까지 웬만한 일은 다 해준다.

컨설팅 비용은 법적으로 정해져 있다. 1분당 5천 원이다. 1시간을 기준으로 30만 원을 넘을 수 없다. 그러나 일부 불법 고액 컨설턴트는 10배씩 받기도 한다. 1분당 5만 원이다. 하지만 일반적으로 학생부 자료를 토대로 자기소개서 한 건 써주는 비용은 300만 원이다. 다만 고교 1학년부터 대학입시까지 체계적으로 관리하면 몇천만 원이 든다. 실제로 학생이 원하는 대학에 합격하면 500만 원 정도 성공보수를 주기도 한다.

영화나 드라마에 묘사되는 것처럼 학종(입학사정관제)이 도입된 후 학생회장은 중요한 스펙이 됐다. 반에서 반장을 뽑을 때 학생 절반이 입후보하는 경우도 있다. 그렇다 보니 선거 캠페인을 어떻게 할지, 슬로건과 피켓은 무엇으로 할지 등을 컨설팅하는 업체가 따로 있다.

은행에서 VVIP 고객을 대상으로 코디를 소개해주는 드라마 속 장면은 현실과 상당히 비슷하다. 보통 은행이나 증권사, 수입차 딜러 등이 최상위 고객을 대상으로 입시 특강을 연다. 나도 1년에 열 번 정도는 이런 데 가서 특강한다. 1부에선 자사의 상품을 소개하고 2부에서 강의하는 식이다.

이처럼 컨설턴트가 생겨난 이유는 입시가 너무 복잡하기 때문이다. 특히 학생부가 입시의 성패를 좌우하면서 더욱 이런 경향이 짙어졌다. 수능과 정시 위주 입시에선 컨설턴트가 필요 없다. 학생부에 적을 스폐을 쌓아야겠다고 마음먹으면 한도 끝도 없다. 그 욕망과 불안의 심리를 채워주는 게 사교육이다.

사교육계에서 흔히 하는 말이 있다. '모든 사람이 교육부를 욕해도 우리는 고마워해야 한다'고. 정부 때문에 사교육이 먹고살기 때문이다. 학부모가 입시에 적응할 만하면 그때 또 제도를 바꾼다. 엄마들은 불안함을 느끼고, 사교육은 이를 보듬어줄 또 다른 상품을 내놓는다.

결국 소득이 높은 계층은 사교육을 찾고, 사교육은 곧 자녀의 입시 성과를 높여준다. 이렇게 교육 양극화는 더욱 심화되며 희망 사다리는 무너져 간다. 실제로 잘사는 집 아이들이 명문대에 진학하는 비율은 갈수록 높아지고 있다.

종로학원 하늘교육이 2007년과 2018년 서울대 입시 결과를 분석한 자료에 따르면 서울에서는 이 기간에 합격자 수가 1,208명에서 1,258명으로 50명 늘었다. 경기도는 484명에서 720명으로 236명 증가했다. SRT와 외곽순환도로 등의 개통과 함께 '강남권'이 기존의 분당에서 판교, 용인 등으로 확대된 영향이 크다. 반면 부산(91명), 대구(80명), 경남(41명), 충북(28명) 등은 대폭 줄었다.

같은 자료에서 서울만 놓고 보면 그 안에서도 양극화가 뚜렷하다. 수시 합격자로 범위를 좁혀 합격률을 따져보니 강남 출신 합격자들의 약진이 두드러지게 나타났다. 2007년 수시 합격자 중 강남구 출신은 8%였는데 2018년엔 15.7%로 두 배가 됐다.

같은 기간 서초구는 4.9%에서 11.7%로 증가폭이 더욱 컸다. 국립대(법인)인 서울대만 자료가 공개돼 그렇지, 명문 사립대의 실상은 서울대보다 덜하지 않을 것이다. 이와 관련해서는 임성호 종로학원 하늘교육 대표의 말을 들어보자. 그 역시 30년 가까이 사교육계에서 잔뼈가 굵은 입시 전문가다. **4**

임성호 대표 인터뷰

대학입시에서 수시 비중이 매우 높다. 서울대는 수시 전체를 학종으로 뽑는다. 학종은 내신 성적뿐 아니라 학생들의 다양한 잠재력과 특성을 보고 뽑는 전형이다. 그렇다 보니 각종 대회 수상실적이나 소논문 등 스펙이 많이 들어간다. 학종은 크게 일반전형과 지역균형선발(지균)로 나뉜다. '지균'은 일반전형과 큰 틀에선 비슷하지만 여기에 '지역균형'의 요소가 가미됐다고 보면 된다.

다만 수능은 본인이 보는 것이고 학종은 부모나 교사, 사교육이 만들어줄 수 있다. 그렇다 보니 처음엔 취지가 좋았지만 현재는 서울 강남처럼 잘사는 지역으로의 쏠림현상이 심각하다. 아울러 수도권 집중현상도 심화된다. 예를 들어 서울대 합격자 수를 살펴보면 경기도와 서울은 크게 늘었는데 다른 지역은 급감했다.

지균의 경우 '지역균형'이라는 어감 때문에 마치 지역에서 가정 형편은 어렵지만 공부 잘하는 아이들을 뽑는 전형이라고 오해하기 쉽다.

---

4 〈중앙일보〉(2019. 1. 6.), "SKY캐슬처럼 실제 SKY 합격자, 고소득층 자녀 많아".

그런데 이전에 상담하면서 이야기를 들어보면 대부분 변호사, 의사, 약사 등 그 지역 유지의 자녀들인 경우가 많다. 2011년 서울대 지균 합격자가 가장 많은 곳은 25개 구 중 성북구(10명)였다. 그런데 2018년엔 2명으로 가장 적다. 반면 같은 기간 강남구는 4명에서 18명으로, 서초구는 3명에서 10명으로, 송파구와 양천구는 각각 7명에서 10명으로 늘었다. 취지는 '지역균형'이지만 결과는 '강남 쏠림'이다.

서울에선 사교육으로, 지방에선 학교가 학생을 만들어 보낸다는 말이 있다. 지역의 일반고는 수능으로는 서울대를 보낼 수 없는 학교가 많다. 지역의 전교 1등이 서울 강남에 오면 3등급인 경우도 있다. 그렇다 보니 학교 입장에선 어떻게든 1, 2등 하는 학생을 키워 좋은 대학에 보내려고 한다. 결국 그 아이를 위해 교내대회 수상이나 동아리 같은 것들이 집중될 수밖에 없다. 그렇다 보니 지방에서 내신이 좋은 아이들은 그 지역 유지의 자녀들인 경우가 많다.

전문가들의 설명과 실제 통계로 나타난 자료를 놓고 보면 교육은 이제 계층상승을 위한 사다리가 아니라 오히려 이를 가로막는 장벽이 됐다. 미국과 한국의 사례를 중심으로 살펴봤지만, 다른 나라들도 크게 다르지 않다. 부모의 사회·경제적 지위가 교육을 통해 세습되고 있는 것이다. 5

---

5 이를 가장 잘 보여주는 인물이 조국과 정경심이다. 교수라는 사회적 지위를 이용해 자신의 네트워크 역량을 자녀 입시에 최대한 활용했다. 불법이냐 적법이냐를

지금 당장 내가 불평등한 것은 참을 수 있어도, 나의 자식 세대까지 힘들게 살아야 한다는 걸 인식한다면 지금의 사회구조가 앞으로도 계속 지속될 수 있을까. 그렇기 때문에 전 세계적으로 심화되는 불평등이 건강한 사회제도와 문화를 무너뜨리고, 시민들을 분노한 군중으로 몰아간다. 이제 그 구체적인 사례들을 여러 나라의 이야기들로 하나씩 따져 보겠다.

_____

떠나 편법인 것만은 분명해 보인다. 자녀 스스로의 정당한 경쟁이 아닌 '부모 찬스'로 입시에 유리한 위치를 점했기 때문이다.

6

/

트럼프는 왜 영웅이 됐나

미국 민주주의를 망가뜨린 트럼프

2020년 2월 미국 정가는 줄리언 어산지[1]의 러시아 스캔들 폭로로 시끄러웠다. 당시 도널드 트럼프로부터 러시아의 미국 대선 개입의혹을 부인하는 대가로 사면을 제안받았다고 주장한 것이다. 백악관은 "완전히 날조된 거짓말"이라며 반박했다. 어산지는 정부 기밀문서를 누설하여 방첩법*Espionage Act* 위반 혐의로 기소된 상태였다.

어산지가 설립한 '위키리크스'는 2016년 미국 대선 당시 힐러리

---

1 세계적인 내부고발 웹사이트인 '위키리크스'(Wikileaks)의 책임자다. 2010년 위키리크스에 이라크·아프가니스탄 전쟁에 대한 미국의 기밀문서를 업로드해 1급 수배령이 내려졌다. 2012년 주영 에콰도르 대사관으로 피신해 도피생활을 하다 2019년 영국 경찰에 체포됐다.

클린턴의 이메일과 외교 문서를 공개해 파문을 일으켰다. 당시 연방수사국(FBI)은 러시아 해커가 자료를 빼냈고, 이를 '위키리크스'에 전달했다는 수사 결과를 발표했다. 여기에 트럼프가 개입돼 있다는 의혹이 제기되면서 대통령 취임 후인 2017년 5월 로버트 뮬러의 특검이 시작됐다.

2019년 3월 특검은 "트럼프 측과 러시아가 직접 공모한 사실은 입증하지 못했다"고 결론냈다. 다만 뮬러 특검은 "그렇다고 범죄가 아닌 것은 아니다"라면서 러시아 조직의 대선 개입은 사실이라고 분명히 했다. 특검 보고서에 따르면 러시아는 '인터넷 리서치 에이전시'(IRA)라는 조직을 통해 가짜뉴스를 퍼뜨리고 미국 사회의 혼란을 가중시키기 위해 각종 여론조작을 벌였다.

당시 〈워싱턴포스트〉와 〈뉴욕타임스〉 등의 보도를 종합하면 뮬러 특검이 밝힌 러시아식 '댓글부대'인 IRA가 트위터와 페이스북 등 다양한 SNS 계정을 사용해 선전활동을 벌였다. IRA는 470개의 페이스북 계정을 마치 미국의 정치·시민단체가 만든 것처럼 위장하고 혐오와 증오를 부추기는 각종 가짜뉴스를 퍼뜨렸다.

2017년 10월 페이스북이 미 의회에 제출한 보고서에 따르면 IRA는 2015년부터 2년간 8만 건의 게시물을 올리고, 약 2,900만 명이 이를 뉴스피드로 받아 봤다. IRA가 운영한 페이스북 페이지 '블랙 매터스 유에스Black Matters US'는 백인에 대한 흑인의 적개심을 키우며 "힐러리는 흑인의 표를 받을 자격이 없다"고 선동했다.

2018년 5월 미국 하원 정보위원회가 공개한 자료에서도 IRA는 총기 규제, 이슬람교, 동성애, 이민자 등과 관련한 자극적인 글과 사진을 올리고 확산을 유도한 것으로 나온다. 예를 들어 '허트 오브 텍사스Heart of Texas'라는 페이스북 계정은 2016년 7월 경찰관 5명을 살해한 댈러스 총격범 미카 존슨에 대해 "이슬람 소유의 건물을 테러에 이용했다. 1만 명의 잠재적 테러리스트를 텍사스에서 보고 싶지 않다"고 썼다.

이는 물론 거짓이었다. 존슨은 아프가니스탄에서 복무한 베테랑 군인이었는데, 그의 집에서 다량의 무기가 발견됐다. 〈블룸버그뉴스〉는 당시 "러시아가 미국인들의 불만을 자극해 혼란에 빠뜨린 명백한 증거"라고 지적했다. 유명한 역사학자인 티머시 스나이더2 예일대 교수는 〈가짜 민주주의가 온다〉에서 "IRA의 6개 페이지가 올린 콘텐츠는 시민들에게 3억 4천만 번 공유됐다"며 "미국인 1억 3,700만 명이 투표했는데 1억 2,600만 명이 러시아 조직이 올린 글을 봤다"고 지적했다(Snyder, 2018).

전 세계 자유민주주의의 심장처럼 여겨지는 미국 대선의 한복판에서 러시아 조직이 주도한 선전·선동 활동이 큰 영향력을 끼쳤다는 사실은 충격적이다. 미국 지식인들은 트럼프 당선 전후 벌어진 일련의 사건들로 인해 민주주의가 후퇴했다고 비판했다. 오랫동안

---

2 티머시 스나이더(1969~)는 한나아렌트상(2013) 등을 수상한 유명 역사학자(예일대)다. 홀로코스트 전문가로 〈가짜 민주주의가 온다〉와 전작인 〈폭정〉을 통해 전체주의로 흘러가는 현대 민주주의의 위험성을 경고했다.

쌓아온 민주적 가치를 한꺼번에 무너뜨리는 트럼프식 정치에 큰 절망감을 느낀 것이다.

트럼프는 자신에 대한 비판을 가짜뉴스로 치부하고, 해명이 어려울 땐 거짓말하는 데도 거리낌이 없었다. 사법권 침해 발언도 서슴지 않았다. 자신의 참모 로저 스톤3이 '러시아 스캔들' 관련 위증혐의로 기소되자 "끔찍하고 불공정하다"고 트위터에 올렸다. 심지어 법무장관인 윌리엄 바는 법원에 스톤의 형량을 낮춰 달라고까지 했다. 그러자 법무부 전직 관료 1,143명은 바의 사퇴를 촉구했다.

트럼프는 삼권분립의 원칙까지 훼손하며 민주주의를 망가뜨렸지만 그의 지지율은 임기 내내 굳건했다. 공화당 지지층에선 90%대의 압도적 지지를 유지했다. 퓰리처상을 수상한 〈뉴욕타임스〉의 평론가 미치코 가쿠타니는 이에 대해 "지지자들은 트럼프의 거짓말과 전문성 무시, 민주주의 경멸을 스스로 합리화한다"며, "사실에 대한 무관심, 이성을 대체한 감성, 좀먹은 언어가 주요 원인"이라고 지적했다(Kakutani, 2018).

일찍이 알렉시스 드 토크빌4이 극찬했던 미국의 민주주의는 어쩌

---

3 로저 스톤(1952~)은 19세 때 '워터게이트' 관련자로 이름을 올린 전설적인 로비스트. 1980년대 트럼프와 처음 인연을 맺고, 적극적으로 대선 출마를 권유했다. 그의 일대기는 넷플릭스 다큐멘터리로도 제작됐다.

4 알렉시스 드 토크빌(1805~1859). 프랑스 귀족이자 정치가. 미국 여행 후 집필한 〈미국의 민주주의〉는 지방자치와 시민참여의 필요성을 역설한 정치학의 고전이다. 민주주의의 의사결정 방식인 다수결이 소수를 억압하는 도구로 쓰일 때 폭정이 될 수 있음을 경고했다. 이를 방지할 수 있는 장치로 결사·표현의 자유 보장,

다 이 지경이 됐을까. 스나이더는 그 원인이 '가짜 민주주의' 때문이라고 말한다. 이성보다 감성이, 논리보다는 자극적인 언사가 대중의 사고를 좌우하면서 민주주의를 중우정치衆愚政治로 몰아가고 있다는 이야기다. 트럼프는 마치 조직폭력배처럼 미국의 질서와 규율들을 파괴했다.

그럼에도 불구하고 그가 대통령에 당선되고, 재임기간 높은 지지율을 받을 수 있었던 이유는 미국 사회에 내재한 심각한 문제 때문이었다. 바로 불평등과 양극화다. 앞서 살펴본 것처럼 미국의 불평등은 한국보다 훨씬 위험한 수준이다. 특히 트럼프 당선의 일등공신인 러스트벨트 지역은 저학력 백인 유권자가 많은데, 이들은 사회적으로 인정받지 못하고 경제적으로 소외돼 있다고 느낀다.5 이를 파고든 사람이 트럼프다.

적극적 시민참여와 지방자치 등을 제시했다.
5 2016년 미국 대선에서 트럼프가 당선될 수 있던 핵심 원인은 러스트벨트 등에서 얻은 7만 표 덕분이었다. 즉 힐러리는 전체 득표에서 300만 표 앞섰지만, 트럼프가 펜실베이니아에서 4만 표, 위스콘신에서 2만 표, 미시간에서 1만 표를 더 획득해 그 지역 선거인단 표를 가져갔다. 한국과 달리 간접선거 방식을 따르는 미국에서는 종종 이런 일이 벌어진다.

미국을 부흥시킨 사람도 트럼프

2020년 미국 대선에서 트럼프는 조 바이든에 이어 역대 2위의 득표를 했다. 전임 버락 오마바 전 대통령보다 많은 표를 얻었다. 만일 미국의 언론과 지식인들이 그를 비판하는 것처럼 트럼프가 그 정도로 사악한 인물이라면 어떻게 그 많은 미국인들의 표를 얻을 수 있었을까. 그건 바로 트럼프가 미국을 망친 사람이기도 하지만, 반대로 미국을 살린 인물이기 때문이다.

하나의 장면을 살펴보자. 2019년 5월 2일 트럼프를 만나고 온 폭스콘(대만 홍하이정밀공업)의 궈타이밍 회장은 "(미국 위스콘신) 공장 가동에 맞춰 트럼프 대통령이 현장을 방문할 것"이라고 말했다. [6] 앞서 2017년 폭스콘은 "위스콘신주에 최대 100억 달러를 투자하고 1만 3천 명을 고용하겠다"고 밝혔다. 그 대가로 위스콘신 주는 18만㎡ 규모의 폭스콘 생산라인을 유치하기 위해 40억 달러의 세금감면 혜택을 제공하기로 했다. [7]

폭스콘은 애플의 아이폰을 위탁생산하는 제조업체다. 제품을 직접 제조하지 않는 애플 입장에서 폭스콘은 사실상 아이폰의 생산기지 역할을 한다. 이런 의미에서 폭스콘이 아이폰 생산공장을 중국과

---

6 〈연합뉴스〉(2019. 5. 3.), "폭스콘 회장, 트럼프 면담 후 美위스콘신 공장 차질 없이 이행".
7 〈연합뉴스〉(2019. 3. 19.), "폭스콘 美위스콘신 LCD 공장, 내년 4분기부터 가동".

동남아시아가 아닌 미국에 건설한다는 것은 기존의 통념과 다르다. 보통은 미국보다 '인건비가 저렴한 나라에 공장을 짓는다'는 것이 합리적이라고 생각하기 마련이다. 미국인의 입장에서 보면 자국을 떠나기만 했던 기업들이 공장을 새로 짓고, 고용을 창출하는 것이 매우 반가운 일이 아닐 수 없다.

트럼프는 궈타이밍을 만난 지 11일 후(5월 13일) 신동빈 롯데그룹 회장을 백악관에서 면담했다. 롯데케미칼이 31억 달러를 투자해 루이지애나주에 연간 100만t의 에틸렌을 생산할 수 있는 초대형 설비를 갖추고 준공식(5월 9일)을 한 것이 계기가 됐다. SK이노베이션도 2019년 초부터 미국 조지아주에 전기차 배터리공장을 짓기 시작했다. 2025년까지 연 20GWh 규모의 배터리를 생산하고, 총 50억 달러를 투자해 50GWh 규모의 생산능력을 갖출 계획이다. [8]

기업들을 압박해 억지로 투자하게 만드는 모습처럼 보이지만, 위스콘신과 루이지애나, 조지아 주민들 입장에선 반갑지 않을 수 없다. 적어도 트럼프의 가장 큰 업적 중 하나는 '리쇼어링'에 매우 적극적으로 나선 점이다. [9] 세계 정의를 지키는 일엔 관심도 없고, 미국

---

[8] 〈연합뉴스〉(2019. 5. 14.), "롯데 등 대기업 잇따라 미국行 … 트럼프 압박과 美 호황 영향"

[9] 리쇼어링의 업적이 전부 트럼프의 것은 아니다. 전임 버락 오바마도 리쇼어링을 위해 여러 정책을 입안하고 실천했다. 그러나 트럼프의 리쇼어링은 자국우선주의 슬로건과 시너지를 내며 대표적인 정책으로 자리매김 했고, 마치 오바마의 리쇼어링은 지워지다시피 했다.

만 잘살면 된다는 그의 생각이 대중에 먹혀들었다.

리쇼어링reshoring은 오프쇼어링 또는 아웃소싱에 반대되는 현상을 말한다. 오프쇼어링은 "제조와 서비스 등 기업의 기능을 본사가 위치한 나라가 아닌 다른 나라에서 수행하는 것"을 뜻한다(Grossman & Rossi-Hansberg, 2008). 반대로 리쇼어링은 본국의 기업이 다른 나라로 떠났다가 다시 돌아오는 현상이다. 그래서 리쇼어링에는 '다른 나라로 기업이 생산설비를 이전했을 때'라는 전제가 따라붙는다. 리쇼어링을 정확히 이해하기 위해 국제무역이 자유주의 질서에 따라 진화해온 '세계화'의 과정을 먼저 살펴보자.

〈뉴욕타임스〉의 칼럼니스트 토마스 프리드먼은 인류 역사에서 벌어진 '세계화'를 총 3차례로 나눈다(Friedman, 1999).

첫 번째는 콜럼버스가 대서양을 건너 아메리카 대륙을 발견한 이후인 1492년부터 1800년 전후까지의 시기다. 이 시기는 대항해시대와 맞물려 전 세계를 상대로 한 상업이 번성했고, 일부 제국주의 국가들의 침략전쟁으로 식민지 건설이 활발했다.

두 번째는 그 이후부터 대략 2000년까지로, 1, 2차 세계대전과 대공황으로 잠시 주춤하긴 했지만 큰 흐름에서는 기술의 발전으로 세계가 하나로 통합됐다. 이때 세계화의 주체는 초국적 기업이었다. 기업은 새로운 시장과 노동력을 찾아 활동무대를 끊임없이 세계로 확장했다. 교통·통신 수단의 발달로 인건비가 싼 나라로 국경을 넘어갔고 오늘날 전 세계에 퍼졌다.

세 번째는 2000년 이후다. 세계가 더욱 평평해져 미국 고객을 대

표 6-1 연도별 FDI 유치액

단위: 억 달러

지역	1970년	1980년	1990년	2000년	2010년	2017년
동아시아	2*	10	91	1,117	2,018	2,645
중앙·라틴아메리카	12	60	81	776	1,638	1,463
아프리카	12	4	28	96	466	417
세계	132	543	2,049	13,586	13,719	14,298

자료: UNCTADstat. "Foreign direct investment". 1970년 동아시아는 1971년 수치.

상으로 한 콜센터 업무가 인도에서 이뤄지는 것과 같은 아웃소싱이 전 세계로 퍼졌다(Friedman, 2005). 이때 초국적 기업들은 앞다퉈 저개발국가에 생산공장을 지었다. 그 덕분에 많은 개발도상국들이 어마어마한 외국인직접투자(FDI)를 유치했다. 중국을 포함한 동아시아의 경우 FDI 순유입액은 1980년 10억 달러에서 2017년 2,645억 달러로 급증했다. 중앙·라틴아메리카도 같은 기간 60억 달러에서 1,463억 달러로 늘었다. **10**

특히 개혁·개방정책 이후 중국은 '세계의 공장'으로 불리며, 미국을 포함한 수많은 나라들의 공장을 유치했다. 초국적 기업들은 1980년대를 시작으로 값싸고 풍부한 노동력을 이용하기 위해 중국 등지로 공장을 이전했고, 저렴해진 운송비 덕분에 이곳에서 생산한 제품을 미국과 유럽으로 수출하는 것이 효율적이었다.

---

10 UNCTADstat, "Foreign direct investment: Inward and outward flows and stock, 1970~2017" at http://unctadstat. unctad. org/wds/Report Folders/reportFolders. aspx.

이런 과정을 통해 글로벌 시장은 더욱 수직 전문화로 재편되며, 오프쇼어링이 심화됐다. 세계는 하나의 거대한 글로벌 생산 네트워크로 연결된 것이다(Balaam & Dillman, 2017).

무너져버린 미국의 중산층

대한민국은 대표적인 세계화의 수혜국受惠國이다. 글로벌 분업체계에 따라 수출주도 성장을 추진해온 한국은 세계화를 통해 시장을 넓혔다. 그러나 미국과 같은 기존의 선진국들은 피해가 컸다. 특히 세계화가 본격화되기 전까지 세상의 모든 물건을 만들던 미국은 이제 최대 무역적자국이 됐다.

각종 공장들이 개도국으로 넘어가면서 제조업 기반은 약해지고 블루칼라 노동자들의 일자리는 사라졌다. 미국 캘리포니아대 교수인 조앤 윌리엄스는 "러스트벨트의 노동자들은 전통적으로 민주당을 지지했지만 그들의 삶은 점점 아메리칸 드림에서 멀어져 갔다"며 "자기 부모세대보다 수입이 많은 사람이 절반밖에 안 되는 상황에서 분노가 커질 수밖에 없었다"고 말한다(Jared Diamond et al., 2018).

비단 러스트벨트뿐 아니라 제조업에 기반을 둔 미국 도시들 곳곳에서 이런 현상이 나타났다. 그러면서 자국 산업은 활력을 잃고 안정적인 고용창출도 어려워졌다. 미국 정부 입장에서는 생산기지가 자국을 떠나면서 세입이 감소해 재정적 문제도 떠안게 됐다. 결국 일자리 감소와 세수稅收 부족, 인프라 투자 저하 등의 악순환이 거듭되면서 세계화가 가장 큰 위기로 부상했다.

이런 상황에 대해 앤디 그로브 전 인텔 CEO는 "공장들이 해외로 떠날수록 미국의 혁신기회는 줄어들고 일자리도 감소한다"고 경고했다. 그러면서 "배터리 산업에서 겪었던 것처럼 오늘의 상품 제조를 포기하면 미래에 부상할 산업까지 스스로 차단하는 꼴이 될 수 있다"고 우려하기도 했다(Fishman, 2012).

그러다 2008년 금융위기를 맞으면서 미국인들 사이에 각성이 나타났다. 월가 점령 같은 시위가 곳곳에서 벌어졌고, 미국의 세계 보안관 역할을 비판하는 이들이 생겨났다. 30년 전엔 블루칼라 노동자도 2층집에 중형차를 몰며 안정된 생활을 할 수 있었지만, 이제는 꿈도 꿀 수 없는 이야기가 되었기 때문이다.

노벨 경제학상 수상자인 조지프 스티글리츠는 "미국에선 1990년대 이후 안정된 일자리가 사라져 버렸다. 저소득층 임금은 축소되고 고소득층과 격차도 커졌다"며, "미국은 줄곧 중산층의 나라라는 긍지를 가지고 있었지만 이제 미국의 중산층은 공동화됐다"고 지적한다. 그러면서 "과거와 같은 중산층 일자리, 예컨대 자동차 제조사의 기술직 같은 직업은 기술이 거의 필요치 않은 하위층 일자리와 높은 수준의 기술이 필요한 상위층 일자리 사이에서 소멸 위기에 놓였다"고 설명한다(Stiglitz, 2012).

스티글리츠는 미국 저소득층을 다음과 같이 묘사한다. 자녀가 둘이고 외벌이인 4인 가구다. 부양자는 몸이 건강하고 주 40시간(미국

노동자 평균 근로시간은 34시간) 일하면서 시급 8.5달러를 받는다. 사회보장세를 납부하면 8달러다. 연간 2,080시간 일하고, 임금 1만 6,640달러를 번다. 이 중 각종 보험비용을 제외하면 실소득은 1만 4,240달러다. 연간 8,400달러에 방 두 개짜리 아파트에 살면 생활비로 5,840달러를 쓸 수 있다(Stiglitz, 2012). 4인 가족이 이 돈으로 얼마나 질 높은 삶을 살 수 있을까.

이 같은 미국 내의 불평등 위기는 국제간 비교에서도 잘 나타난다. 같은 금융위기를 겪었지만 미국과 다른 선진국이 받은 충격의 강도는 매우 달랐다. 2009~2013년 미국의 실업률은 8.7%로 매우 높았다. 다음 장에서 다룰 프랑스(9.1%)는 훨씬 심각한 수준이었다. 그러나 같은 선진국인 일본(4.6%)은 두 나라의 절반가량에 불과했다. 독일(6.2%)도 나름 선방했다.

왜 이런 결과가 나왔을까. 주요 선진국들의 GDP 대비 제조업의 부가가치 비중을 살펴보자. 2001~2010년 평균 독일(20.1%)과 일본(21.1%)은 제조업 비중이 매우 높은 수준을 유지한다. 그러나 실업난이 심각한 미국(12.8%)과 프랑스(12.1%)는 훨씬 낮았다. 11 즉, 자국의 제조업 비중이 낮은 나라일수록 일자리 위기를 심하게 겪는 것이다. 다시 말해 세계화를 많이 한 나라일수록 위기의 부메랑이 크게 돌아온다는 뜻이다.

수십 년간 세계화의 첨병尖兵이 미국이었다는 점은 두말할 나위가

---

11   월드뱅크.

없다. 그러면서 미국은 세계의 보안관 역할까지 하며 자유민주주의적 질서가 무너지지 않도록 국외에서 엄청난 돈을 썼다. 잘사는 미국인들이 많을 때, 다시 말해 중산층이 두터울 때는 이게 문제되지 않았다. 오히려 미국의 자긍심이었다. 하지만 당장 일자리가 사라지고, 소득격차가 커지면서 이런 자부심 따위는 더 이상 중요한 문제가 아니었다. 그렇다 보니 '미국 우선주의'를 내세우는 트럼프가 큰 지지를 얻게 된 것이다.

트럼프 행정부가 벌였던 미·중 무역전쟁도 지지자들로부터는 큰 찬사를 받았다. 지난 30년간 세계화가 걸어왔던 자유무역의 길과는 거리가 먼데도 말이다. 정치·경제적 패권을 놓고 벌어진 무역전쟁에서 두 나라는 더욱 적극적으로 시장에 개입하고 심지어 왜곡하려는 행태까지 보였다. 중국이야 사회주의 국가이니 그럴 수 있다 쳐도, 미국의 이런 행보는 다른 동맹국들을 불편하게 만들었다.

한동안 세계의 보안관 역할을 자처했던 미국은 트럼프 행정부 4년 동안 많은 것들을 바꿔 놓았다. 수십 년간 기축통화인 달러를 바탕으로 자유무역을 주도하고, 민주주의 정신을 전파하며 큰 폭의 무역적자를 감수하면서도 서방세계를 확장하려 했던 미국은 글로벌 이슈보다는 자국의 이익에 집중했다. 하지만 "세계화와 자유무역이 낳은 막대한 부는 극소수의 엘리트에게만 쏠렸고 제조업이 몰락하며 일자리가 줄고 빚을 지게 된 백인 노동자들은 트럼프를 지지"할 수밖에 없었다(Jared Diamond et al., 2018).

물론 트럼프가 미국의 민주주의를 망가뜨린 것은 분명하다. 그 내용으로 책 한 권을 쓰고도 모자란다. 그러나 먹고살기 힘들어진 미국의 저소득층들에게 트럼프의 미국 우선주의는 매우 달콤하게 들린다. 그 때문에 아무리 이상한 짓을 해도 그에게 콘크리트 같은 지지를 보냈던 것이다. 결국 심화되는 불평등이 민주주의의 위기를 불러오는 가장 큰 요인이 된다.

7

/

똘레랑스를 무너뜨린 르펜

21세기의 극우 잔 다르크

진보진영의 원로 지식인인 홍세화는 1995년 한국에 '똘레랑스*tolé rance*'(관용)라는 개념을 유행시킨 인물이다. '남민전 사건'으로 프랑스에 머물며 오랫동안 택시 운전을 해야 했던 그는 〈나는 빠리의 택시운전사〉라는 책으로 대한민국이 나아가야 할 방향을 제시했다. 앞만 보고 달려온 성장 중심의 국가적 목표를 정신적 성숙으로 바꿔놓은 것이다.

이 책에서 그는 관용과 배려, 성찰과 이해 등의 프랑스 문화를 소개하면서 당시 한국인들에게 '진정한 선진국이란 이런 것이구나' 하는 공감을 이끌어냈다. 한국사회에 만연한 차별과 배제, 억압 등의 구시대적 유물을 벗어던져야 한다는 주장으로 지식인과 대중에게 큰 영감을 줬다. 그러나 지금의 프랑스는 과거 그가 택시를 운전하던 그 프랑스가 아니다. 무엇이 달라진 걸까.

〈세계화의 덫〉으로 유명한 독일의 지식인 한스 페터 마르틴은 "2022년 30대의 마레샬이 도전장을 내밀고 마크롱을 격파할지도 모른다"고 말했다(Martin, 2018). 다음 프랑스 대선에서 마레샬이라는 인물이 마크롱 대통령을 물리치고 대권을 잡을 수 있다는 예측이다. 이게 도대체 무슨 뜻일까. 유럽을 대표하는 지식인 중 한 명인 마르틴이 실없는 소리를 할 리는 없지 않은가.

마르틴은 한술 더 떠 마레샬이 "(다음 대선에서) 잔 다르크가 돼 전장에 나설 것"이라며, "마크롱 대통령의 '전진en marche'에 제동이 걸릴 수 있다"고 경고한다. 알다시피 '전진'은 마크롱이 만든 정당 '전진하는 공화국La République En Marche'의 준말이다. 한국에선 듣도 보도 못한 마레샬인데, 마르틴이 이토록 마레샬에 주목하는 이유는 뭘까.

그녀의 성명은 마리옹 마레샬 르펜이다. 유명한 르펜 가문의 다크호스다. 그녀의 할아버지는 극우정당 국민전선(현 국민연합)의 창립자 장마리 르펜[1]이며, 이모는 국민연합 당수인 마린 르펜이다. 2017년 대선에서 마린 르펜(21.3%)은 마크롱(24%)을 2.7% 차이로 추격하며 극우 돌풍을 일으켰다. 프랑스의 유명작가 미셸 우엘벡

---

1   장마리 르펜(1928~)은 극우정당인 국민전선(현 국민연합)의 창립자다. 5차례 대선에 출마한 그는 2002년 선거에서 2위를 차지하며 파란을 일으켰지만 결선 투표에서 자크 시라크에 패배했다. 이민자에 적대적이며 홀로코스트 부정 발언으로 논란이 됐다.

은 국민연합의 2022년 대선 승리를 예측하기도 했다.

　가문의 후광으로 22세에 국회의원이 된 마레샬은 뛰어난 언변과 수려한 외모로 인기를 끌었다. '젊고 치명적인 매력'(마르틴)이라는 수식어가 따라다니는 그는 2017년 총선 불출마를 선언하고 대권 직행을 노리고 있다. 이모 마린을 뛰어넘기 위해 자신의 성 '르펜'을 공식 사용하지 않는다. 마르틴의 표현대로 '마린보다 더 보수적이고 전투적인' 행보를 보인다. 현재는 프랑스의 보수 씽크탱크인 사회과학정치경제연구소(ISSEP)를 설립해 지식인의 망토까지 걸쳤다.

　마레샬은 2018년 2월 도널드 트럼프가 참석한 보수주의연맹 총회의 연사로 국제무대에 화려하게 데뷔했다. 트럼프의 미국 우선주의를 차용한 'France First'를 선언하고, 마이크 펜스 부통령을 정치적 후견인으로 영입하는 등 극우의 아이콘으로 자리매김했다. 당시 마레샬은 "프랑스는 지금 가톨릭의 큰딸에서 이슬람의 어린 조카로 바뀌고 있다"며 대놓고 반反무슬림을 표방했다.

　똘레랑스의 나라는 어쩌다 르펜 가문과 같은 극우 포퓰리스트들을 유력 정치인으로 키웠을까.

　이민자가 급증한 프랑스에선 최악의 실업률로 인해 경제난이 가속됐고, 르펜과 같은 극우 정치인들이 무슬림에게 경제난의 원인을 돌렸다. 2015년 〈샤를리 에브도〉 테러사건2까지 벌어지면서 반反

2　2015년 프랑스 주간지 〈샤를리 에브도〉 사무실에 이슬람 원리주의자들이 난입, 총기를 난사해 12명을 죽인 테러사건. 이후 인터넷에서는 '내가 샤를리다(Je suis

이민자 정서는 더욱 더 커졌다. 이런 갈등의 핵심적인 원인은 불평등이다. 마르틴은 "구조화된 불평등이 민주주의를 위협하고 있다"고 지적한다.

프랑스는 상위 10%가 전체 자산의 60%가량을 소유하고 있고, 최상위 1%가 25%를 갖고 있다. 최상위 1%의 소득 점유율이 1980년 7%에서 2019년 10%로 높아졌다. 불평등 경제학의 대가인 토마 피케티는 경제적 양극화가 심해지면서 정치에서도 좌우 극단의 논리가 독버섯처럼 커지고 있다고 진단한다(Piketty, 2019).

앞서 미국의 사례에서 보듯, 프랑스 또한 오랜 경기침체를 겪으며 실업률이 치솟았다. 과거 똘레랑스 정책으로 다양한 이민자를 받아들였고, 이에 더해 최근에는 무슬림 인구가 급격히 증가했다.3 소득 양극화는 더욱 심해져 새로운 계급사회가 도래하는 모습까지 보이고 있다. 그렇다 보니 중산층에서 하류층으로 몰락한 이들은 부자를 비난하고 이민자를 적대하는 모습까지 보인다.

빈부격차가 커지고 중산층이 몰락하면서 르펜 같은 극우 포퓰리스트가 위세를 떨치게 된 것이다. 프랑스는 그렇게 서서히 삼색기

Charlie)'라는 추모 구호를 해시태그로 다는 운동이 벌어지기도 했다. 2020년 10월 학교 수업에서 이 잡지의 만평을 사용한 교사 사뮈엘 파티는 무슬림 학생에 의해 참수됐다.

3 프랑스는 식민지였던 알제리, 모로코에서 부족한 노동력을 확보했으나 아랍의 봄과 시리아 내전 이후 무슬림이 급증했다. 성장이 정체되고 실업률 치솟으며 무슬림에 대한 반감이 커졌다. 현재 8.7%인 무슬림 인구는 30년 후 20%로 전망된다(퓨리서치센터).

bleu · blanc · rouge가 상징하는 자유Liberté, 평등Egalité, 박애Fraternité의 공화국 정신을 잃어가고 있다. 그렇다면 이 같은 현상은 비단 미국과 프랑스만의 일일까.

민주주의엔 중산층이 필요하다

민주주의의 가장 큰 위기적 징후는 포퓰리즘이다. 이는 극우, 극좌를 가리지 않고 나타난다. 극단적 포퓰리즘이 나타나는 첫 번째 원인은 이 책에서 계속 강조하는 불평등의 심화다. 이를 앨런 크루거 미국 프린스턴대 교수가 주창한 '위대한 개츠비 함수'로 따져보자.

크루거는 현재의 소득 불평등을 X축으로, 경제적 지위가 세습되는 정도인 소득의 세대간 탄력성을 Y축으로 놓고 주요국들을 따져봤다. 먼저 두 값이 모두 작은 나라는 상대적으로 정치·경제가 안정된 선진국이다. 핀란드, 스웨덴, 노르웨이 등 북유럽 국가들과 덴마크가 여기에 해당한다.

불평등 정도는 높지만 소득의 세대간 탄력성이 낮은, 즉 계층이동 가능성은 상대적으로 높은 나라는 뉴질랜드, 캐나다, 호주처럼 자원이 풍부하고 인구가 적은 나라들이다. 독일은 계층이동 가능성은 다소 낮지만, 불평등 정도는 심각하지 않은 나라로 분류된다.

반면 두 값이 모두 큰 나라는 프랑스와 미국, 영국, 이탈리아 같은 전통의 자유민주주의 국가들이었다. 공교롭게도 이들 나라에서는 모두 2000년대 이후 극우 정치인이 판치며 민주주의를 위협하고 있다. 영국에선 반反이민자 정서를 자극해 브렉시트를 이끈 나이절 패라지 영국독립당UKIP 당수가 대표적인 극우 포퓰리스트다. 특히 영국 중장년층에게 '이민자 공포'를 부추기면서 자국 내에서조차 '나치식 선전·선동'이라는 비판을 받았다. 4

미 존스홉킨스대 교수인 야스차 뭉크는 "프랑스에서 벌어진 일과 비슷한 일들이 미국과 오스트리아뿐만 아니라 그리스에서도 일어난다"며, "수십 년간 좌우 포퓰리즘 정당의 득표율이 두 배 이상 증가했다"고 지적한다. "세계화 이후의 성장은 개발도상국에만 집중됐고, 선진국에선 성장의 과실이 소수 엘리트에게만 돌아갔기 때문"이다(Mounk, 2018).

마르틴도 "모두가 가난한 건 참을 수 있어도 소수만 계속 부유해지는 건 견디기 어렵다"며, "성장이 정체된 대부분의 선진국이 비슷한 위기에 처해 있다"고 말한다. 그러면서 "불평등이 커질수록 관대함이 줄고 비윤리적 성향이 강화된다"고 설명한다(Martin, 2018). 양극화의 심화로 중산층이 옅어지며 민주적 가치들까지 무너지고 있다. 바로 이 지점을 좌우 극단의 정치인들이 파고드는 것이다.

이는 GDP가 일정 수준에 이르러야 민주주의가 가능하다는 애덤 쉐보르스키의 이론과도 비슷한 맥락이다. 그는 1950~1990년 세계 여러 나라를 조사해 1985년 기준 1인당 GDP가 6천 달러(534만 원,

---

4 〈한겨레〉(2016. 6. 26.), "반이민정서 부각해 브렉시트 승리 이끈 나이절 패라지".

1985년 12월 환율 890원 기준) 이상인 "민주정권은 붕괴 가능성이 거의 없다(500분의 1)"고 했다. 1,500달러 미만인 나라는 평균 8년 후 무너졌다.

물질적 기초가 탄탄해져야 '먹고사니즘'을 넘어 자유와 인권, 법치 같은 민주주의적 가치를 중시하게 된다는 뜻이다. 1인당 GDP가 아무리 높아도 양극단의 값이 크고 평균만 높으면 민주주의엔 빨간불이 들어온다. 즉 합리적 사고와 숙의熟議가 가능한 중산층이 두텁지 않으면 부자와 빈자貧者로 분열된 극단의 정치가 고개를 들게 되는 것이다.

사실 1987년 6월 항쟁이 민주화로 귀결될 수 있던 것도 운동의 주체가 중산층이었기 때문이다. 주도세력은 학생이었을지 몰라도 넥타이 부대 같은 중산층이 없었다면 성공하지 못했을 것이다. 반대로 기층민이 중심이 되면 볼셰비키 같은 사회주의 혁명이나 베네수엘라처럼 사회주의 외양을 한 좌파 포퓰리즘이 될 가능성이 크다. 결국 한국의 민주화는 586 정치인들의 전유물이 아니라 민주주의를 열망했던 중산층의 업적이다. 실제로 1987년 이후 학생운동이 추구한 급진 노선은 다수 중산층의 지지를 받지 못하면서 '그들만의 리그'로 전락했다. 하지만 현재의 집권세력은 민주화를 자신만의 전유물처럼 내세우며 제멋대로 권력을 휘두른다.

이처럼 빈부격차가 커지고 좌우 극단으로 쏠린 사회에선 합리적인 중간계층이 설 자리가 없다. 포퓰리스트는 가난한 자의 표를 얻기 위해 부자를 공격하고, 다시 다수의 횡포를 통해 의견이 다른 집단과 소수자를 압박한다. 그러면서 법치와 자유, 다양성 같은 민주주의 원칙들이 무너진다.

민주주의를 위기의 수렁에서 구하기 위해 가장 필요한 건 정치적 중산층이다. 편 가르기가 고착된 사회에서 이성과 합리로 사고할 수 있는 공중公衆이 있어야 한다. 자유로운 개인이 자신의 노력으로 더 나은 성취를 이루고, 노력에 따른 보상의 과정이 공정한지 따져야 한다. 국가는 소외된 자에게 직접 빵을 주는 게 아니라 스스로 일어설 수 있게 도와야 한다. 그렇게 중산층이 두터워져야만 민주주의도 건강해질 수 있다.

8

/

대중독재가 망친 베네수엘라와 그리스

세계 4위의 선진국은 왜 망했나

베네수엘라만큼 드라마틱한 나라도 보기 힘들다. 베네수엘라는 원유매장량 세계 1위의 자원부국資源富國이었다. 1950년 1인당 국민소득이 7,424달러로 세계 4위였다. 당시 일본의 4배나 될 만큼 잘사는 나라였다. 1970년대는 남미의 부국이었다. 이때만 해도 1인당 국민소득이 스페인보다 높은 세계 20위권의 나라였다.

지금은 어떤가. 현재 국민의 94%가 빈곤상태다(UN, 2019년 3월). 물가는 매년 하늘 높이 치솟고(베네수엘라 중앙은행, 2019년 물가상승률 9,585%), GDP는 6년 새 3분의 1로 쪼그라졌다. 살인적인 물가와 생활고, 굶주림, 사회불안으로 인해 해외로 떠나려는 사람들이 줄을 잇고 있다. 난민망명難民亡命을 신청하는 국민들도 갈수록 늘고 있다.

도대체 이 나라엔 무슨 일이 있었던 걸까.

2017년 7월 30일. 카라카스(베네수엘라 수도) 서쪽 '1월 23일 지구 Barrio 23 de Enero'1에선 붉은 화염이 타올랐다. 이곳은 우고 차베스가 1992년 2월 쿠데타를 일으킨 장소였고, 2002년 축출 위기에 처한 그를 시민들이 육탄으로 막아낸 곳이었다. 차베스의 상징 같은 지역에서 그의 후계자인 니콜라스 마두로 대통령을 반대하는 시위가 열린 것이다. 부정선거가 직접적인 도화선이긴 했지만 근본 원인은 망가진 국가경제 탓이었다.

경제가 파탄나자 2015년 총선에서 당시 집권당인 통합사회주의당 PSUV은 167석 중 55석을 얻는 데 그쳤다. 마두로는 여소야대의 의회를 해산시키고 친정부 인사들을 모아 제헌의회를 구성했다. 그러자 나라 곳곳에서 반대시위가 열렸는데, 가장 격렬했던 곳이 '1월 23일 지구'였다.

알레한드로 벨라스코 뉴욕대 교수는 "그동안 보이지 않던 차베스주의의 내적 모순이 드러난 것"이라고 말한다. 좌파정부의 경제적 무능과 권위주의적 탄압으로 인해 지지기반이던 하층민들조차 등을 돌렸다는 이야기다. 벨라스코는 "차베스주의는 역사의 쓰레기장으

---

1 카라카스 서쪽의 빈민지구. 교통이 차단된 인구 밀집지역으로 치안이 불안정하다. 1992년 우고 차베스가 처음 쿠데타를 일으킨 장소다. 2013년 사망한 차베스의 유해도 이 지구의 정중앙에 있는 구 군사박물관에 안치됐다.

로 버려야 할 대상인가?" 하고 반문한다(Velasco, 2018).

무상교육·복지, 토지공개념, 반시장 등 포퓰리즘을 내건 차베스의 '21세기형 사회주의'**2**는 명백한 실패로 끝났다. 2000~2010년 144볼리바르에서 1,223볼리바르로 급격한 최저임금 인상, 지나친 공공부문 확대 같은 현금살포 정책으로 나라 곳간이 텅텅 비었다. 한때 한국의 좌파 지식인들도 차베스주의를 이상으로 꼽았지만 지금은 언급조차 하지 않고 있다.

여기서 안재욱(경희대 경제학과 명예교수)의 진단을 들어보자.

"석유 등 핵심산업의 국유화, 가격·외환 통제, 무분별한 통화팽창 등 잘못된 포퓰리즘이 나라를 망쳤습니다. 가난하려고 해도 도저히 가난할 수 없는 나라가 위험에 빠진 것이죠."

2003~2010년 고유가 시대에는 국유화한 석유산업에서 큰 수익을 올렸고 이를 바탕으로 복지 지출을 늘렸다. 하지만 유가 하락의 직격탄을 맞으면서 국가경제는 무너지기 시작했다.

---

2 인민의 정치참여를 핵심으로 하는 차베스주의의 다른 이름. 핵심산업의 국유화, 노조의 경영참여, 복지 확대 등을 추구했다. 수출의 90%가 석유인 베네수엘라만의 독특한 경제구조하에서 유가가 폭락하자 경제위기를 맞이했다.

지식인의 무덤

이렇게 잘살던 나라가 위기에 빠진 이유는 무엇일까. 남미의 유명 사회학자 에드가르도 랜더는 비판의견을 수렴하는 민주적 문화가 없었기 때문에 차베스주의가 실패했다고 지적한다. 지나치게 강한 권력을 가진 대통령과 달리 의회는 약했고, 합리적 논쟁을 벌이는 공공영역이 축소됐기 때문이다.

좌파정권과 대중 사이에는 차베스에게 쓴소리하는 지식인을 배척하고, 전문성을 가진 엘리트 집단을 무시하는 풍토가 팽배해 있었다. 그 결과 포퓰리즘이 국민의 눈과 귀를 현혹해도, 이를 바로잡을 수 있는 비판적 지성이 작동하지 않았다.

실제로 차베스는 '민중의 자본통제'를 선언하며 기업의 전문인력을 제거하고 노동자위원회를 만들어 경영에 참여시켰다. 또 대기업을 국유화해 능력과 경험이 부족한 낙하산 인사들을 요직에 앉혀 부실경영을 야기했다. 의사들의 경고를 무시하고 무상의료 정책을 실시했지만, 정작 병원과 약국에선 간단한 약품조차 구하기 어려운 상황이 됐다.

여론의 지지를 등에 업고 문제를 제기하는 언론과 지식인에겐 재갈을 물렸다. 김충남 전 외교안보연구원 교수는 "우호友好매체를 앞세워 국민을 선동하고 비판언론은 부패한 기득권 세력으로 몰아 탄압했다"고 말한다. 반대로 "나랏돈을 여론의 환심을 사는데 쓰고, 국민들도 세금을 내기보다 정부 지원금을 환영"(안재욱)하면서 차베스 왕국은 굳건해졌다.

지식인과 전문가의 건전한 비판과 대안적 목소리를 원천 차단하면서 차베스 개인을 신격화하는 전체주의로 흘러갔다. 지식인과 전문가의 자리에는 오직 권력자에게 듣기 좋은 소리만 하는 탐관오리들만 앉아 있었다. 결과적으로 전문적 정책을 결정하는 좌파 지도부는 대중보다 후진적이고 오류를 보인 경우가 많았다.

사실 한국도 베네수엘라의 모습과 다르지 않게 흘러간다. 지식인과 전문가의 목소리를 듣지 않는 게 대표적이다. 원전原電 폐기 결정을 내리면서 과학자들의 의견보다 시민단체의 주장을 비중 있게 반영했다. 정권 초기의 소득주도성장은 주류 경제학계에선 들도 보도 못한, 검증조차 되지 않은 이론이다. 집권세력도 머쓱한지 언젠가부터 소득주도성장은 입에 담지도 않는다. 3

외교문제도 마찬가지다. 예를 들어 2017년 한·일 위안부 합의검토 TF는 보통 30년 동안 비공개하는 외교 문서를 2년 만에 공개해 논란을 일으켰다. 그 결과 일본뿐만 아니라 다른 나라에도 한국과의 비밀협상이 어렵겠다는 인식을 주게 됐다. 하지만 TF를 이끌었던 오태규 전 한겨레신문 논설위원실장은 외교실무 경력이 전무한데도

3　문재인 정부의 대표 경제정책인 소득주도성장은 임기 3년차부터 그 존재감을 잃었다. 청와대 연설문 사이트에서 '소주성' 키워드를 검색해 보면 대통령이 공식 연설문에서 소주성을 언급한 것은 2019년 1월 신년사가 마지막이다.

이듬해 일본 오사카 총영사로 임명됐다.

전문가를 무시하고 자기편을 자리에 앉히는 행태는 이 정권에서 차고 넘친다. "문재인 정권의 내로남불 사례를 일일이 정리하다가 중도에 그만두고 말았다. … 굳이 지적할 것도 없이 거의 모든 게 내로남불이었기 때문"이라는 강준만(2020)의 말처럼 베네수엘라와 비슷한 현 정권의 사례는 한두 가지가 아니다. 대표적인 게 반反지성주의인데, 이에 대해선 뒤에서 다시 설명한다.

그렉시트 조장하는 해리 포터

베네수엘라와 비슷한 사례로 그리스를 보자. 앞서 미국과 프랑스가 극우 포퓰리즘이 민주주의를 위기에 빠뜨린 사례였다면, 베네수엘라와 그리스는 좌파 포퓰리즘이 나라를 망가뜨린 대표적 사례다. 그리스는 베네수엘라보다는 사정이 좀 낫긴 하지만, 좌파 포퓰리즘이 초래한 국가적 위기는 아직도 진행중이다.

2015년 1월 영국의 일간지 〈인디펜던트〉는 그리스 최연소(40세) 총리로 취임한 시리자SYRIZA(급진좌파연합)의 당수 알렉시스 치프라스[4]를 향해 "유로존을 파괴시킬지도 모르는 급진적인 해리 포터"라

---

4 2015~2019년 그리스 총리. 급진좌파연합(시리자)의 당수로 '그렉시트'를 주장하며 집권했다. 자극적 언사로 '유럽에서 가장 위험한 남자'로 불렸다.

고 비꼬았다. 포퓰리즘의 대명사인 그는 고교시절 '공산당청년연맹' 활동을 하며 성장했는데, 2006년 아테네 시장 선거에서 10% 넘게 득표하며 유력 정치인으로 급부상했다.

잘 생긴 외모와 화려한 언변으로 대중의 인기를 얻은 알렉시스 치프라스는 2009년 시리자의 당수가 됐고, 시리자는 2012년 원내 2당으로 발돋움했다. 야스차 뭉크(2018)는 "심각한 경제난과 긴축 정책으로 절망에 빠진 그리스인들이 치프라스의 포퓰리즘에 매료됐다"고 말한다.

치프라스는 '그렉시트Grexit'(그리스의 유로존 탈퇴)로 유권자들의 환심을 샀다. 그리스가 유로존에 있어 봐야 착취만 당한다는 논리였다. 그러면서 "채권자는 약탈자"라며 공공연하게 독일, 프랑스 등 채권국을 비판했다. '그리스의 주권', '민중의 의지' 같은 말로 국민을 자극하면서, 성난 민심을 등에 업고 권력을 장악했다.

취임 직후 치프라스는 부채 탕감을 요구하며 유럽연합EU과 유럽중앙은행ECB, 국제통화기금IMF 등 이른바 '트로이카'와 재협상을 벌였다. 이들은 디폴트 위기에 놓인 그리스에 상환기한을 연기하는 구제안을 제시했지만, 치프라스는 더 큰 혜택을 원했다. 채권국들이 난색을 표하자 그리스는 정말 국가부도와 함께 유로존을 떠날 위기에 놓였다.

이때 치프라스가 내놓은 카드는 국민투표였다. 구제안을 받아들일 것인지 말 것인지, 결정의 책임을 국민에게 떠넘긴 것이다. 그러면서 "(구제안은) 그리스 전체에 대한 모욕"이라며 국민을 선동했다.

각국의 지도자들은 고도의 전문성이 필요한 의사결정을 국민투표로 회부한 것에 대해 심각한 우려를 표명했다.

이미 치프라스의 선동으로 분노가 극에 달한 그리스 국민들은 61%의 압도적안 반대로 구제안을 부결시켰다. 국민투표에서 자신의 뜻을 관철시킨 치프라스는 아테네의 중심지인 신타그마 광장에서 "48시간 안에 새로운 협상안을 타결시키겠다"며 확신에 찬 어조로 연설했다.

하지만 국민투표를 뒷배삼아 EU 집행부를 압박하려던 치프라스의 전략은 처음부터 먹히지 않았다. 앙겔라 메르켈 독일 총리가 "자신의 빚은 스스로 갚아야 한다"며 무관용 원칙론을 내세웠기 때문이다. 당황한 치프라스는 채권국의 의견을 대폭 받아들여 수정안을 제시했지만 메르켈은 단칼에 거절했다.

며칠 후 협상 테이블에는 원안보다 훨씬 가혹한 구제안이 올라왔고, 치프라스는 승복할 수밖에 없었다. 뭉크는 "국민투표로 구제안을 거부한 지 일주일 만에 그리스는 더욱 불리한 협상에 사인했다"고 평가했다. 그 결과 그리스는 채권국이 원하는 대로 연금, 세제 등 개혁법안을 제정하고 국유자산 일부를 해외로 넘겼다. 영국 일간지 〈가디언〉은 "재정 주권을 포기하라고 요구하는 것과 마찬가지"라고 평가했다. 그리스인들도 한동안 투표 결과에 따라 'OXI'(예), 'NAI'(아니오)로 갈려 극심한 내분에 시달렸다.

치프라스는 베네수엘라의 '차비스타'(차베스 지지자)들이 그랬던 것처럼 의회와 전문가를 무시하고 국민과 직거래했다. 포퓰리즘을 무기로 대중독재大衆獨裁를 펼치며, 개인의 자유와 권리를 존중하고 성숙한 시민이 협치하는 자유민주주의 체제를 무너뜨렸다. 바로 '다수의 폭정*tyranny of the majority*'이다.

　알렉시스 드 토크빌에 따르면 다수의 폭정은 "'민주'를 다수에 의한 통치로만 인식하고 소수를 억압하는 행태"를 뜻한다. 인민*people*의 평등을 최우선 가치로 여기는 민주주의는 1인 1표로 대표되는 다수결을 핵심 의사결정 도구로 받아들이는데, 그 결과 소수 의견은 묵살될 가능성이 크다. 실제로 프랑스혁명 직후 로베스피에르의 공포정치가 출현한 것처럼 급진적 평등과 다수결 만능주의는 개인의 권리를 침탈하고 소수를 억압하기 쉽다. 앞서 지적한 것처럼 이런 위험을 바로 잡아주는 것은 자유주의다.

　이 책에서 계속 강조하는 것처럼 오늘날 선진국가의 정치체제가 자유민주주의인 것도 이 때문이다. 다수의 뜻(민주주의)으로부터 소수를 보호할 수 있는 장치(자유주의)가 꼭 필요한 것이다. 만일 자유주의가 전제되지 않는다면 그것은 인민의 독재를 추구하는 전체주의와 다를 게 없다.

문재인 정권도 다수의 폭정?

비슷한 논리로 한국의 상황을 살펴보자. 2020년 여러 번의 집회에서 정부는 다수의 안전을 내세워 집회·표현의 자유를 제한했다. 특히 개천절 시위 때는 광화문에 300여 대의 버스로 차벽을 세우고 서울 진입로 90곳에 검문소를 설치했다. 정작 시위대는 드라이브 스루 형태로 퍼레이드를 벌여 코로나 전염 우려가 낮았다. 그러나 같은 시각 서울랜드 등 놀이동산에는 별다른 조치 없이 수많은 인파가 몰려 감염 위험이 컸다.

2020년 2월 '민주당만 빼고' 칼럼을 쓴 임미리 교수를 고발한 사건이나, 7월 부동산 입법 강행도 '다수의 폭정'이 나타난 대표적 사례다. 새로운 국회가 출범하면서 더불어민주당은 18개 상임위원장을 독식했는데, 이에 대해 "총선 민심이 원인 제공일 수 있다. 절대 과반 다수의석을 저희에게 줬기 때문"(정청래 의원)이라고 주장했다. 우리 헌법 어디에도 '승자독식'이란 조항은 없는데 말이다.

심지어 당시 더불어시민당 우희종 공동대표는 "총선의 일방적인 결과는 윤석열 씨에게 빨리 거취를 정하라는 국민의 목소리였다"고 했다. 여당이 다수표를 얻었으니 정권에 껄끄러운 검찰총장은 물러나라는 이야기다. 하지만 이는 민주주의도 다수결의 원칙도 아닌 그저 제멋대로 정치를 하고 싶다는 욕망일 뿐이다.

이는 자유주의와 민주주의가 분리되는 대표적 현상이다. 이른바 '조국 흑서', 〈한 번도 경험해보지 못한 나라: 민주주의는 어떻게 끝장나는가〉의 저자들처럼 여권에 등 돌리는 지식인이 많아지는 것도 집권세력의 반反자유주의적 행태에 염증을 느꼈기 때문이다. 여당이 '입법독재'를 벌이는 것처럼 민중의 뜻이라며 반대파를 적으로 몰고 자신만 옳다고 여기는 것은 전체주의와 비슷하다.

뭉크(2018)는 민주주의를 택한 문명사회가 언제든 히틀러·무솔리니와 같은 폭정으로 치달을 수 있다고 경고한다. 더욱 우려되는 것은 그가 말한 위기의 징후가 한국사회에 똑 들어맞기 때문이다. ① 위기의 원흉을 해외로 돌리고(토착 왜구), ② 국민의 뜻을 위해 싸운다며(촛불정신) 방해되는 것은 없애려 하고(적폐 청산), ③ 누구보다 열정적으로 민중의 통치를 부르짖는다(검찰의 민주적 통제).

〈어떻게 민주주의는 무너지는가〉의 저자 스티븐 레비츠키와 대니얼 지블랫도 뭉크의 문제의식에 공감한다. "전통을 자랑하는 민주주의도 선출된 독재자의 등장으로 언제든 쉽게 무너질 수 있다"는 것이다. 그러면서 레비츠키와 지블랫은 치프라스와 같은 반자유주의적 민주주의자로 오르반 빅토르(헝가리 총리)와 라파엘 코레아(전 에콰도르 대통령)를 예로 든다.

빅토르는 취임 후 서서히 검찰과 감사원, 헌법재판소 등에 측근을 기용해 "심판을 매수하며 기울어진 운동장"을 만들었고, 코레아는 자신을 독재자로 칭한 신문 〈엘 우니베르소〉에 명예훼손 소송을 걸어 비판언론에 재갈을 물렸다. 레비츠키와 대니얼은 "미국을 포함한 전 세계 많은 나라에서 비슷한 패턴으로 민주주의가 무너지고 있다"고 지적했다(Levitsky & Ziblatt, 2018).

그렇다면 위기에 빠진 민주주의를 구하기 위해선 무엇을 해야 할까. 이 책에서 지속적으로 강조할 내용인데, 그것은 바로 민주주의의 바른 짝인 자유주의를 되살리는 일이다. 존 스튜어트 밀은 〈자유론〉에서 "여론의 뜻이라며 개인의 자유를 구속해서도 전 인류 가운데 단 한 사람이 다른 생각을 한다고 침묵을 강요해서도 안 된다"고 말했다. 그러면서 "다수의 횡포는 온 사회가 경계하지 않으면 안 될 가장 큰 해악"이며, "종교적 믿음이 강한 곳일수록 관용의 폭이 좁다"고 설명했다(Mill, 1859).

결국 비판에 귀를 기울이고, 다양한 목소리를 인정하는 것이 위기에 빠진 민주주의를 구하는 첫 번째 방법이다. 비판적 목소리와 표현의 자유에 재갈을 물리는 집권세력의 행태는 민주주의를 오히려 후퇴시키고 있다. "(이명박·박근혜 정부 당시) 대통령을 쥐·닭에 비유했지만, 그런 걸 금지하면 건강한 비판이나 풍자가 불가능하다는 게 우리의 주장이었다"는 금태섭 전 더불어민주당 의원의 말처럼 과거 자신들의 모습을 되새겨봐야 한다.

3부

한국의 특수 상황: 586과 정치팬덤

9

/

중우정치와 진영논리

이성을 상실한 대한민국

앞서 살펴본 트럼피즘이 남긴 가장 큰 폐습은 '반反지성주의'다. 말 그대로 논리와 이성이 통하지 않는 상황을 뜻한다. 이 개념을 처음 정립한 사람은 1964년 퓰리처상을 받은 미국의 역사학자 리처드 호프스태터다. 그는 1950년대 미국의 매카시즘을 예로 들며 합리적 사고와 이성적 판단을 마비시키는 반지성주의가 미국 사회를 어떻게 나락으로 떨어뜨리는지 분석했다.

미국 사회를 '반공'의 광기狂氣로 몰아갔던 조지프 매카시처럼 반지성주의는 지식인에 대한 반감을 부추겨 국민들의 눈을 멀게 한다. 브루스 커밍스(2010)는 매카시즘에 대해서 "꼬리표가 논증을 대신하고 증거는 거의 중요하지 않은 파괴적인 이데올로기의 시대를 구현했다"고 설명한다. 즉 호프스태터의 표현대로 "중요한 결정을 내리거나 관리하는 권한이 있는 자리에서 전문성과 지성을 완전히 배제시키고, 반대세력을 국민의 이익에 반하는 기득권 세력으로 악마화하는 것"이다(Hofstadter, 1963). 중국의 문화대혁명이나 캄보디아의 크메르 루주[1]처럼 비판적 지식인을 탄압해 권력을 강화하는 것도 반지성주의이다.

반지성주의의 궁극적 목표는 시민들의 우민화愚民化다. 이때 동원되는 것은 확증편향과 가짜뉴스, 음모론, 진영논리 같은 것들이다. 권력자의 말이면 무조건 믿게 만들어 '사슴을 가리켜 말이라 해도' 고개를 끄덕이게 만든다. 이런 일이 반복되면 티머시 스나이더의 표현대로 "사실보다 거짓을 진짜로 여기는 세뇌된 대중"이 돼 버린다(Snyder, 2018). 정권의 폭주를 견제하는 지식인과 전문가의 역할이 중요한 것도 그 때문이다.

하지만 오늘날 한국사회도 반지성주의로 흐르고 있다. 누구보다 '민주적'이어야 할 문재인 정권이 반지성주의에 앞장서는 모습을 보이고 있다. 앞서 살펴본 것처럼 과다한 복지지출과 가격규제, 기업감시처럼 베네수엘라의 뒤를 쫓는 정책들이 많이 보인다. 특히 오랫

---

1   1967년 결성된 캄보디아의 급진좌파 무장단체. 크메르 루주는 1975년 프놈펜을 장악해 정권을 잡았다. 크메르 루주를 이끌었던 폴 포트는 3년 8개월의 통치기간 동안 잔혹한 폭정으로 온 사회를 공포에 떨게 했다. 150만 명 이상의 캄보디아인이 학살됐고 지식인과 언론인 등을 탄압했다. 훗날 〈킬링필드〉라는 영화로 제작돼 전 세계에 알려졌다.

동안 시장과 기업, 정부의 역할을 연구해온 경제학자들의 조언을 무시하고 있다. 소득주도성장이 대표적 예이다.

전문가를 무시하는 정권의 행태는 심각한 수준이다. 2020년 7월 팬데믹 상황이 계속되는 와중에 외식·숙박 쿠폰을 뿌리고 임시공휴일을 지정할 때도 방역을 완화해선 안 된다는 의료계의 경고를 받아들이지 않았다. 자주 인용되는 이야기이지만, 원전 폐기 정책을 추진할 때 역시 과학자들의 의견은 묵살됐다. 온갖 음모론이 난무했고 시민단체 등 비전문가들의 입김이 매우 컸다.

비전문가의 득세는 의료·과학계뿐 아니라 전 영역에서 광범위하게 펼쳐진다. 2020년 보건복지부는 공공의대公共醫大 후보학생을 시민단체 등이 참여하는 위원회에서 추천한다고 밝힌 적이 있다. 비판 여론에 한발 물러서긴 했지만 논란은 쉽게 가라앉지 않았다. 한술 더 떠 여당 의원들은 KBS 이사진과 경찰 자치위원에 시민단체, 지역사회 인사를 포함하는 법안까지 발의했다. 전문가를 배제하고 그 자리에 비전문가를 앉히는 모습이 베네수엘라와 똑같이 닮았다.

비판언론을 '기레기'로 만들어 무력화시키는 것도 마찬가지다. 여권은 조국·윤미향 사건이나 추미애 아들 이슈처럼 불리한 사실이 보도되면 가짜뉴스로 몰아 국민의 눈과 귀를 가린다. 이들에게 '사실'은 있는 그대로의 객관적 팩트가 아니라, 자신의 바람대로 꿰맞추는 창조의 산물로 여겨진다. 연일 부동산 가격이 폭등할 때도 "부동산값이 오르지 않았다"고 항변한다.

이처럼 정책을 비판하는 목소리는 메신저를 공격하는 진영논리에 의해 무력화되기 일쑤다. 의료계 파업 때 의사들을 기득권으로 몬 것이 대표적이다. "방역은 팽개치고 기득권 지키기에 몰두하는 '의사 바이러스'"(김경협 의원), "국민의 생명과 환자를 볼모로 삼은 집단이기주의"(허윤정 대변인)처럼 의사들을 적폐積弊로 몰고 여론의 반감을 조장했다. 심지어 대통령까지 나서 의사와 간호사를 갈라 '분할통치divide & rule' 하는 모습까지 보였다.[2] 모두의 대통령이 되겠다던 약속과 달리 대통령 스스로 '문파'의 SNS 공격도 '양념'이라며 반지성주의를 묵인하고 있는 형국이다.

이 같이 현 집권세력은 적과 동지로 나눠 반대편을 악한 세력으로 낙인찍고 자신을 정의의 투사로 미화한다는 점에서 차베스와 비슷하다. 한국은 갈수록 반지성주의의 늪에 빠져들고 있다.

이 위기를 어떻게 넘기느냐에 따라 선진국으로 도약할 수도, 망국의 길로 접어들 수도 있다. 오죽하면 영국의 시사주간지 〈이코노미스트〉가 대통령과 여당을 향해 "한국의 리버럴 정권이 내면의 권위주의를 드러내고 있다"고 지적했을까.[3]

---

2 〈프레시안〉(2020. 9. 2.), "文대통령 의사들 짐까지 떠맡은 간호사들 위로". 이 기사는 문 대통령의 SNS 발언에 대해 "표면적으로는 간호사들을 격려하고 있지만 파업으로 간호사들의 업무를 가중시키는 의사들을 비판하는 데 더 무게를 둔 메시지로 보인다. 공식석상에서 의료계 집단 휴진에 대해 연일 날선 비판을 쏟아내 왔던 문 대통령이 이날은 SNS를 통해 에둘러 경고한 것"이라고 설명했다.
3 〈이코노미스트〉(2020. 8. 22.), "한국의 진보 통치자들이 내면의 권위주의를 발산한다".

물론 반지성주의는 한국만의 독특한 현상이 아니다. 이 책의 주제인 '반反자유주의적 민주주의' 현상을 겪고 있는 대부분의 나라에서 공통적으로 일어나고 있는 일이다. 앞서 살펴본 트럼프, 르펜, 치프라스, 오르반 같은 이들이 반지성주의를 등에 업고 힘을 얻었다. 민주주의 위기 현상의 독립변수가 불평등이라면, 이를 심화시키는 강력한 매개변수는 디지털 중우정치衆愚政治다. 특히 IT 기술이 발전한 한국은 더욱 그렇다.

디지털 중우정치

지난 20여 년간 서구사회는 공산주의 몰락 후 '이데올로기의 종언'과 함께 자유민주주의가 최선의 정치체제일 것이라는 기대감이 컸다. 그러나 그 믿음은 이제 산산조각이 났다. 왜 그럴까. 특히 2000년대 이후 인터넷과 SNS를 활용한 개인의 정치참여가 많아지면서 중우정치에 대한 우려가 커지고 있다. 2,400년 전 플라톤의 고민이 재현되는 양상이다.

'온라인' 공간의 특성상 개인은 익명성 뒤에 숨어 정제되지 않은 정보를 교류하고 절제 없는 감정을 표출한다. 그 결과 개인의 디지털 정치참여가 이뤄지는 온라인은 합리적이고 이성적인 공론公論의 장場과는 점점 거리가 멀어지고 있다. 한때 디지털 기술의 발전으로 직접민주주의가 가능할지 모른다는 장밋빛 미래를 기대하는 이들도 있었지만 지금은 이런 믿음을 갖고 있는 사람이 드물다.

사이버 공간의 특성상 디지털 개인은 시민으로 성숙하지 못하고 중우衆愚로 남기 쉽다. 이를 활용해 정치세력은 입맛에 맞게 개인을 조직적으로 이용하고, 파편화된 개인은 정치세력의 권력을 강화하는 자양분이 된다. 그러면서 중우정치의 골은 계속 깊어진다. 민주주의의 질적 수준은 성숙한 시민, 즉 공중公衆을 필요로 하지만 디지털 시민은 그것과 거리가 멀다.

앞서 티머시 스나이더가 오늘날 빚어지는 정치적 위기 현상을 '가짜 민주주의'로 명명한 것도 같은 맥락이다. 2016년 미국 대선에서 러시아의 인터넷 조직 IRA가 개입한 사건이 대표적인 디지털 중우정치의 사례로 볼 수 있다. 가짜뉴스가 진실을 대체하고, 음모론이 대중에게 큰 영향을 미친다. 스나이더는 "이성보다 감성이, 논리보다 자극적인 언사가 대중의 사고를 좌우하면서 중우정치가 심화되고 있다"고 말한다(Snyder, 2018). 즉 가짜 민주주의는 중우정치의 현대적 버전이라고 볼 수 있다.

결국 '민주주의의 위기', '가짜 민주주의' 등 표현은 다르지만 오늘날 벌어지는 정치위기는 대체로 비슷하다. 바로 이성이 아닌 감성으로, 논리가 아닌 선동으로 대중이 동원되고 의사결정이 이뤄지고 있다. 이런 '중우정치' 현상이 민주주의 위기를 가속화하고 있다. 중우정치의 주무대는 온라인 공간이며, 합리적이고 주체적이어야 할 시민들은 이 안에서 '깨시민'이 아닌 '어리석은 디지털 개인'으로 전락하고 있다.

중우정치와 진영논리

2000년대 이후 디지털 기술의 발전이 시민들의 정치참여를 촉진하고 민주주의 지평을 확장시킬 수 있다는 주장도 있었다(이항우, 2005). 한발 더 나아가 직접 민주주의의 길이 열리면서 숙의熟議민주주의가 꽃 필 수 있는 장까지 열린다고 보는 시각도 존재했다(김종길, 2005). 하지만 이항우(2005)는 시민들의 참여로 인한 숙의민주주의의 잠재성과 낙관적 전망에도 불구하고 그 기대를 제대로 실현하지 못한다고 지적한다.

실제로 지금껏 디지털 정치참여가 보여 온 행태는 직접민주주의와 숙의민주주의로서의 가능성보다는 중우정치에 가깝다. 그 이유는 두 가지다. 첫째는 앞서 살펴본 대로 디지털 공간에서 정치에 참여하는 시민이 성숙하지 못했기 때문이고, 둘째는 정치세력이 이를 정략적으로 악용하기 때문이다. 즉 민주주의를 운용하는 시민의 역량과 성숙도가 높지 않고, 이를 자신에게 유리하게 이용하는 기성정치인 간의 악순환이 민주주의를 위기에 빠트린다고 볼 수 있다.

이로 인해 나타나는 대표적 현상은 진영陣營정치다. 이는 한국 정치가 여전히 민주화운동과 권위주의의 프레임에 갇혀 있는 탓이 크다. 특히 운동으로서의 민주화가 끝난 지 30여 년이 지났지만 진보진영은 아직까지 고리타분한 '선악善惡의 이분법'에 빠져 있다. 물론 민주화운동 시절에는 '독재 타도'라는 명확한 목표가 있었기 때문에 이 같은 이분법이 가능했을지 모른다. 하지만 제도로서의 민주주의를 정착시켜 나가는 과정에서는 오히려 다양성과 개방성, 관용과 존중 등의 민주적 가치를 훼손한다.

반대로 이른바 보수진영에서는 중요한 정치적 국면마다 '빨갱이' 비판과 같은 반공주의反共主義 프레임을 소환하고 있다. 메시지의 내용과 상관없이 메신저에게 덧씌워지는 색깔론은 합리적 토론을 마비시키고 이성적인 공론의 장이 만들어지는 것을 차단한다. 이런 상황에서 한국의 진보와 보수는 정책적 차이에 따라 구별된다기보다 그저 투쟁을 위한 도구로 쓰이는 경우가 많다.

다시 말해 국가주의적 유산을 이어받은 정치세력은 냉전冷戰 반공주의를 통해 가치의 다양성을 허용하지 않고 오로지 아군과 적군만 존재하는 이분법적 사회를 만들었다. 그런데 현 집권세력이 주장하는 적폐·친일 프레임도 이야기의 소재만 다를 뿐 본질은 같다. 정치가 복잡다단한 시민의 이익을 대표하며 사회균열과 갈등을 해결하는 것이 아니라 그저 내 편과 네 편을 가르기 위해 반공과 적폐 프레임을 활용한다.

선악의 이분법으로 프레임을 만들고 사회균열을 정치가 대표하지 못하는 것은 민주주의에 큰 위협이 된다. 균열지점을 정확히 짚지 못하는 것은 '대의代議'기능을 상실했다는 뜻이며, 그 결과 시민들의 혼란만 가중된다. 광장이 둘로 쪼개져 치열하게 싸우지만 생산적인 논의를 위해 싸우고 있진 않다. 선거에선 어떤 균열을 축으로 경쟁이 이뤄지는지, 정당은 무슨 가치와 이익을 대표하는지 알 수 없다.

2019년 광장에서 오직 선명하게 보이는 것은 '문재인을 지지하느냐 하지 않느냐', '박근혜를 지지하느냐 하지 않느냐'뿐이었다. 결국 한국 정치의 기저에 흐르고 있는 것은 '진영논리'라고 볼 수 있다. 심지어 정치세력이 두 패로 갈라져 진영싸움을 벌이는 것도 모자라, 사회 전체를 두 개의 대결구도로 수직계열화하고 있다.

시민사회와 국가가 서로 견제와 균형을 유지하지 않고, 시민사회의 세부영역(언론·시민단체 등)마저 '진보 대 보수' 프레임으로 나뉘어 있는 것은 소모적인 갈등만 양산한다. 윤성이 교수는 "정책만 놓고 보면 한국사회의 이념갈등은 크지 않지만 어떤 대통령, 어느 정치세력을 지지하느냐를 따지면 갈등이 매우 커진다"며, "이념에 따라 정파가 나뉘는 게 아니고 정파갈등이 이념갈등을 부추긴다"고 진단한다.4

이런 상황이다 보니 정치세력 간에 합리적 토론이나 타협은 불가능하다. 모든 이슈를 '내 편 네 편'으로 가르며 대립하기 때문에 해결책을 찾지 못한다. 아울러 건전한 내부 비판까지 진영논리를 벗어나면 매장되기 일쑤다. '조국 사태' 때 조 전 장관을 비판했던 진보인사들이 문파들로부터 궁지에 몰렸던 게 대표적이다.

무엇보다 '웃픈' 것은 뉴스를 소비하는 포털사이트까지 두 개의 진영으로 나뉘어 있다는 점이다. '그린일베'라는 말을 들어본 적이 있

4 〈월간중앙〉(2019. 12. 17.), "고담의 배트맨과 뉴욕의 블룸버그, 그리고 한국정치".

는가. 녹색 베레모를 착용하는 미 육군 특수부대 '그린베레'의 오자가 아니다. 네이버Naver의 이미지 색인 '그린'과 극우성향 온라인 커뮤니티인 '일베'(일간베스트)의 합성어다. 네이버 뉴스댓글의 내용이 주로 우파 성향을 띤다고 해서 붙은 이름이다. 반대로 다음Daum은 좌파 성향의 글이 많아 '좌음'으로 불린다.

한 가지 예를 들어보자. 2020년 1월 2일 〈중앙일보〉에 쓴 기사[5]는 65만 페이지뷰에 5천 개가량의 댓글이 달렸다. 전날 있었던 생방송 TV토론에서 진중권과 유시민의 토론 스타일을 분석한 기사였다. 두 사람 다 글쓰기와 말하기 모두로 정평이 난 사람들이지만, 이날 방송에서 진중권은 로고스를, 유시민은 파토스를 강조하는 모습을 보였다.

기사가 나간 당일 본문에 달린 두 포털의 댓글을 비교해봤다. 전부 볼 순 없으니 하루 동안 공감·추천 상위 30위 안에 오른 총 60개의 댓글을 살펴봤다. 그 결과 네이버에선 모두 진중권을, 다음에선 전부 유시민을 지지하고 응원하는 내용이었다. 여기엔 상대방에 대한 강한 혐오까지 포함돼 있었다.

이는 하나의 작은 사례에 불과하다. 정치·경제·사회 할 것 없이 대부분의 기사에서 이런 경향이 발견된다. 그런 이유로 네이버 뉴스는 주로 보수 성향 네티즌이, 다음 뉴스는 진보 성향 네티즌이 이용하는 것으로 인식된다. 서로를 비하하는 '그린일베'와 '좌음'이

5　〈중앙일보〉(2020. 1. 2.), "진중권의 로고스, 유시민의 파토스".

란 말이 나온 것도 이 때문이다.

이와 같이 정치에서 시작된 진영논리는 한국사회 전체를 이분법의 틀 안에 가둬 버렸다. 민주화운동에 뿌리를 둔 시민운동 역시 정치가 만들어 놓은 이분법의 틀을 벗어나지 못하고 있다. 시민단체는 권력을 감시하지 않고 진보와 보수 둘로 나뉘어 정치 대리전 양상을 띠고 있다. 언론도 두 패로 갈려 서로 다른 사실을 보도하고 있으니, 시민들 입장에선 도무지 같은 세상을 살고 있는 게 맞는 건지 의문이 들게 한다.

다시 정리해 보면 디지털 기술의 발전 후 온라인 공간은 중우정치로 흘렀고, 이를 정략적으로 이용하는 것은 기존의 정치세력이다. 왜냐하면 정책과 비전으로 승부보기보다는 패를 갈라 상대방에 대한 악감정을 유발해 분노를 일으키는 것이 더욱 효과적인 전략이 되기 때문이다. 그러면서 '반지성주의'의 골은 더욱 깊어간다.

다음 장에서는 2019년 온 사회를 떠들썩하게 했던 '조국 사태'를 중심으로 한국의 반지성주의가 어떻게 전개됐는지 자세하게 분석해 보자.

10

/

'조국 사태'로 본 반지성주의

두 개의 편향

이번 장에서는 반지성주의의 구체적 사례를 중심으로 중우정치가 심화되는 과정을 살펴볼 것이다. 하나라고 믿었던 자유주의와 민주주의가 분리되고, 의회정치까지 무너지고 있는 현실을 2019~2020년 뜨거웠던 '조국 사태'를 중심으로 분석하고자 한다. 시민의 수준이곧 정치의 수준이라는 점에서 디지털 민주주의에 참여하는 개인의반지성주의적 행동과 원인을 살펴보는 게 목적이다.

이를 위해선 먼저 두 가지 개념을 짚고 넘어가야 한다. 첫째 시민의 부족한 역량과 미성숙은 인지적 편향의 관점에서, 둘째 기성 정치인이 이런 시민들을 이용하는 행태는 샤츠슈나이더가 정의한 '편향성의 동원*mobilization of bias*' 측면에서 살펴볼 것이다.

먼저 행동경제학과 인지심리학 등에서 자주 쓰이는 인지적 편향의 개념은 인간의 판단과 의사결정이 합리적이지 않다는 전제에서 출발한다. 2002년 노벨경제학상을 수상한 대니얼 카너먼은 인간의 의사결정 과정을 시스템 1과 시스템 2로 나눠 설명한다(Kahneman, 2011). 시스템 1은 큰 노력을 기울이지 않고 자동적으로 빠르게 작동하며, 시스템 2는 복잡한 계산을 포함한 집중력과 주의력을 필요로 하는 방식이다.

전통적 주류 경제학에서는 인간을 이성적 존재로 규정하며 시스템 2를 따른다고 생각한다. 그러나 최근 행동경제학에서는 합리성과는 거리가 먼 시스템 1의 인간을 전제한다. 시스템 2에서 인간의 비이성적 판단과 의사결정이 나오는 이유를 설명하는 개념 중 하나가 인지적 편향이다. 다른 사회과학에서도 행동경제학의 연구를 모티브로 반지성주의를 설명하려는 시도가 늘고 있다.

대표적으로 강준만(2019)은 인지적 편향을 크게 행동 편향, 가용성 편향, 확증 편향, 부정성 편향, 이야기 편향 등 5가지로 나눠 반지성주의를 설명한다. 먼저 행동 편향은 생각과 말보다는 행동하는 게 좋다는 믿음이다. "더 나쁜 결과가 나올 수 있더라도 가만히 있는 것보다는 행동하는 게 더 낫다"는 사고방식이다.

가용성 편향은 "어떤 문제나 이슈에 직면해 무언가를 찾아서 알아보려고 하기보다는 당장 머릿속에 떠오르는 것에 의존하거나 그것을 중요하다고 생각하는 경향"이다. 즉, 새로 경험한 현상도 자신의 평소 생각과 고정관념에 따라 규정한다. 아울러 확증 편향은 "자신이 모든 것을 다 알고 있기 때문에 자기 신념과 일치하는 정보만 받아들이고 일치하지 않는 것은 무시하는 경향"이다.

부정성 편향은 "사람이나 사안을 평가할 때 긍정적 정보보다 부정적인 것에 더 큰 비중을 두는 현상"이다. 미디어에서 긍정적 뉴스보다 부정적 뉴스가 더 주목받는 이유기도 하다. 이야기 편향은 "이야기가 진실보다 더 큰 힘을 발휘하는 현상"을 뜻한다. 가짜뉴스와 음모론과 같은 것이 대표적이다.

이외에도 인지적 편향 이론에는 평등 편향, 더닝·크루거 효과, 이기적 편향 등이 있다. 각 이론마다 적용되는 상황이 조금씩 다르지만, 공통점은 인간이 비합리적 의사결정을 내린다는 전제이다. 이런 인간의 불완전성 때문에 디지털 민주주의에서 개인의 정치참여는 비이성적으로 작동할 수밖에 없다.

두 번째 분석도구는 편향성의 동원이다. 이는 정치 엘리트가 자신에게 유리한 동원구도를 만들기 위해 인위적으로 갈등구조를 만들어 내거나 다른 갈등구조를 억압·은폐하는 것을 말한다. 그 결과 실제 갈등을 더욱 부풀리거나 축소해 특정 갈등구조가 부각된다.

대표적인 것이 지역주의다. 강원택(2018)은 정치세력이 정당 간 이념과 정책의 차이가 불분명한 상황에서 지역주의를 갈등의 핵심 축으로 만들고 이를 전략적으로 사용했다고 설명한다. 1987년 대선이 대표적이다. 6월 항쟁 이후 그동안 정치갈등의 중심축이었던 '민주 대 반민주' 구도는 약화됐다. 특히 김영삼과 김대중의 분열로 민주세력은 둘로 쪼개졌다. 민주화를 위해 함께 싸웠던 어제의 동지가 오늘의 적으로 변하면서 새로운 갈등구도가 필요했다. 그렇게 나온 것이 지역주의다.

1987년 대선에서 노태우는 호남에서 9.9%를 얻었지만 대구·경북에서 68.1%를 득표했다. 김대중은 대구·경북에서 2.5%를 얻는 데 그쳤지만 호남에서 88.4%를 득표했다. 김종필은 충청에서 34.6%를 확보했지만 다른 지역에선 한 자릿수 득표율에 그쳤다. 1992년 다음 대선에서는 김영삼이 부산 73.3%, 경남 72.3%, 대구 59.6%, 경북 64.7%를 얻은 반면, 김대중은 광주 95.9%, 전남 92.1%, 전북 89.1%를 득표해 두 후보가 각각 영남, 호남에서 몰표를 받았다(윤성이, 2018).

이처럼 편향성의 동원은 서로 다른 정치세력 간의 적대적 공생을 도모한다. 편향성의 동원이 심해지면 시민이 겪는 사회균열은 정치적으로 해결되지 못하고 정치 엘리트만 참여하는 '그들만의 리그'가 더욱 심화된다. 단순히 시민의 의견이 대의代議되지 못하는 것만이 아니라 갈등구조가 왜곡되고 변질되기 때문에 정치 발전에 큰 장애가 된다.

'조국 사태'에서 드러난 인지적 편향

2019년 하반기 정국에선 조국 전 법무부 장관 이슈가 다른 모든 사안을 빨아들이는 블랙홀 역할을 했다. 그 때문에 언론에서는 조 전 장관과 관련한 일련의 사건을 '조국 사태'라고 부른다. [1] '조국 사태'는 한국 정치의 본질적 문제점을 보여주는 대표적 사례다. '진영논리'가 지배하는 한국 정치의 민낯을 그대로 보여줬기 때문이다.

'조국 사태' 앞에서 개인은 인지적으로 편향돼 정치세력에 의해 전략적으로 동원됐다. 이는 진보·보수를 막론하고 공통된 현상이었다. 이를 분석하기 위해 인지적 편향의 주요 개념 중 행동 편향과 확증 편향, 부정성 편향, 이야기 편향 등 4가지 측면에서 '조국 사태'를 해부해보자. 언론보도를 통해 드러난 주요 사건들과 이를 대하는 정치인과 공인 등 핵심인사들의 발언이 주요 분석대상이다.

행동 편향

'조국 사태'가 광장의 동원으로 확전되기 시작한 것은 2019년 9월 28일 서울 서초동 집회다. 이 집회는 검찰개혁 사법적폐청산 범국민시민연대 주최로 오후 6시부터 서초동 서울중앙지방검찰청 앞에서 열렸다. 당시 〈한겨레〉는 집회 주최 쪽 추산 200여만 명이 참석했다고 보도했다. [2]

---

1 〈한겨레21〉(2019. 11. 29.), "조국 사태 넘어 권력형 비리 될까".

〈한겨레〉는 이 기사를 통해 집회에 참여한 시민들의 다양한 의견을 소개했다. 경북 영천에서 중학교 2학년 딸의 손을 잡고 새벽 6시에 상경했다는 한 시민은 "딸의 중간고사가 코앞이지만, '조국 장관 사태'를 지켜보며 시민으로서 한 사람이라도 나가줘야겠다는 생각을 했다"며, "조국 장관 청문회와 그 이후 검찰과 언론이 모두 한 사람을 몰아세우고 괴롭히는 게 보고만 있을 수 없었다"고 말했다.

당시 언론보도를 보면 '무언가 행동하지 않으면 안 되겠다'는 생각을 갖고 집회에 나온 이들이 많았다. "행동 편향이 지배하는 사회에서 행동하지 않는 건 죄악"이라는 강준만(2019)의 지적처럼 일단 실행하고 보자는 생각이 강했기 때문이다. 그런데 이런 행동 편향은 "과도한 혐오를 수반하는" 경우가 많다.

대규모 집회를 시작한 것은 조국 전 장관을 지지하는 진보진영이었지만 그를 반대하는 보수진영의 반격도 만만치 않았다. 조 전 장관을 옹호하는 집회가 있고 며칠 뒤인 10월 3일 서울 광화문에서는 범보수진영이 주최하는 대규모 집회가 열렸다. 당시 〈한국일보〉는 이날 숭례문부터 시청광장, 광화문 광장에 이르기까지 약 2㎞ 길이의 도로가 문재인 정부와 조 장관을 규탄하는 인파로 가득 찼다고 보도했다. 3

---

2 〈한겨레〉(2019. 9. 30.), "검찰개혁 조국 수호 서초동 촛불집회 … 주최 쪽 200만 명 참석".
3 〈한국일보〉(2019. 10. 03.), "우리는 300만 광화문 가득 메운 조국 사퇴 집회".

처음 조 전 장관을 지지하는 집회에 200만 명이 나왔다고 알려지자, 이날 조 전 장관을 반대하는 집회를 주최한 측에서는 300만 명이 참여했다고 주장했다. 그러면서 두 진영은 행동에 나선 시민들의 숫자를 놓고 논쟁을 벌였다. 여기에 정치권까지 가세해 각자 집회 참여 숫자를 검증하는 팩트체크 전쟁이 벌어졌다.

이런 집단행동은 오프라인에선 대규모 집회로, 온라인에선 '실검 (실시간 검색어 순위) 장악'으로 나타났다. 온라인 실검 1위에 올랐던 '조국 힘내세요'가 대표적이다. 8월 27일 오전 검찰이 '조국 사태' 관련 기관을 압수수색했다는 뉴스가 나오자 '친문' 성향의 인터넷 커뮤니티에서는 "오후 3시부터 네이버와 다음 등에서 '조국 힘내세요'를 검색하자"는 제안이 퍼졌다. **4**

실제로 이런 제안이 나온 지 몇 시간 만에 주요 포털 사이트에서 '조국 힘내세요'는 실검 1위를 차지했다. 이에 질세라 보수진영에서도 비슷한 제안을 했고 '조국 사퇴하세요'가 다음 순위를 기록했다. 다음 날에는 다양한 표현이 등장했는데 조국 전 장관 관련 다양한 의혹을 보도한 언론에 대한 반감으로 '기레기 꺼져', '기레기 아웃', '가짜뉴스 아웃' 등이 검색순위 상위에 올랐다. 이는 강준만의 지적 대로 행동 편향이 "과도한 혐오를 수반하는" 대표적 사례다(강준만, 2019).

---

4 〈중앙일보〉(2019. 08. 28.), "조국 힘내세요 vs 조국 사퇴하세요 … 서로가 매크로 조작했다".

이처럼 행동 편향은 말보다는 행동을 우선하는 게 낫다는 믿음이다. 그러나 깊은 성찰과 진지한 고민 없이 행동으로 먼저 옮기다 보면 비이성적이고 비합리적인 판단을 내리게 될 가능성이 크다. 실제로 조 전 장관을 둘러싼 진보와 보수 양 측의 주장은 서로 접점을 찾을 수 없는 반지성적 측면이 많았다고 볼 수 있다.

확증 편향

비슷한 생각과 경험을 공유하는 집단에서 나타나기 쉬운 확증 편향은 진영논리를 강화하는 가장 강력한 도구이다. 확증 편향이 위험한 것은 자신은 객관적이고 정확한 팩트를 알고 있다고 생각하지만 사실상 한쪽으로 치우쳐 있다는 점을 스스로는 모르기 때문이다.

만약 같은 사실을 알고 있고 의견만 서로 다른 입장을 보인다면, 대화나 토론을 통해 합의가 가능하다. 하지만 확증 편향이 심한 환경에서는 각자 진실과는 거리가 먼 가짜뉴스와 같은 틀린 사실을 알고 있으면서 서로가 믿는 것을 진실이라고 생각하기 때문에 타협의 여지를 찾기 힘들다. 취득하는 정보와 팩트부터 다르기 때문에 두 집단 사이의 골은 더욱 깊어진다.

이처럼 서로 다른 팩트를 갖게 되는 이유는 가짜뉴스가 범람하는 현실과 무관치 않다. 기본적으로 언론은 게이트키핑이라는 취사선택 과정을 거쳐 사실을 뉴스로 가공한다. 이때 주관적인 편집과 사실의 배제는 필연적으로 발생할 수밖에 없다. 문제는 언론 스스로 얼마나 객관적이고 불편부당한 자세로 뉴스를 생산하느냐다.

그런데 시민사회의 중요한 축인 언론조차 진영논리에 따라 두 패로 갈라져 있었다. 흔히 '조중동'과 '한경'으로 불리는 구도다. 진영논리가 강한 사람일수록 한쪽 미디어에 치우치는 경향이 많다. 특히 최근에는 유시민·김어준, 홍준표·정규재 같은 정치 셀럽들의 유튜브·팟캐스트 등 뉴미디어가 자기 진영의 사람들을 결집하고 확증 편향을 재생산하는 역할을 맡고 있다.

흔히 언론의 본질을 이야기할 때 공정성과 객관성을 제일 높은 가치로 꼽지만, 대중의 호응도가 높은 매체는 자극적이고 편파적인 언론사다. 2011년 미국 메릴랜드대학의 조사결과 폭스뉴스 시청자는 다른 방송사보다 오바마 행정부의 강력한 경기부양책 때문에 실업률이 증가한다고 믿는 비율이 12%포인트 높았다. 무슬림이 미국 내 '샤리아(이슬람 율법)의 왕국'을 건설하려고 한다고 생각하는 비율은 17%포인트나 높았다. 이 비율은 방송 시청시간이 길수록 더 높게 나타났다. 5

한국의 언론도 이보다 결코 덜하지 않다. 이들이 진영논리에서 자유롭지 않다는 것은 어제오늘의 일이 아니다. 그런데 최근에는 앞서 지적한 것처럼 유튜브 등 뉴미디어를 통한 대결구도 역시 심화되고 있다. 이에 대해 강준만은 "자신의 구미에 맞지 않는 내용이 있으면 '절독'을 위협하거나 '기레기'라고 욕하는 게 무슨 유행병처럼 돼

---

5 〈경향신문〉(2011. 8. 11.), "미국 보수화 선동 폭스뉴스 … 그 중심엔 로저 아일스".

버리고 말았다. 한마디로 이야기해서 두 신문(〈한겨레〉와 〈경향신문〉)은 무조건 문 정권의 편을 드는 '어용 언론'이 되어야 한다는 요구를 그렇게 표현하는 것"이라고 말한다.**6**

부정성 편향

확증 편향은 보통 부정성 편향이 함께 수반된다. 긍정적 면보다 부정적 면을 부각시키는 부정성 편향은 뉴스를 소비하는 중요한 패턴 중 하나다. 부정성 편향은 내 편과 네 편을 쉽게 나누고, 나와 다른 이들을 '악'으로 규정하기 쉽다. 매 선거철마다 정책·공약선거보다 상대 후보를 흠집 내는 네거티브선거가 파괴력을 발휘하는 이유도 부정성 편향의 효과가 크기 때문이다.

'조국 사태' 때도 진보와 보수 각 진영은 반대편의 부정적인 면만 들춰내는 데 몰두했다. 보수진영은 조 전 장관의 부정적 뉴스를 생산하는 언론을 집중적으로 보게 되고, 진보진영은 반대로 조 전 장관을 비판하는 이들의 부정적 면을 들춰낸다. 조 전 장관 딸의 입시 문제가 거론되자 나경원 자유한국당 원내대표의 아들 문제를 들춰낸 게 대표적 예다.

특히 조 전 장관의 아내인 정경심 교수의 표창장 위조 문제가 논란이 되자 동양대 최성해 총장에 대한 '신상털기'가 이뤄진 것도 같

---

6 〈경향신문〉(2021. 1. 6.), "〔강준만의 화이부동〕'어용 언론'을 요구하는 문파들께".

은 맥락이다. 최 총장이 정 교수에게 불리한 말을 했다는 이유로 최 총장에 대한 온갖 부정적 뉴스가 흘러나왔고, 진보진영의 사람들은 이를 확대재생산했다. 그 결과 동양대는 교육부의 전격적인 감사를 받았고, 최 총장은 법인 이사직에서 물러났다.

부정성 편향을 위한 아군과 적군의 구분은 자기 생각과 의견에 맞지 않으면 일단 적으로 만들고 본다. 한때 조 전 장관과 같은 편이라고 여겨졌던 지식인과 정치인들에 대한 비난이 대표적 예다. 진보진영 내부에서 이들은 '배신자'와 같은 낙인이 찍혀 공격의 대상이 되기도 했다.

마음에 들지 않는 뉴스에 대해 '믿고 거르는 중앙', '역시나 한겨레' 같은 과격한 표현이 댓글에 난무하는 것도 부정성 편향의 발로다. 기자를 '기레기'로 지칭하게 되면, 메시지를 보기도 전에 메신저부터 공격하는 효과가 있어 부정성 편향은 더욱 강해진다. 이처럼 한국의 언론과 뉴스 소비자는 확증·부정성 편향의 덫에 빠져 있다고 할 수 있다.

이야기 편향

이야기 편향은 가짜뉴스나 근거 없는 음모론이 대중 사이에서 설득력을 얻는 현상이다. 이를 가장 많이 활용하고 혜택을 톡톡히 본 집단 중 하나는 '나는 꼼수다'(나꼼수)[7]다. 나꼼수의 기본적인 스토

---

7   나꼼수는 김어준과 주진우, 김용민이 주축이 돼 만든 팟캐스트 방송이다. 처음 이

리텔링 방식은 팩트와 팩트를 연이어 나열하고, 이들 사이에 '합리적 의심'이라는 프레임을 적용해 인과관계를 도출하는 것이다. 단순한 선후관계나 심지어는 연관이 없어 보이는 팩트들도 '합리적 의심'에 따라 인과성이 부여된다.

그 결과 수용자들은 매우 흥미롭게 귀를 기울인다. 그러나 "과도한 편파성, '음모론' 프레임 등의 폐해가 컸다. 팩트보다 주장에 기반한 이른바 '합리적 의심'으로 시작하는 이들의 '음모론'적 접근은 계속됐다"는 평가가 나온다. **8**

이와 같이 음모론이 비합리적인 접근방식임에도 불구하고 꾸준히 제기되는 이유는 이야기가 매우 그럴 듯하며 픽션처럼 딱 떨어지는 서사구조를 갖고 있기 때문이다. 진실보다 더 설득력이 있어 많은 이들에게 소구訴求된다. 그렇기 때문에 "한국은 음모론의 나라라는 진단이 나올 정도로 음모론이 공론장에 자주 등장한다(한보희, 2013)."

'조국 사태' 당시 가장 많이 제기됐던 음모론은 검찰 수사의 배후에 관한 문제였다. 조 전 장관의 검찰개혁이 두려워 윤석열 검찰총장이 표적수사를 벌이고 있다는 내용이다. 이런 논리에 따라 조 전 장관 지지자들은 검찰개혁을 외치며 각종 집회에 참가했다. 그러나

들은 "국내 유일의 가카 헌정 방송"을 표방하며 이명박 전 대통령을 비판했다. 꾸준한 의혹을 제기해 진실을 밝히는 데 일정 부분 역할을 한 측면도 있지만 문제점 또한 많다.

8 〈중앙선데이〉(2018. 4. 16.), "〔양성희의 시시각각〕음모론자의 끝".

조 전 장관 임명 전후 윤 총장이 즉각적으로 '셀프 개혁'하는 모습을 보이면서 이 같은 주장은 설득력을 잃기 시작했다.

여당인 더불어민주당은 조 전 장관에 대한 각종 의혹이 쉴 새 없이 터져 나오자 적극적으로 음모론을 폈다. 9월 6일 자 〈한국일보〉는 "민주당의 조국 법무부 장관 후보자 구하기가 산 넘어 산이다. 연일 새로운 의혹이 터지면서 온 여권이 '궤변 총력전'에 동원되거나 진영논리에 빠져 논란을 자처한다"고 지적했다. 9 그러면서 조 전 장관의 딸 표창장과 관련해 여권의 회유 의혹을 제기한 최성해 동양대 총장을 '태극기부대'라고 비하한다는 사실을 보도했다.

이 기사에 따르면 국회 법제사법위원회 민주당 간사인 송기헌 의원은 9월 5일 최 총장을 향해 "우리가 파악하기로는 '태극기부대'에 가시던 분"이라며 "우리한테 우호적인 사람이 아니다"라고 했다. 민주당은 당의 공식 페이스북에 "최 총장은 한국교회언론회 이사장이며, 극우적 사고를 지니고 있다"고 올렸다가 '극우적 사고'라는 표현을 뒤늦게 뺐다. 이에 대해 〈한국일보〉는 "평소 진영논리에서 벗어나야 한다고 주장하던 민주당이 편 가르기 발언으로 최 총장을 폄하했다"고 평했다. 10

보수진영에서는 33년 만에 화성 연쇄살인 사건 용의자가 밝혀진 것도 '조국 사태'를 덮기 위한 것이라는 음모론이 나왔다. 9월 19일

---

9 〈한국일보〉(2019. 9. 6.), "궤변, 음모론…'조국 구하기' 무리수 연발하는 여권".
10 앞의 기사.

자 〈한국일보〉는 "조 장관 임명 이후 국정이 혼란한데 뜬금없이 이슈가 터졌다. 용의자 특정 발표는 물타기 같다"는 네티즌들의 말을 인용해 음모론이 커지고 있다고 보도했다. 기사에는 7월 15일 현장 증거 일부를 국립과학수사연구원에 감정 의뢰한 경찰이 국과수로부터 결과를 이미 받고도 의도적으로 발표를 미루다 조국 장관 문제로 여론이 악화하자 공개했다는 네티즌들의 의견을 담았다. [11]

이 같은 음모론은 결국 '진영논리'를 심화시킨다. 음모론이 지배하는 사회일수록 모든 이슈를 내 편과 네 편으로 나눠 생각한다. 강준만(2019)은 "여론조사 결과가 우리 편에 유리하면 국민의 위대한 선택이고 불리하면 반대파의 공작과 음모라고 돌린다"며, "누가 어떤 주제로 글을 쓰든 평가하는 기준은 오로지 우리 편에 유리한가, 불리한가이다"라고 말한다.

'조국 사태'를 이용한 편향적 동원

개인들이 인지적 편향에 따라 진영논리에 빠져드는 사이에 정치권은 이를 적극적으로 활용해 편향성의 동원을 실행한다. 앞서 더불어민주당이 적극적으로 음모론을 제기하며 지지자를 결집시킨 것도

---

[11] 〈한국일보〉(2019. 9. 19.), "화성연쇄살인사건은 조국 덮기용? 무분별 음모론 확산".

같은 맥락이었다. 물론 편향성의 동원을 적극 구사하는 것은 야당도 마찬가지이다.

당시 자유한국당은 '조국 사태'를 조 전 장관 개인에 대한 비리문제를 넘어 정권 차원의 게이트로 확대재생산하고자 했다. 그러면서 자연스럽게 보수진영의 지지자들 사이에서 '정권 퇴진', '문재인 Out'과 같은 구호들이 나오도록 분위기를 조성했다. 시민들이 자발적으로 주최한 집회를 찾아가 '숟가락을 얹는' 경우도 있었다. 그렇다 보니 서울대, 고려대 학생들이 주최한 집회에서는 정치인들이 참여하지 못하도록 학생증이나 졸업증명서를 검사하는 해프닝까지 벌어졌다.

집회의 사유화

사회갈등을 자신에게 유리한 것만 선택해 확대재생산하는 것도 편향성의 동원 중 하나다. 9월 진보진영의 대규모 서초동 집회가 처음 있고 난 뒤 더불어민주당은 집회 참가규모를 놓고 국민의 뜻이라며 침소봉대針小棒大했다.[12] 9월 29일 자 〈뉴시스〉 기사에 따르면 이재정 더불어민주당 대변인은 "통제받지 않는 무소불위 검찰 권력의 폭주에 보다 못한 국민이 나섰다. 어제 200만 국민이 검찰청 앞에 모여 검찰개혁을 외쳤다"고 밝혔다.

---

12 〈뉴시스〉(2019. 9. 29.), "200만 명 vs 5만 명 … 검찰개혁 집회 인원 두고 여야 공방".

그러자 자유한국당은 민주당의 '숫자 부풀리기'라며 즉각 반발했다. 박성중 한국당 의원은 "'조국 지지시위' 참가인원은 많아야 5만 명에 불과하다. 현장에 '조국 사퇴' 시위대도 섞여 있었고, '서리풀 축제'에 참여한 시민들이 혼재돼 있었기 때문"이라고 밝혔다. 그러면서 "경찰이 쓰는 '페르미 기법'을 적용하면 사람이 서 있을 때를 가정해 평坪당 최대 9명씩 총 5만 명"이라고 설명했다.

그러나 며칠 후 광화문 보수집회에선 한국당도 어김없이 '숫자 부풀리기'를 시도했다.13 10월 3일 자 〈서울신문〉은 "자유한국당은 집회 참석인원을 300만 명 이상으로 추정했고, 문재인하야下野 범국민투쟁본부는 200만 명 이상이 참석했다고 주장했다. 박근혜 전 대통령 탄핵 당시 광화문 집회 이후 최대인파가 몰린 것으로 보인다"고 보도했다.

이날 자유한국당 원내대표 나경원 의원은 단상 위에 올라 "단군 이래 최악의 정권이다. 지난번 서초동 대검찰청 앞에서 시위하는 것을 보셨느냐. 그들이 200만이면 우린 오늘 2천만이다"라고 말했다. 같은 당 의 이학재 의원도 "문재인 정권을 퇴진시켜야 한다. 문재인을 둘러싸고 있는 쓰레기 같은 패거리들을 쓸어버려야 한다"고 강조하였다.

여야與野 할 것 없이 시민들의 집회참여를 아전인수我田引水식으로

---

13 〈서울신문〉(2019. 10. 3.), "한국당 서초동 200만이면 우리는 2000만 광화문 총집결".

이용하는 행태는 한국 정치에서 오랫동안 있어 왔던 현상이다. 이에 대해 최장집(2010)은 "정당과 정치 엘리트가 여러 균열 중 특정 균열을 선택적으로 동원하고 배제한다. 정치적 영향력과 권력효과는 자신에게 유리한 균열을 동원하고 그렇지 않은 균열을 억압하거나 배제하는 능력에 따라 좌우된다"고 지적했다.

거짓말과 프로파간다

시민의 인지적 편향을 일으켜 편향적 동원을 구사하는 중요한 도구 중 하나는 정치인의 거짓말이다. 거짓말로 논점을 흐리거나 물타기를 하면서 이슈의 흐름을 자신에게 유리하게 이끌어갈 수 있다. 특히 지지자에 대한 프로파간다(선전선동)를 일으킬 때 거짓말은 효과적이다. 프로파간다에서 중요한 것은 "팩트가 객관적 상황을 잘 묘사하느냐가 아니라, 얼마나 진실인 것처럼 들리게 하느냐"다(강준만, 2019).

이에 대해 래쉬(Lasch, 1979)는 "프로파간다를 이용하는 사람은 전체의 잘못된 모습을 끌어내기 위해 정확하지만 미세한 사실들을 사용함으로써 진실을 허위의 주요 형태로 만들어낸다"고 지적한다. 즉 몇 가지 사실의 조합으로 전체적 측면에서 그럴 듯 해 보이는 '진실 같은 거짓말'을 만들어낸다는 것이다.

'조국 사태' 국면에서는 이낙연 국무총리의 거짓말이 대표적이다. 10월 4일 자 〈중앙일보〉는 '이낙연 총리의 거짓말'이라는 제목의 기사에서 "총리의 거짓말은 따로 기록해야 할 만큼 질이 나쁘다는 지적이 나온다"고 보도했다. **14** 기사에 따르면 이 총리는 9월 27일 국회 대정부 질문에서 "여성만 두 분 있는 집에서 많은 남성이 11시간 동안 뒤지고 식사를 배달해 먹고 하는 것은 아무리 봐도 과도했다"고 말했다.

그러나 이 기사를 쓴 안혜리는 "이 발언 가운데 사실이라곤 '11시간'과 '식사'라는 두 단어밖에 없다"고 반박했다. 실제로 대정부 질문 4일 전 이뤄진 조 장관 자택 압수수색 과정에서 검찰은 "추가 압수수색영장 발부 등으로 집행시간이 길어졌고 조 장관 가족의 권유로 식사했다"고 공식 해명했다. "게다가 집에는 조 장관 아내와 딸만이 아니라 아들과 남성 변호인들도 있었고, 압수수색팀에도 여성 검사와 수사관이 포함돼 있었다"는 것이 안혜리의 설명이다.

그러면서 "총리가 술집 뒷말하듯 사실관계가 틀린 얘기를 버젓이 국회에서 한 것도 문제지만 요즘 가장 민감한 젠더 이슈를 이용해 이 정권 핵심지지층인 20~30대 여성을 자극하고 선동하려는 노림수가 보여 불쾌하다. 거짓말해도 무탈하고 환호까지 받으니 다들 따라 한다"고 지적했다.

진영정치에 갇힌 언론

'조국 사태'가 진행되는 동안 언론계에서는 기자 스스로 자성의 비판을 가하는 일이 벌어졌다. 9월 6일 〈한겨레〉 주니어 기자 31명은

---

14 〈중앙일보〉 (2019. 10. 4.), "〔안혜리의 시선〕 이낙연 총리의 거짓말".

성명서를 발표하고 편집국장을 비롯한 국장단의 사퇴를 촉구했다. 15 당시 〈한겨레〉는 타사에 비해 '조국 사태' 관련 보도를 적극적으로 하지 않는 상황이었다.

성명서는 "5일 조 후보자를 비판한 '강희철의 법조외전' 칼럼이 '국장의 지시'라는 이유로 일방적으로 삭제됐다. 〈한겨레〉 기자들은 '현재 편집국이 곪을 대로 곪았다는 사실을 보여주는 하나의 단면에 불과하다. 조 후보자의 사모펀드가 관급공사를 수주했다는 의혹이 불거지고, 그의 딸이 의전원에 두 번을 낙제하고도 장학금을 받았다는 사실이 보도됐을 때도 〈한겨레〉는 침묵했다"고 밝혔다.

그러면서 "장관이 지명되면 TF를 꾸리고 검증에 나섰던 과거 정부와는 전혀 달랐다. 검증팀을 꾸리지 않는다는 수뇌부의 무책임한 결정 때문에 다른 매체의 의혹보도에 〈한겨레〉는 무참하게 끌려다녔다. 후보자에 대한 제대로 된 검증도 잘못된 의혹제기에 대한 추가 취재도 이뤄지지 않았다. 취재가 아닌 '감싸기'에 급급했다"고 지적했다.

이와 같은 사실은 〈한겨레〉가 박근혜 정부 때 보여주었던 모습과 대조적이다. 주니어 기자들의 성명대로 〈한겨레〉는 '조국 사태'가 진행되는 과정에서 다른 신문사와 비교해 적극적으로 의혹을 검증하거나 새로운 비판을 제기한 적이 많지 않다. 이는 결국 '진영논리'

---

15 〈기자협회보〉(2019. 9. 6.), "한겨레 주니어 기자들 국장단 조국 보도 참사 책임지고 사퇴하라".

로 국회부터 언론까지 수직계열화되어 있는 현상을 뒷받침하는 논거다. 언론이 정치에 포획돼 있다고 볼 수 있다. 물론 〈한겨레〉가 프레임에 갇힌 것처럼 보수 신문들도 진영정치에서 자유롭지 못한 것 역시 사실이다.

11

/

21세기 괴벨스

선동의 대가들

나는 문장 하나로 누구든 범죄자로 만들 수 있다. 사람들이 믿도록 만드는 것은 100%의 거짓말보다는 99%의 거짓말과 1%의 진실이 섞였을 때다.

선동煽動은 한 줄로도 가능하지만 이를 반박하려면 수십 장의 문서와 증거가 필요하다. 하지만 반박을 시도했을 때 이미 사람들은 선동돼 있다.

파울 요제프 괴벨스[1]가 한 말이라고 알려진 표현들이다. 나치 독일의 선전장관답게 선동이란 무엇인가를 잘 보여주는 문장이다. 물론 괴벨스가 실제로 한 말인지는 확인할 수 없다. 다만 그가 한 말이라는 설이 설득력 있게 들리는 이유는 선전장관 시절 벌였던 그의 뻔뻔하고도 요사스러운 언행 때문이다.

괴벨스 같은 사람은 어느 시대, 어느 나라에나 있다. 과거 진나라에서 시황제가 죽고 난 뒤 실권을 휘두른 간신 조고趙高2가 그런 인물이다. 황실의 실세였던 조고는 다른 신하들의 충성도를 시험하기 위해 사슴을 가져와 황제의 면전에서 말이라고 한다.

그러자 호해는 "승상이 잘못 안 모양이구려. 어찌 사슴을 말이라 한단 말이오" 하고 되묻는다. 조고는 조용히 뒤돌아서 신하들을 주욱 둘러본다. 그러고는 사슴인지, 말인지 대답하게 했다. 이날 진실을 말했던 사람들은 훗날 온갖 음모론을 유포해 모두 죽게 만든다. 거짓으로 황제를 기만하고, 신하와 백성들로 하여금 '가짜뉴스'를 진실로 믿게 했다. 결국엔 황제까지 죽이고 또 다른 '바지 황제'를 내세웠지만, 오래 못가 암살된다.

괴벨스가 말했다고 알려진 표현처럼 거짓을 진실로 둔갑시키는 것은 그리 어렵지 않다. 나중에 진실이 밝혀져도 거짓의 오명汚名을

---

1 파울 요제프 괴벨스(1897~1945)는 나치 독일의 선전장관으로 국민을 선동하며 전쟁에 적극 동원했다. 불우한 어린 시절을 보내고 하이델베르크대학에서 박사학위를 받은 뒤 1922년 국가사회주의독일노동자당에 입당했다. 1926년부터 히틀러의 추종자가 됐다. 히틀러가 죽은 다음 날 자신도 극단적인 선택을 했다.
2 역대 최고의 간신으로 묘사되는 조고는 왕자인 부소와 개국공신인 몽염을 죽음으로 몰아넣고 천치에 가까운 호해를 황제로 옹립한다. 나중엔 승상의 자리에 올라 반대파들을 하나씩 제거한다.

쓴 사람들의 명예는 쉽게 회복되지 않는다. 선전과 선동은 파토스의 영역이기 때문에 설득당하기 쉽다. 인간은 이성보다 감성에 쉽게 흔들리기 때문이다. 그 때문에 역사에는 늘 괴벨스와 조고 같은 이들이 큰 권력을 휘두르는 경우가 많았다.

고대 기록에 남아 있는 가장 유명한 선전·선동 사례는 바로 소크라테스3의 죽음일 것이다. 기원전 399년 아테네 재판정에서 어리석은 대중들의 잘못된 판결로 목숨을 잃은 최고의 현자賢者 말이다. 소크라테스는 죽는 순간까지 자신의 결백을 주장했지만, 정작 시민들이 자신의 말을 믿어줄 것이라고 생각하진 않은 것 같다. 그가 마지막으로 했다는 유언을 보면 더욱 그런 생각이 든다.

이제 각자의 길을 떠나자. 나는 죽기 위해, 여러분은 살기 위해. 어느쪽이 더 옳은지는 오직 신만이 알 것이다.

평생 독선과 무지를 경계하며 진리를 탐구해 온 현인은 죽는 순간까지 어리석은 대중을 일깨우려 했다. 어쩌면 그의 억울한 죽음이 훗날 시민들에게 큰 깨달음을 줄 것이라는 기대를 했을지도 모른다. 이날 법정에선 배심원 500명 중 280명이 첫 평결에서 유죄를 내렸

---

3   소크라테스(기원전 470~399). 절대 진리를 강조했고 탐구방법으로 귀납적 문답 (산파술)을 제시했다. 정신을 강조한 그의 철학은 제자인 플라톤에게 이어졌다. 공자처럼 책을 직접 쓰지 않고 제자들이 기록을 남겼다.

다. 형량을 정하는 두 번째 평결에선 360명이 사형을 언도했다. 신에 대한 불경 및 청년들을 타락시켰다는 죄목이 씌어졌다. 훗날 플라톤4은 스승 소크라테스의 죽음을 회상하며 "형장의 이슬로 사라졌다"고 표현했다.

소크라테스의 죽음은 선전·선동의 교과서다. 그를 고발한 사람은 젊은 시인 멜레토스였다. 하지만 그 배후가 권력자 아뉘토스였다는 사실을 모르는 이는 많지 않았다. 아뉘토스는 누구인가. 당시 아테네의 30인 참주정僭主政을 무너뜨린 민주정民主政의 권력자다. 그렇다면 그는 왜 소크라테스를 제거하려 했을까.

잘 알려진 대로 소크라테스는 플라톤의 스승이다. 플라톤은 당시 아테네의 직접 민주주의를 중우정치라고 비판하며 철인哲人정치를 주장했다. 그가 생각했었던 철인이 그의 스승인 소크라테스와 같은 현자였다는 것은 두말할 나위가 없다. 소크라테스가 직접적으로 철인정치를 주장한 적은 없지만, 그의 철학은 제자인 플라톤의 사상적 기반이 됐다.

즉, 어리석은 인간들에게 '너 자신을 알라'며 성찰적 지혜를 강조했던 소크라테스는 바람직한 정치체제로서 직접민주주의보다 엘리트가 지배하는 참주정을 더욱 선호했을 가능성이 크다. 실제로 아뉘

---

4 플라톤(기원전 427~347). "서양철학은 플라톤의 주석일 뿐(화이트헤드)"이라고 할 정도로 서양문명에 큰 영향을 끼친 철학자. 플라톤이 구축한 이데아와 현실의 이분법은 니체에 의해 깨질 때까지 2천 년간 공고했다.

토스가 소크라테스를 제거한 이유도 그 때문이었다. 아테네 시민들은 아뉘토스가 퍼뜨린 '가짜뉴스'를 진실로 받아들였고, 결국엔 '불경不敬'이라는 추상적 죄목을 명분으로 사형을 내렸다. 이에 대해 소크라테스는 뭐라고 말했을까.

나는 오래전부터 거짓 죄목으로 고발돼 왔다. 그러나 정말 위험한 것은 거짓말로 여러분을 사로잡고, 있지도 않은 죄로 나를 비난한 사람들이다. (처음부터 거짓으로 고발됐기 때문에) 그림자와 싸워야 하고 대답할 자가 없는 상태에서 논박해야 한다. 내가 파멸 당하면 그것은 비방誹謗 때문이며, 앞으로 더 많은 선량한 사람을 죽게 할 것이다 (Plato, 2015).

이날 스승의 죽음을 지켜본 28세의 청년 플라톤은 아테네의 어리석은 대중을 증오하게 된다. 훗날 그가 민주주의를 중우정치라고 비판하며 철인정치를 내세우게 된 결정적 사건이다. 플라톤은 지성과 인격 등 합당한 자질을 모두 갖춘 시민만이 정치를 해야 한다고 생각했다. 즉, 모두의 권리를 존중하는 것과 모두가 권력주체가 되는 것은 다른 전혀 다른 문제다.

결국 이날의 진실은 시간이 더디긴 했지만 수면 위로 올라왔다. 소크라테스가 죽고 14년 뒤(기원전 385년) 크세노폰이 그의 무죄를 규명한 것이다.

소크라테스가 불경한 짓이나 말을 하는 것을 보거나 들은 사람은 아무도 없었다. 청년들에게 솔선수범을 보이며 스스로 희망을 품게 했다. 그런 그가 어떻게 청년들을 타락시키겠는가(Xenophōn, 2018)?

거짓도 사실로 만드는 프레임

고대 아테네는 시민들의 직접민주주의로 의사결정을 내렸다. 입법권, 행정권, 사법권이 모두 아고라에 있었다. 그런 이유로 대중을 설득하는 '수사학'이 매우 발달했다. 영국 엑서터대학의 역사학자인 리처드 토이는 아테네의 수사학을 "단지 미사여구를 지어내는 능력이 아니라 상황을 파악하고 청중의 마음을 사로잡는 것"이라고 정의했다. 그러면서 "수사학은 이성을 사용하는 자기방어 수단이다. 이는 몸을 방어하는 것 못지않게 정당하며 인간에게 더더욱 고유한 것"이라고 설명했다(Toye, 2013).

하지만 아테네의 모든 시민이 이성적이고 논리적이지만은 않았다. 그 때문에 궤변론자詭辯論者로 불린 일부 소피스트들은 돈만 주면 공공연히 있는 죄도 없도록 대중을 설득해주겠다고 광고했다. 아리스토텔레스5는 설득의 3요소로 에토스(품격), 파토스(감성), 로고

---

5   아리스토텔레스(기원전 384~322). 플라톤의 제자이자 알렉산더 대왕의 스승. 이상을 좇던 스승과 달리 현실세계를 중시했다. 그 결과 철학, 수학, 문학, 천문, 정치 등 다방면에 걸친 연구로 학문의 아버지라 불린다.

스(이성)를 꼽았다. 그러면서 "모든 사람이 논리적이면 로고스만 있으면 된다"고 했다. 하지만 사람은 늘 감정과 편견에 휘둘린다. 내가 좋아하는 사람의 말은 팥으로 메주를 쏜대도 곧이듣고, "고통스럽거나 즐거울 때 각기 다른 판단을 내리듯 감성에 끌려 결정"을 내린다(Aristotle, 2015).

뤼쿠르고스가 그런 사람이었다. 아테네 10대 연설가 중 신분이 가장 높았던 그는 시민들로부터 신망이 높았다. 기원전 338년 알렉산더의 부왕인 마케도니아의 필리포스 2세가 아테네군을 무찌르자 대부호였던 레오크라테스는 재산을 모두 처분해 로도스섬으로 탈출한다. 훗날 뤼쿠르고스는 그를 법정에 세우고 격정적인 연설로 "배신자를 죽여야 한다"고 했다(김헌, 2008).

하지만 당시 법은 그를 처벌할 조항이 없었다. 혼자 도망간 것이 도덕적 비난을 받을 순 있어도 반역죄에 해당되진 않기 때문이다. 그러나 레오크라테스는 불과 한 표 차이로 사형을 면한다. 법정의 시민들이 합리적이었다면 여유 있는 표차로 무죄 판결이 내려졌을 것이다. 그러나 단 한 표 차밖에 나지 않은 것은 시민들이 뤼쿠르고스의 말이라면 뭐든 믿어줄 준비가 돼 있었기 때문이다.

뤼쿠르고스는 대중을 상대로 선전·선동을 벌인 것이었다. 시민들로부터 받은 두터운 신망을 악용해 레오크라테스를 비합리적으로 공격한 것이다. 그가 왜 그렇게 분노했는지는 모른다. 다만, 우리가 알 수 있는 중요한 사실 한 가지는 선전과 선동, 특히 시민들의 맹목적 믿음은 없는 죄도 있게 만든다는 것이다.

앞서 소크라테스가 독배毒杯를 마시기 전, 델포이 신탁에서 한 무녀는 "소크라테스보다 지혜로운 사람은 세상에 없다"고 했다. 이에 소크라테스는 "내가 정말 지혜로워서 이런 말이 나온 게 아니다. 단지 나는 내가 무지無知하다는 걸 깨달았을 뿐"이라고 했다(김헌, 2008). 소크라테스의 이야기를 돌려 말하면, 대부분의 사람은 자신이 옳고 많이 안다고 생각하지만 실제론 자기의 무지조차 인식하지 못하고 있다는 뜻이다.

존 스튜어트 밀은 "자신에게 절대 오류誤謬는 있을 수 없다고 생각하는 사람은 치명적 독毒을 품는다"고 말한다. "자기 생각을 확신하는 사람은 절대권력이나 맹목적 복종을 요구하기 때문"이다. 그러면서 "(독선은) 개인의 사사로운 삶 구석구석까지 침투해 상대의 영혼을 오염시키고 도저히 빠져나갈 틈을 주지 않는다"고 비판했다(Mill, 1859).

독단과 독선으로 합리적 판단을 마비시키고, 거짓과 음모를 사실로 둔갑시키는 것은 인간의 이성이 불완전하기 때문이다. 우리가 객관적 사실이라고 믿는 것도 실제로는 주관적 경험의 총합일 뿐이다. 눈을 가리고 만진 코끼리의 형상에 대한 인식이 제각각이듯, 경험적 사실은 애초부터 객관적일 수 없다.

그렇다면 어떻게 해야 진실에 다다를 수 있을까? 우리의 경험이 하나의 단편적 사실이라면, 진실은 전체의 모자이크다. 진실에 닿으려면 최대한 많은 사실의 조각을 모아야 한다. 수많은 주장과 논증이 오가고 자유로운 토론이 벌어진 뒤에야 실체를 알 수 있다. 존

밀턴**6**이 말한 '사상의 자유경쟁시장'이다.

> 진실과 거짓이 맞붙어 싸우게 하라. 자유롭고 공개적인 경쟁에서 진실
> 이 패할 일은 없다(Milton, 1644).

요컨대 진실을 위해선 수많은 의견과 논박이 있어야 하고 그 토론
에는 당연히 이성과 논리가 전제돼야 한다. 자기가 좋아하는 에토스
를 가진 사람 또는 집단이라고 해서 무조건 맹신해선 안 되며, 달콤
하고 선동적인 언어에 취해 감성적 결정을 내려서도 안 된다. 이를
위해선 소크라테스가 그토록 강조했던 성찰의 지혜가 필요하다.

괴벨스와 광신도

그런데 요즘 한국사회를 보면 에토스와 파토스에 지나치게 휘둘리
는 경우가 많다. 궤변론자도 많고, 어리석은 대중도 많다. 감성은
좋고 나쁨의 취향을 결정할 때 쓰는 것인데, 옳고 그름의 시비를 가
리는 데까지 쓰고 있다. 마치 자기 스타일의 커피를 갈아 마시듯 '정

---

6 존 밀턴(1608~1674). 서사시 〈실낙원〉을 쓴 영국의 시인으로서 셰익스피어에
견줄 만하다는 평가를 받고 있다. 천부인권으로서 표현의 자유를 강조한 책 〈아레
오파지티카〉는 존 스튜어트 밀의 〈자유론〉에 큰 영향을 미쳤다.

의正義'를 취향처럼 소비하고 있다.

예를 들어 2020년 상반기를 뜨겁게 달궜던 정의기억연대와 윤미향 사건을 보자. 그들의 활동을 지지하고 응원하는 것과 이들의 잘잘못을 가리는 것은 전혀 다른 차원의 문제다. 내가 좋아하는 사람이라고 해서 그 사람의 잘못이 없어지는 것은 아니다. 비판을 친일로 매도하는 것은 로고스로 판단해야 할 일을 파토스를 끌어들여 본질을 흐리는 것일 뿐이다.

명백한 위선이 밝혀졌는데도 사죄는커녕 목소리를 높인다. 오히려 처음 문제를 제기한 이용수 할머니를 치매로 모는 패륜도 저질렀다. 그리고는 본질과 상관없는 새로운 이슈를 들이대 상대를 공격하고 배후의 음모를 제기한다. 부끄러움도 모르고, 성찰도 없으니 저 잘 났다고 목에 핏대만 세울 뿐이다. 그 결과 위안부 할머니가 친일로 몰리고, 피의자가 방송에 나와 자신의 보도를 힐난하는 모순이 벌어진 것이다. 이들이 대중을 홀려 소크라테스를 죽음으로 몰아갔던 궤변론자들과 다를 게 무엇인가.

어떤 게 진실이고, 무엇이 옳은지 알기 위해선 로고스가 필요하다. 제일 먼저 할 것은 '사실'과 '의견'을 분리해 보는 일이다. 예를 들어 A의 부정과 비리를 의심할 만한 사실들이 제기되면, A는 무죄를 입증할 만한 사실적 논거로 반박하는 게 정석이다. 이렇게 하지 않고 '보수언론의 모략'이라거나 '검찰개혁을 반대하는 세력의 공격'이라며 프레임을 씌우는 것은 반박할 논거가 부실하기 때문이다. 이 프레임 또한 사실로 증명되지 않은 하나의 '의견'일 뿐이다.

그럼에도 불구하고 '의견'을 사실처럼 받아들여 A가 무죄라고 생각하는 사람은 플라톤이 말했던 '중우衆愚'에 가깝다. 사실에 대한 반박은 사실로써만 가능하다. 의견을 냈으면 이를 뒷받침할 만한 논거 역시 사실에 기인해야 한다. 사실과 의견을 분리해 볼 수 있는 혜안慧眼만 갖고 있어도 프레임을 내세워 진실을 은폐하려는 이들에게 휘둘리지 않을 수 있다.

어느 시대나 시민을 중우로 생각해 악용하는 위선자들이 있다. 문재인 정권의 광신적 지지자들, '문파'를 보자. 문파는 단순한 팬클럽을 넘어 집권당이 눈치까지 봐야 하는 '왝 더 독Wag the dog'7 현상까지 일으킨다. 인터넷 커뮤니티에서 정권을 비판했다가 '강퇴'당하는 일도 다반사다. 2020년 더불어민주당이 임미리 연구교수를 고발했다가 취소했는데, 문파가 다시 나서 고소했다.

문파가 사회에 끼치는 가장 큰 해악은 반대의견을 용납하지 않고 SNS로 가혹한 공격을 퍼붓는다는 점이다. 그 결과 지식인들의 입엔 자발적 재갈이 물려진다. 대표적 지식인인 교수들의 상당수가 SNS

---

7 '꼬리가 몸통을 흔든다'는 뜻으로, 금융가에서 자주 쓰는 용어다. 보통 선물시장 (꼬리) 이 현물시장 (몸통) 을 좌지우지할 때 이 말을 사용한다. 베리 레빈슨 감독의 영화 〈왝 더 독〉(1997) 이후 주객전도(主客顚倒) 상황의 정치 · 사회를 풍자하는 용어로도 많이 쓰인다. 이 영화에서 대선을 12일 앞두고 대통령의 여학생 성추행 사건이 알려지자, 정치 컨설턴트 브린 (로버트 드니로) 은 알바니아를 적대국으로 몰아 전쟁 직전까지 몰고 간다. 증거를 조작하기 위해 유명 할리우드 프로듀서 모스 (더스틴 호프만) 의 지원을 받아 전쟁 현장을 연출하고 TV로 방영한다. 대형 사기극으로 대통령은 89%의 압도적 지지율로 재선에 성공한다.

조리돌림이 두려워 실명으로 정부를 비판하기 꺼려한다.

같은 편도 생각이 다르면 이들에겐 적이다. 2017년 4월 더불어민주당 경선 때 안희정, 이재명에게 비난 문자가 폭탄처럼 쏟아졌다. 친노의 핵심인 안희정조차 "질린다"고 했고, 박영선은 "국정원 댓글부대와 동일선"이라며 비판했다. 직전에 당 대표를 맡았던 김종인도 "히틀러 추종자가 연상된다"고 꼬집었다.

정권출범 후엔 그나마 있던 내부견제마저 사라졌다. 문재인이 문파의 일탈을 사실상 용인한 영향이 크다. 앞서 '문자폭탄' 사건에서 문재인은 "경쟁을 흥미롭게 만드는 양념"8이라며 지지자들을 감쌌다. 이후 문파의 맹목적 지지는 '우리 이니 하고 싶은 대로 해', '문프께 모든 권한을 양도했다'와 같이 심해졌다.

2019년 조국 사태 때는 문파들이 조국 전 장관을 옹호하며 친일논쟁으로 확전시켰다. 자신과 생각이 다르면 '적폐', '토착왜구'로 낙인찍고 선악의 이분법으로 한국사회를 재단했다. 상당 부분 사실로 드러난 조 전 장관의 범죄혐의조차 가짜뉴스로 치부하며 검찰개혁의 희생양으로 승화시켰다. 대통령이 "마음의 빚을 진" 사람이기에 가능한 일이었다. 9

---

8 '양념' 발언 후 극성 문파들의 댓글테러와 신상털기는 일종의 공식이 돼버렸다. 문재인을 비판하는 이들에겐 어김없이 '양념'이 가해진다. 문파들의 도 넘은 공격에 대해선 대통령으로서 일찌감치 자제를 요청하는 게 통합의 차원에서 바람직하지 않을까 생각한다.

9 2020년 1월 문재인 대통령은 신년 기자회견에서 "조국 전 장관이 지금까지 겪었던

반면, 조국에 대해 비판적 입장을 보인 금태섭은 공천조차 못 받고 징계까지 당했다. 결국 탈당했다. 합리적 중도인 금태섭조차 품지 못하는 정당이 돼버린 것이다. 그러나 이런 눈치 보기는 오히려 일부 강경파에 대한 종속을 심화시켜 정당이 제 역할을 못 하게 할 가능성이 크다. 여당 대표를 포함한 많은 의원들이 이미 문파에 휘둘리고 있지 않은가.

티머시 스나이더는 "듣고 싶은 말을 사실로 받아들이고, 있는 그대로의 사실을 부정할 때 폭정에 굴복한다"고 했다. 그러면서 "전체주의자는 이성을 거부하고 정치가가 내세우는 신화에 열광하며 객관적 사실을 부정한다"고 지적했다(Snyder, 2017). 이성과 합리가 마비된 맹목적 믿음이 전체주의를 부른다는 뜻이다.

어떤 고초만으로도 아주 크게 마음의 빚을 지고 있다"고 말했다. 이 발언은 문파의 생각에 날개를 달아 친조국을 더욱 강화하는 명분을 제공했다.

12

/

정치를 장악한 팬덤

댓글테러가 두려운 지식인들

"대통령과 여권을 비판했다 찍히면 골치 아픕니다. 적폐·친일로 몰려 왕따 되거든요." 사회문제에 비교적 쓴소리를 마다않던 서울의 한 사립대 교수 A씨는 이런 말을 종종 한다. 아마 신문에 실은 자신의 글 때문에 댓글테러를 당했던 모양이다. 그는 "예전처럼 지하실로 끌려가 폭력을 당하는 건 아니지만, 매국노 프레임이 씌워져 SNS로 고문받는 게 두렵다"고 했다.

그래서일까. 지난 몇 년간 교수들 사이에선 익명을 요청하는 취재원이 부쩍 늘었다. 하나같이 "논란이 되고 싶지 않기 때문"이란다. 지식인으로서 책임과 용기가 부족한 일부의 문제라고 치부하기엔 이런 교수들이 너무 많다. 이들이 비판을 꺼리는 것은 정부권력이 무서워서가 아니다. 말 한마디 잘못해 겪어야 할 '악플'과 '신상털기'가 두렵기 때문이다.

'문빠는 미쳤다', '그래 나 친일파다' 등의 칼럼으로 SNS 곤욕을 치른 서민 교수(단국대 의대)는 과거 CBS와의 인터뷰에서 "외모를 욕하거나 인신공격하는 댓글이 쇄도했다"고 밝혔다. 그러면서 "저는 멘탈이 강하지만, 교수 중엔 약한 분들이 있어 사소한 비판도 견디지 못한다"고 했다. 적어도 서민 교수만큼의 강한 성격이 아니고서는 대놓고 현 정권을 비판하는 게 쉽지 않은 것 같다.

대개 성격이 유하고 논란이 되는 걸 꺼리는 사람일수록 온라인 조리돌림을 두려워한다. 이런 일을 한번 당하고 나면 'SNS 고문'이 두려워 자기검열을 시작한다. 다른 의견을 인정하지 않는 사회 분위기까지 더해져 지식인은 더욱 '침묵의 나선螺線'으로 빠진다. 이를 악용하는 것은 정치인이다. 특히 SNS에서 대중적 인기가 높은 정치 '셀럽'들이 그렇다. 이들은 논쟁적 발언으로 피아를 가르고 '다른 생각'을 '틀린 사실'로 규정한다. 그 후엔 지지자들이 나서 '정의'의 이름으로 상대를 '악'으로 공격한다.

이때 가장 이득을 보는 것은 누구일가? 애초 자신을 선과 정의의 편이라고 주장했던 정치인이다. 이들은 선을 가장해(위선) 대중을 홀리며, 독선적 주장으로 시민들의 합리적 사고를 마비시킨다. 움베르토 에코는 "진리를 위해 죽을 수 있는 자를 경계하라"고 했다. "이들은 자신과 함께, 또는 자신보다 먼저 타인을 죽게 만들기 때문"이다(Eco, 1980). 당장은 눈에 보이지 않겠지만, 시간이 지나고 보면 독선獨善의 희생양은 주로 주동자보다 추종자인 경우가 많다.

이젠 이런 일들이 너무 일상화돼 주변에서 비슷한 사례를 찾기가 어렵지 않다. 보통 언론인을 향해 '기레기'라는 프레임을 씌울 때 이런 일이 자주 벌어진다. 최근에는 외국 '기레기'도 큰 욕을 먹는다. 한 가지 사례를 살펴보자. 2020년 3월 청와대를 비판한 외신기자가 SNS에서 '댓글테러'를 당했다. 'X또라이X', '나라 팔아먹을 X' 같은 성차별적 발언부터 '토착왜구', '매국노' 등의 반일감정을 부추기는 막말이 넘쳤다.[1]

물론 문파들의 소행이다. 다른 의견을 인정하지 않는 도 넘은 정치팬덤이 혐오와 분노로 전이되는 모습이다. 사건의 발단은 외신기자 정부합동 브리핑이었다. 팬데믹 상황에서 정부의 전염병 대응이 주제였다. 이후 청와대는 기자들의 질의응답을 편집한 4분짜리 동영상을 트위터에 올렸는데, 자화자찬하는 내용이 주였다. 그러자 한국계의 〈블룸버그〉 기자 한 명이 영상을 리트윗하며 비판했다. "그들(한국 정부)의 생각에 맞추기 위해 얼마나 많은 '외신기자'들이 잘려나갔는지(cropped out) 궁금하다"고 했다. 그러면서 "외신에서 일하는 한국인은 '친일', '친미' 딱지가 붙으며 배신자, 반역자 취급을 당한다"고 썼다.

2019년 3월에도 〈블룸버그〉의 또 다른 기자가 문재인을 '김정은

---

1 〈중앙일보〉(2020. 3. 17.), "청와대 자화자찬 영상 꼬집은 외신기자에 토착왜구 댓글 테러"

의 수석 대변인'이라고 표현했다가 '댓글테러'에 시달렸다. 더불어
민주당까지 가세해 "국가원수를 모욕한 매국"(이해식 대변인) 이라며
공격했다. 해당 기자는 '신상털기'를 당했고 결국엔 휴직했다고 한
다. 바로 위에서 언급한 2020년 사례와는 서로 다른 인물이다.

이 사건은 미국 국무부가 발간하는 연례 인권보고서에 주요 사례
로 올랐다. 이 보고서는 세계 각국의 각종 인권침해 사례가 수록된
일종의 '국가별 인권 교과서'다. 보고서는 "집권여당이 대통령을 북
한의 '수석 대변인'이라고 표현했다는 이유로 〈블룸버그〉 기자를 비
난했다"고 기록했다. 2019년 대통령 신년 기자회견에서 경제정책과
관련 '그 자신감은 어디서 나오는 것이냐?'고 질문한 김예령 경기방
송 기자도 오랫동안 댓글테러와 신상털기를 당했다. 2

그렇다면 문파는 왜 이렇게 폭력적인 행위를 반복하는 걸까. 아
마도 그것이 자신들의 주인공을 지키는 일이라 믿기 때문일 것이다.
2020년 총선 때 여당 지도부는 비밀회동에서 탄핵저지를 위해서라
도 비례정당을 만들어야 한다고 주장했다. 3 위기상황에서 대통령이
탄핵될 수 있다는 분위기를 만들고, 이를 통해 지지층을 결집한 것
으로 보인다.

이런 공포 마케팅이 통하는 이유는 뭘까. 이를 알려면 '분노'와 '불

<hr />

2 이 사건이 있고 1년 뒤 경기방송은 사상 초유의 폐업 결정을 했다. 방송사 스스로
   지상파방송허가권을 반납한 것은 거의 처음 있는 일이다. 물론 김예령 기자의 일
   때문에 이런 일이 벌어진 것이라고 밝히진 않았다.
3 〈중앙일보〉(2020. 2. 28.), "'탄핵 막으려면' … 민주당 5인 마포서 비례당 결의".

안'의 차이를 구분해야 한다. 둘 다 외부의 위협으로 형성되지만 자신이 그 상황을 통제할 수 있다고 여기면 분노가 되고, 그럴 수 없으면 불안이 된다. 자신의 참여가 정치를 바꿀 수 있다고 믿으면 불안의 감정은 분노의 행동으로 진화한다.

예를 들어, 문파의 의사표현이 민주당의 의사결정에 큰 영향을 미칠수록 분노의 행동은 더욱 적극적이 된다. 즉 팬덤을 이용한 정치인이 그들의 폭력성을 키운 것이다.

인물 중심 한국 정치의 폐해

한국의 민주주의를 위기로 몰고 있는 팬덤은 어떻게 만들어진 걸까. 사실 그 역사는 꽤 깊다. 연원을 찾아 올라가면 해방공간으로까지 간다. 스스로 '민주주의' 개념을 발명하고 오랜 역사를 거쳐 발전시켜온 서구사회와 달리 한국의 민주주의는 갑작스럽게 주어졌다. 그렇다 보니 민주주의의 개념과 원리에 대한 학습도 제대로 돼 있지 않았다. 1945년 해방 직후 미 군정청에 등록된 정당은 300여 개에 달했다. 1946년엔 400여 개로 증가했다(김용철 외, 2018).

그 후에도 정당 간 이합집산離合集散과 반복적인 당명 바꾸기가 지속됐다. 이 같은 상황에 대해 진영재(2018)는 "정당 태동기에 이념적으로 한국의 정치구조가 빈약했기 때문"이라고 해석한다. "동일한 이념 아래서도 작은 노선 차이가 발생하면 조화를 모색하지 않고 바로 분당分黨했다"는 뜻이다.

1948년 첫 선거는 48개 정당이 참여해 16개 정당이 의석을 얻었다. 주류정당이 등장하지 않고 군소정당이 난립한다는 것은 정당정치가 제대로 체계를 잡지 못했다는 뜻이다. 2년 후 치러진 제 2대 총선에서도 39개 정당이 참여해 11개 정당이 의석을 얻었다. 다만 1954년 선거에선 4개 정당만이 원내 진입에 성공하면서 점차 정당정치의 체계를 갖추기 시작한다(김용철 외, 2018).

오늘날 우리가 알고 있는 정당정치는 19세기 산업화의 산물이다. 먼저 '대의代議민주주의'는 정치가 시민을 대리해 다양한 사회갈등과 균열을 조정하고 해결하는 것을 말한다. 서구에선 부르주아 계급과 그에 맞서는 노동자 계급이 갈등과 균열의 중심축이었고 이들을 대표하는 양대 정당이 만들어졌다. 중요한 사회적 이슈는 대부분 정당을 통해 조정되고 합의점을 찾았다(윤성이, 2018).

결국 정당은 다양한 시민의 의사가 대표되는 창구이며, 그런 고민들이 모여 하나의 이념을 이루고 이를 구체적인 정책을 통해 실현할 수 있어야 한다. 하지만 한국의 정당은 시작부터 본질과 거리가 멀었다. 이념·정책에 따라 정당이 차별화된 것이 아니고 명망가名望家 위주로 판이 짜였다. 그렇기 때문에 최장집(2010)은 한국의 정당체제가 이념적 차별성이 없는 보수 일변도의 양당체제로 구축됐다고 지적한다.

실제로 해방 후 미국의 지지 아래 처음 조직된 한국민주당은 특정

이념과 정책을 추구한다기보다는 김성수와 송진우, 한덕수 등 명망가 중심으로 꾸려졌다. 제헌 선거에서 핵심 정치세력으로 자리매김하며 훗날 야당의 모태가 됐다. 이승만 대통령 시절 강력한 여당의 필요성을 느껴 만든 자유당은 이승만 개인의 사당私黨이라고 봐도 무방할 정도였다.

당시 이승만의 여당은 말할 것도 없고 지주 계급인 김성수 중심의 야당 또한 보수층의 이익을 대변하고 있었기 때문에 서구와 같은 대의代議기능을 정당에 기대하기 어려운 상황이었다. 진보당 당수였던 조봉암은 국가보안법 위반혐의로 긴급체포됐고 곧바로 사형 선고를 받았다. 역사가들은 이를 최초의 사법살인이라고 부른다. 이때부터 한국의 정당정치는 특정 인물을 중심으로 한 보수 양당정치로 귀결됐다.

그 후 박정희의 민주공화당, 전두환의 민주정의당, 노태우의 민주자유당, 김영삼의 통일민주당, 김대중의 평화민주당, 김종필의 신민주공화당 등은 모두 특정 정치인을 중심으로 이합집산하는 정당의 모습을 보였다. 민주화 이후에도 이회창의 신한국당, 노무현의 열린우리당 역시 비슷한 이념과 정책 성향을 가진 이들의 집합이라기보다는 특정 인물을 중심으로 오로지 권력 획득이라는 공통의 목적 아래 뭉친 이익집단 같았다.

이처럼 한국의 정당은 이념적 정체성보다는 인물 중심이었고, 그 결과 정당 지도자가 권력을 잃으면 조직도 약해졌다. 정당은 이념

정체성에 따라 정책을 만드는 곳이 아니라 지도자의 권력을 유지하기 위한 친위대親衛隊가 되었다. 이런 흐름 속에 정당은 유권자의 이해를 대표하여 사회균열과 갈등을 조정하지 못한 채 '그들만의 리그'로 전락했다.

이 같은 인물 중심 정당체제는 팬덤정치로 흘러가기 쉬운 환경을 만들었다. '팬덤fandom'의 '팬fan'은 라틴어 'fanáticus'에서 유래한 말로 '광신자狂信者'를 뜻한다. 옳고 그름과 진위를 따지는 이성의 개념이 아니라 좋고 나쁨을 뜻하는 감정의 언어다. 정치에는 이성과 합리가 필요하며, 정치인에 대해 비판적 지지를 할 수 있어야 성숙한 민주주의가 가능하다. 그러나 팬덤정치에선 이런 게 불가능하다. 오직 맹목적 추종과 무한한 사랑이 있을 뿐이다.

그동안 한국 정치에서 정당은 정책과 이념을 공유하는 이들의 모임이라는 본질적 속성을 충족하지 못하고, 인물 중심으로 이합집산했다. 이제 그 자리를 팬덤정치가 대신하며 정당정치는 또 다시 본질과 먼 길로 나아가고 있다. 즉 운동으로서의 민주화가 끝나고 제도로서의 민주주의를 정착시키기 위해선 이를 운용하는 시민의 역할이 중요한데, 한국 정치는 그런 시민이 성숙할 만한 여건이 척박하다는 뜻이다.

대의 없는 대의정치

팬덤정치에 흔들리는 것은 대의정치가 빈약하기 때문이다. 먼저 2020년 총선이 갖고 있는 '역사적' 의미부터 살펴보자. 예비후보 등록일부터 실제 투표일까지 전 과정에서 각종 기록이 쏟아졌다. 사상 처음 준準연동형 비례대표제가 실시됐고, 35개의 비례정당이 등록해 투표용지의 길이만 50cm에 육박했다. 여야 할 것 없이 공천 탈락 후 무소속이나 정당을 옮겨 출마하는 일이 비일비재했다. 나흘 사이 당을 두 번이나 옮겨 비례대표 공천을 받은 정치인도 있었다.

그중에서도 단연 압권은 비례정당의 포문을 연 미래한국당과 이를 계승·발전시킨 더불어시민당, 열린민주당의 탄생이다. 야당인 미래통합당의 위성정당인 미래한국당은 선거법 개정 이전부터 예고된 사안이라 충격이 덜했다. 그러나 여당의 위성정당인 더불어시민당, 열린민주당의 창당은 입법취지 자체를 스스로 갉아먹는 낯 뜨거운 광경이었다.

역사는 어쩌면 1948년 제헌국회 이후 가장 후진적인 선거로 기록할지 모른다. 그 이유는 위성정당의 과잉 대표성 때문이다. 비례전용 정당을 내 의석을 석권한 거대 정당들의 행태는 모든 유권자의 의사를 그대로 반영하지 못하고 일부 정파의 성향이 과잉 대표되는 문제를 초래했다. 즉, '정당을 통해 대표되는 집단과 대표되지 못하는 집단 사이의 갈등'이라는 한국정치의 고질적 병폐가 더욱 적나라하게 드러난 것이다.

통계청 발표4에 따르면 얼마 전 다문화 인구가 처음으로 100만 명을 돌파했다. 다문화 가구는 33만여 가구, 가구원은 100만 9천 명이었다. 이들은 귀화했거나 내국인과 결혼한 외국인 및 자녀로 사실상 '한국인'이다. 그런데 제헌국회(198석)부터 현재(300석)까지 다문화 출신 국회의원은 2012년 비례대표로 당선된 이자스민 전 의원이 유일하다. 인구비율만 놓고 봐도 현직의원 중 6명은 돼야 정상인데 말이다.

연령비를 보면 더 심각하다. 전체 유권자 중 20~30대가 차지하는 비율은 34%지만 20대 국회 당선자(지역구)는 0.4%에 불과했다. 반면 유권자의 19.9%인 50대는 55.5%나 됐다. 21대 총선도 후보자 중 절반가량(48.2%)이 50대였다. 60대 26%, 40대 16.2%였고 20~30대 후보는 6.4%에 불과했다. 그렇다 보니 평균연령은 20대 국회(53세)보다 높아진 55세였다. 여야 할 것 없이 '청년정치'를 강조했지만 결과는 공염불空念佛로 끝났다.

반면 외국의 정치인들은 연령대가 다양하다. 2018년 국제의회연맹IPU의 보고서에 따르면 유럽은 40세 이하 국회의원의 비율이 우리나라보다 훨씬 높다. 덴마크(41.3%)와 스웨덴(34.1%), 프랑스(23.2%)가 대표적이다. 정치를 '종신직'으로 여기는 미국(6.6%)도, 세계 최고령 국가인 일본(8.3%)도 한국(0.6%, 비례 포함)보다 젊은 정치인이 많다.

---

4 통계청, '2019 인구주택총조사'.

유권자의 의사를 대변하지 못하고, 이념과 정책의 차이가 없으니 정치인들이 하는 일이라곤 오직 권력 추구뿐이다. 매 선거마다 진보, 보수 할 것 없이 지지층 결집에 혈안이 돼 있다. 그런데 실제 선거 결과를 살펴보면 언제나 투표율의 함정이 존재한다.

그런 의미에서 다음과 같은 2개의 명제 중 옳은 것은 무엇일지 한 번 생각해 보자. ① 2012년 국민 10명 중 5명(51.6%)이 박근혜를 뽑았다. ② 2017년 국민 10명 중 4명(41.1%)이 문재인을 뽑았다. 정답은 '둘 다 틀렸다'이다. 모집단을 실제 투표한 사람으로만 놓고 봤기 때문에 '국민'이란 표현을 써선 안 된다.

실제로 모집단을 전체 유권자로 확대하면 득표율은 확 떨어진다. 2012년 대선에서 박근혜는 39%(1,577만 명), 2017년 대선에서 문재인은 31.6%(1,342만 명)의 지지를 얻었을 뿐이다. 각각의 선거에서 61%와 68.4%는 당시 당선된 대통령에 표를 주지 않았다는 뜻이다. 오히려 10명 중 6명(박근혜), 7명(문재인)은 각각의 대통령을 뽑지 않았다고 표현해야 정확하다.

하지만 정치인은 늘 이 부분에서 시민들의 착각을 악용한다. 누구든 당선만 되고 나면 상대적 다수표를 받았다는 이유로 '민심의 뜻', '시민의 명령' 같은 수식어를 쓰며 자기 생각이 국민의 의견인 양 과장한다. 박근혜 정부가 다수의 국민과 전문가들이 반대하는 역사교과서 국정화5를 강행한 것도 같은 맥락이다.

5　대부분의 나라는 역사 교과서를 검정체제로 하고 있다. 민간 출판사가 책을 만들

현 정부는 어떤가. 오히려 더욱 심하다. '촛불정신'이라며 다수가 동의하지 않은 일까지 적폐로 몰고 무리한 정책을 폈다. 전문가들의 반대여론에도 국가 중대사를 마구 밀어붙였다. 2019년 말에는 대통령 말 한마디에 자사고·외국어고를 일괄 폐지하겠다고 했다. 그동안 교육부는 반복해서 일괄 폐지는 안 한다고 말해 왔는데도 말이다. 대통령의 발언 이후 유은혜 사회부총리는 언제 그랬냐는 듯 일괄 폐지를 주장하기 시작했다.

만일 대통령을 뽑지 않은 '61%'와 '68.4%'의 뜻을 겸허히 받아들였다면 이 같은 독주가 가능했을까. 특히 문 대통령은 2019년 9월 조국 전 장관 임명 강행 때 진보 정치학의 원로인 최장집 교수의 고언마저 묵살했다. 당시 최 교수는 "민주주의 기본 원칙을 넘어선 권력 남용, 초법적 권력행사"라고 비판했다.

사실 대의민주주의는 자신을 지지하는 집단의 의사를 대변하면서도 지지받지 못한 국민까지 배려하는 정치체제다. 군주정과 달리 위임된 권력의 한계를 명확히 인식하고 비판적 시민들을 끌어안아야 하기 때문이다. 그랬다면 '20년 장기집권' 같은 오만한 발언도 나오지 않았을 것이다.

고 정부가 오류 여부만 검정하는 방식이다. 물론 정부가 아예 간섭하지 않는 자율 발행체제인 나라도 많다. 한국도 검정체제를 택했다. 박근혜 정부에서 국정체제로 회귀하려 했지만 대통령 탄핵과 함께 국정화는 무산됐다.

민주주의 위협하는 팬덤정치

한국사회에서 정당정치의 뿌리가 취약하기 때문에 팬덤정치는 더욱
기세를 부린다. 몇 가지 사례를 살펴보자. 2020년 총선을 앞두고 금
태섭이 더불어민주당의 최종 공천에서 탈락했다. 이를 본 진중권은
자신의 페이스북에서 "민주당이 미쳤다. 기어이 금태섭의 목을 쳤
다"고 말했다. 그러면서 "친문 팬덤정치의 폐해를 적나라하게 보여
주는 사례다. 막대기에 '조국수호'라고 써서 내보냈어도 공천받았을
것"이라고 비판했다.

또 하나의 사례는 더불어민주당이 비례정당의 플랫폼으로 '시민
을 위하여'를 선택한 일이다. 이 단체는 친문·친조국 성향의 개국
본(개싸움국민운동본부)이 주축이 돼 논란이 됐다. 이들은 2019년 '조
국 수호'를 외치며 서초동 집회를 주도했던 세력이다. 반면 당초 '비
례민주당'의 운을 띄었던 '정치개혁연합'은 졸지에 '낙동강 오리알'이
됐다. 그런데 이 부분이 팬덤정치의 강화라는 측면에서 매우 중요한
지점이다.

'팽'을 당한 정치개혁연합에는 진보진영의 원로들이 포진해 있었
다. 정치개혁연합은 그동안 여러 번의 선거에서 큰 영향력을 발휘해
온 집단이다. 오랫동안 민주화운동에 몸을 담았던 이들이기에 그동
안 진보정당 내에서의 지분이 적지 않았다. 그럼에도 불구하고 정치
개혁연합은 '시민을 위하여'에 밀렸다. 도대체 왜 이런 일이 발생했
을까?

당시 정치개혁연합의 하승수 집행위원장은 이 일의 주동자로 양정철 민주연구원장을 지목했다. 그는 자신의 페이스북에서 양정철에 대해 "적폐 중의 적폐다. 이런 사람이 집권여당의 실세 노릇을 하고 있으니 엉망인 것"이라고 비판했다. 그러면서 "민주당 중진들조차 양정철 씨 눈치를 보는 듯하다. 민주화운동 원로에 대한 마타도어를 퍼뜨리고 있다"고 지적했다. 6

　　양정철은 누구인가. 문재인 대통령을 후보 시절부터 지근거리에서 보좌해온 현 정권의 실세 중 한 명이다. 진중권의 표현대로 "양정철은 개국공신인 광흥창팀의 수장이며, 이낙연은 PK 친문의 데릴사위로 성골聖骨 조국의 낙마로 어쩔 수 없이 받아들인 육두품六頭品에 불과하다." 양정철은 문파 세력의 정점에 있는 인물들 중 하나란 뜻이다.

　　진중권은 "지금의 민주당은 과거 김대중·노무현의 민주당이 아니라 전체주의 정당의 이상한 변종이다. 철학과 이념이 아닌 적나라한 이권으로 뭉친 집단"이라고 설명한다. 그러면서 2019년 '조국 사태'를 이러한 민주당의 정체성이 드러난 핵심사건으로 꼽았다.

　　결국 '시민을 위하여'가 주축이 돼 더불어시민당이 탄생했고, 한 발 더 나아가 열린민주당이라는 자매정당까지 창당했다. 열린민주당은 더불어시민당보다 더 노골적으로 팬덤 성향을 드러냈다. 선거 막바지에는 '윤석열 대 조국' 구도를 내세우며 진영논리를 더욱 강화

6　〈경향신문〉(2020. 3. 20.), "이낙연보다 양정철이 세다는 것이 말이 됩니까?"

했다. 이렇게 팬덤정치는 내부의 건전한 비판과 합리적 지적마저도 진영논리를 벗어나는 순간 매장시켜 버린다.

이처럼 더불어민주당의 두 비례정당 모두 문파가 주축이 돼 만들어졌기 때문에 여당의 문파 종속현상은 더 심화되고 있다. 국민의 의사를 대의해야 할 정당이 소수 강경파의 입김에 휘둘리는 것은 의회 민주주의 발전에 큰 장애물이다.

하지만 정치팬덤은 매우 큰 영향력을 발휘하면서도 공적 정치기구가 갖춰야 할 3가지 조건을 갖고 있지 않아 큰 문제가 된다. 첫째, 이들은 시민으로부터 대표성을 위임받지 않았다. 둘째, 정치적 행동에 대한 이념적 공통성과 책임의식이 부재하다. 셋째, 정치인이 가져야 할 윤리·도덕에 구속되지 않는다.

이는 문파에서 영향력이 상당히 큰 '나꼼수'의 김어준을 생각해보면 빨리 이해할 수 있다. 그는 팬덤의 주요 논리를 만들어내는 위치에 있지만 그 어떤 제도적 절차를 통해 대표성을 위임받은 바 없다. 동시에 자신의 행동에 대한 공적 책임에서 자유롭다. '합리적 의심'이라며 문제제기했다가 거짓으로 밝혀지면 '아니면 그만'이라고 넘어간다.

물론 박근혜·이명박 정권 때도 팬덤은 있었으나 이 정도는 아니었다. 의원들이 친이·친박 등 계파로 나뉘어 서로 반목하긴 했지만, 지지자들에 휘둘리지는 않았다. 그만큼 현 정권의 정치팬덤, 즉 문파는 민주주의를 위협하는 큰 요인이란 뜻이다.

특히 여당은 문파를 적극적으로 이용한다. 정치팬덤과 손잡고 위성정당을 만들며 "도둑(당시 미래통합당과 그 위성정당인 미래한국당)을 잡기 위해 경찰이 출동하는 것"이라고 공공연하게 말했다. 조국이 갖은 범죄혐의에도 불구하고 문파세력의 큰 지지를 받는 것도 검찰개혁을 위한 '순교자'처럼 받아들여지기 때문이다. '순교자'를 위해선 법도 규정도 자신들에게 유리하게 바꾼다.

실제로 조국과 그를 위시한 집권세력이 만든 포토라인 금지의 첫 수혜자는 조국이었다. 그동안 수많은 권력자들이 피해갈 수 없었던 포토라인을 조국만 유유히 빠져 나갔다. 조국 사태와 연관된 피의자 최강욱은 자신의 재판에 영향을 끼칠 수 있는 법안(정보통신망 이용촉진 및 정보보호 등에 관한 법률 개정안)까지 발의했다. 채널A 전직 기자에 대한 허위사실 유포 혐의로도 재판중인 최강욱은 해당 법률을 피해자의 직접 고소・고발이 있을 경우에만 수사 및 재판이 가능하도록 바꾸려 했다.[7]

국제문제 전문가인 세라 체이스(전 미국 합참의장 특별고문)는 "부패의 상당수는 불법이 아니다. 오직 비도적적이고 부적절할 뿐"이라고 말한다. "'법으로 법을 피하는 악법'을 고안해 부패마저 합법화하기 때문"이다(Chayes, 2016). 정의를 구현한다며 정의의 원칙부터 무너뜨리고, 열린사회를 지향한다면서 닫힌사회를 만들어버리는 이들의 행태는 정치발전에 큰 해악임이 틀림없다.

---

[7] 〈조선일보〉(2021. 2. 20.), "피고인・피의자 신분인 親조국 의원들 셀프구명 입법".

최장집 (2019)은 민주주의를 자임하는 세력이 민주주의를 가장 위험에 빠트리는 적이라고 경고한다. 그는 "민주주의를 강화한다는 신념으로 과도하게 변혁을 추구하고 열정을 분출하는 것이 민주주의 발전에 도움이 되는 것은 고사하고 오히려 민주주의를 위기에 몰아넣을 수 있다"고 지적한다. 그러면서 "격렬하고도 확실한 구분과 이들 간의 양보할 수 없는 치열한 투쟁은 민주주의의 이념적 도덕적 기초를 취약하게 만든다"고 비판했다.

문파와 그들을 편향적으로 동원하는 여당, 그리고 그 반대편에 선 또 다른 팬덤과 야당 사이에서 화합은 도저히 불가능하다. 이런 상황에서 이미 약해질 대로 약해진 정당정치는 더욱 그 의미가 퇴색되고 있다. 의회가 시민의 의사를 대의하지 못하고, 팬덤의 영향력이 커지면서 정당 무용론도 거세질 것이다. 특히 거대정당 두 곳이 만든 괴물인 위성정당은 대표성을 왜곡하고 소수정당의 설 자리를 더욱 좁게 만들었다. 다양한 목소리는 수그러들고 강경한 일부의 생각이 과잉 대표되는 대의민주주의의 위기를 심화시켰다.

한국은 정치팬덤이 날뛰면서 점점 획일화된 전체주의 사회로 흘러가고 있다. 다른 의견은 과거에 반공·이적이라고 공격받던 것처럼 적폐로 몰리고, 말할 권리는 일부 목소리 큰 사람의 독선으로 대체되고 있다. 그렇기 때문에 아직도 '이명박 정부가 천안함 사건을 조작했다'[8]거나 세월호 사건 당시 '박근혜 7시간' 의혹을 믿는 중우

---

8   2010년 3월 26일 백령도 인근 해상에서 해군의 초계함인 PCC 772 천안함이 어뢰

들이 존재하게 되는 것이다.

　과학과 이성, 사실이 부정되고 궤변과 독선, 거짓이 대중을 움직일 때 '가짜 민주주의'가 확산된다. 합리적 토론이 사라진 공론의 장엔 비판적 시민 대신 맹목적 팬덤만 남고, 이때 정치가와 지지자를 엮는 것은 민주적 원칙이 아닌 종교적 맹신뿐이다.

에 의해서 격침됐다. 그 결과 해군 장병 40명이 사망했고 6명이 실종됐다. 천안함 사건에 대한 정부의 공식 입장은 북한 해군 어뢰에 의한 피격 사건이다. 그래서 '천안함 폭침사건'이라고도 부른다. 그러나 김어준 등은 계속해서 천안함 사건에 대한 각종 음모론을 제기했다. 추진부에 쓰여 있는 '1번'이란 글씨가 북한에선 잘 쓰지 않는 표현이라며 조작설을 제기하는 사람들도 있었다.

13
/
노무현의 복수

사람 문재인

영화 〈국제시장〉에는 주인공 덕수(황정민)가 막내 여동생 막순이의 손을 놓쳐 생이별하는 장면이 나온다. 피난길에 오른 덕수 가족은 미군의 배에 올라타려다 그만 이산가족이 돼버렸다. 바로 1950년 12월 23일 흥남 철수 때의 일이다. 이 배에 탑승했던 피난민 중에는 문재인의 부모님도 포함돼 있었다.

이때의 상황을 문재인은 "제 아버지는 공산주의가 싫어서 피란오신 분이다. 영하 27도 흥남 부두에서 출발한 미국 화물선에 부모님과 누님이 타고 있었다"고 했다.[1] 그렇게 남쪽으로 내려온 부모님 사

---

1 2017년 4월 24일 방송연설.

이에서 1953년 1월 문재인이 태어났다(경남 거제). 이후 부산으로 이주한 문재인의 가족은 곤궁한 삶을 이어 나갔다.

가난했지만 영특했던 소년 문재인은 부산의 명문 경남고(25회)에 1등으로 입학했다. 승효상(건축가), 박맹우·박종웅(정치인) 등 고교 동기들 중에서도 문재인은 큰 두각을 나타냈다. 이후 4년간 전액 장학금을 받고 경희대 법대(72학번)에 수석 입학했다.

그러나 문재인은 사법고시를 준비하는 대신 학생운동에 투신했다. 1975년 4월 인혁당2 관계자들이 사형된 후엔 학내 시위를 주도하다 구속됐다. 두 달 후 징역 8월에 집행유예 1년을 선고받고는 특전사령부 제1공수특전여단으로 강제 징집됐다.

전역 후 사법고시 공부를 시작해 1979년 1차 시험에 합격했다. 하지만 1980년 '서울의 봄' 시위 때 복학생 대표로 참여해 집회를 이어 나갔다. 그 도중에 2차 시험을 치렀고, 합격증을 경찰서 유치장에서 받았다고 한다.

이후 사법연수원(22기)을 차석으로 졸업했지만, 자신이 꿈꿨던 판사로 임용되진 못했다. 시위 경력이 발목을 잡았던 것이다. 결국 사법연수원 졸업 후 문재인은 고향으로 내려가 변호사 개업을 했다. 그때 만난 운명이 노무현이다.

---

2 인민혁명당 사건은 중앙정보부의 조작으로 국가전복 시도 등 혐의가 날조된 사건이다. 1975년 4월 8일 대법원이 기소된 이들에게 사형을 선고하고 18시간 만에 집행됐다.

1982년 노무현과 함께 합동법률사무소를 개업한 그는 인권변호사로 경력을 쌓기 시작했다. 당시 부산 지역에선 안기부의 주요 시찰대상인 변호사가 네 명이었는데, 그중에서는 노무현과 문재인도 포함되어 있었다. 3

　　합동법률사무소를 함께 시작한 후 노무현과 문재인은 인권변호사로 이름을 날리기 시작했다. 1987년 분신자살한 대우조선 노동자 사건으로 노무현이 구속됐을 때는 문재인이 변호인단을 꾸려 변호를 맡기도 했다. 당시 두 사람은 '억울한 일을 당하고도 법을 잘 모르거나 돈이 없어 애태우는 근로자를 돕고자 한다. 상담료는 받지 않는다'고 쓰인 명함을 들고 다녔다고 한다.

　　그러다 1987년 민주항쟁 이후 고 김영삼 전 대통령으로부터 정치권 영입 제안을 받는다. 몇 차례 거절했지만, 나중에 노무현은 정계에 입문해 '5공 청문회'4 스타가 됐다. 끝까지 고사한 문재인은 인권변호사로 남았다.

　　이처럼 문재인은 젊은 시절부터 주관이 뚜렷하고 소신을 지키는 강단 있는 인물이었다. 노무현 역시 그에 대해 "내가 알고 있는 최고의 원칙주의자"라고 평가했다. 5 실제로 2016년 1월 문재인은 당 대

3　영화 〈변호인〉의 실제 모델인 '부림사건'(1981년) 때도 문재인이 참여한 것처럼 알고 있는 사람들도 있지만, 그때는 노무현과 만나기 전이었다.

4　1988년 13대 국회에 개설된 '5공 비리특별위원회'의 청문회. 전두환 정권의 비리와 5·18의 진실을 규명하려 했다. 당시 청문회는 전국에 생중계되며, 날카로운 질의를 하는 초선의원 노무현을 대중적 스타로 만들었다.

표 사퇴의사를 밝힌 기자회견에서도 "온갖 흔들기 속에서도 혁신의 원칙을 지켰고, 혁신을 이뤘다"고 말할 만큼 원리·원칙의 중요성을 강조했다. 6

죽음에서 시작된 운명

노무현은 문재인에게 그토록 중요한 사람이었다. 노무현의 죽음이 문재인을 정치로 이끈 건 어쩌면 당연한 일일지 모른다. 문재인이 '노무현의 절친'이 아니고, 또 노무현 정부의 핵심 참모가 아니었다면 대권 도전조차 없었을 것이다. 만약 노무현이 비극적 선택을 하지 않았다면, 지금의 문재인 대통령은 존재하지 않을 가능성이 크다. 평범한 시민으로 돌아간 문재인을 대권 후보로 불러낸 것은 바로 노무현의 죽음이었다.

2009년 5월 24일. 노무현의 빈소엔 집권여당(당시 한나라당)의 유력 정치인들이 찾아왔다. 당내 실력자였던 박근혜가 봉하마을에 왔지만, 문상을 하지 못한 채 차를 돌렸다. 그 대신 문재인과 통화만 했다. 당시 그는 "우리가 제대로 모실 수 있는 상황이 못 된다"며 돌려보냈다고 한다.

5   〈비즈니스포스트〉(2019. 7. 19.), "〔Who Is?〕문재인 대통령".
6   〈한겨레〉(2016. 2. 11.), "문재인 '제 사퇴로 노여움 풀어 달라'".

김형오 당시 국회의장, 이회창 당시 자유선진당 총재 등도 물과 계란 세례를 맞으며 빈소에 다가갈 수 없었다. 봉하마을에 있던 노무현의 지지자들은 이들에게 '살인마 물러가라!', '사람 죽여 놓고 XX하고 있네' 같은 비난을 퍼부었다. 이명박 대통령의 조화가 파손되는 일도 벌어졌다.

노무현의 장례위원장이던 문재인은 이때까지만 해도 정치활동 없이 조용히 지내고 있었다. 하지만 노무현의 죽음을 계기로 그의 운명은 격랑으로 빠져들었다. 결국 2010년 노무현재단의 이사장 자리를 맡으며 '제2의 노무현'으로 부상했다. 이명박 정부와 당시 여당인 한나라당의 위세가 컸던 만큼 진보진영은 계속 문재인에 러브콜을 보냈다. 지리멸렬함에 빠져 있던 야권은 노무현의 후광이 필요했고, 그 적임자가 문재인이었다.

영입제안을 수차례 고사했던 문재인은 2011년 6월 '자의반 타의반'으로 정계에 입문했다. 〈문재인의 운명〉에서 그는 정치 입문 당시의 심경을 이렇게 표현했다. "당신(노무현)은 이제 운명에서 해방됐지만, 나는 당신이 남긴 숙제에서 꼼짝 못하게 됐다"고 말이다(문재인, 2011). 2012년 4월 총선에서 문재인은 부산 사상구에 출마해 당선됐다. 두 달 후엔 "보통 사람이 중심이 된 정의로운 나라를 만들겠다"며 대선 출마를 선언했다.

〈문재인의 운명〉에서 그는 "운명 같은 것이 나를 지금의 자리로 이끌어온 것 같다. 노무현 변호사를 만나고 지금에 이르게 된 것도 마치 정해진 것처럼 느껴진다"고 했다.

과거 한 인터뷰에서는 "사법시험 합격과 노무현 대통령의 당선이 인생에서 가장 기뻤던 일"이라고 했다. 또 2012년 한 방송 프로그램에선 "내 별명 중 '노무현의 그림자'가 가장 마음에 든다"고도 했다. 노무현은 역시 "노무현의 친구 문재인이 아니라, 문재인의 친구 노무현"이라며 그를 추켜세웠다. 그만큼 두 사람은 서로 떼려야 뗄 수 없는 바늘과 실 같은 존재였다.

이때 노무현을 지지했던 많은 사람들이 문재인을 따르기 시작했다. 그는 '노짱'(노무현)이 가장 아꼈던 '노무현의 친구 문재인'이었기 때문이다. 그리고 이들의 의식 깊은 곳엔 노무현의 죽음을 둘러싼 심각한 트라우마가 형성되기 시작했다. 그의 죽음이 집권세력과 보수 기득권, 검찰 탓이라는 프레임이다.

이런 생각을 품은 강경파의 입김도 커지기 시작했다. 그의 비극적인 죽음이 '지못미'(지켜주지 못해 미안해) 열풍을 일으켰고, 연인원 5백만 명이 노무현을 조문했다. 거대한 추모의 물결 속에는 보수정권을 향한 원한과 증오가 담겼다(전지윤, 2010). 그러면서 노무현에 대한 '지못미'의 감정이 문재인에게 이입된다. 이것이 바로 오늘날 문재인의 극성 지지자들인 '문파'의 모태다.

하지만 문재인을 정치로 이끌고, 그의 강력한 지지기반이기도 했던 노무현은 그의 그림자라고 불렸던 문재인과 전혀 다른 사람이다. 또 원조 팬덤세력인 노사모와 지금의 문파 역시 공통점보단 차이점

228

이 더 많다. 일부 강성 지지자를 제외한 대다수의 시민들은 문재인이 제 2의 노무현이라고 생각했는데, 두 사람과 이들을 지지하는 집단의 정체성은 오히려 정반대에 가깝다. 지금 보이는 문재인의 달빛은 노무현이 쏜 빛이 절대 아니다. 그러므로 '노무현 = 문재인'일 수없으며, '노사모 = 문파'도 아니다.

노사모는 2002년 대선에서 노무현의 대통령 당선에 결정적 역할을 했다. 탄핵위기에 몰렸을 때 그를 지켜준 것 역시 노사모였고, 2004년 총선에서 열린우리당 창당의 일등공신이었다. 그러나 노사모 중 일부 세력은 자신들의 정체성을 '노감모'(노무현 감시모임)로 바꾸며 대통령을 비판적으로 지지하는 이들도 나왔다. 노무현 전 대통령 역시 자신의 지지자들에게 건강한 비판자 역할을 요구했다. 지금의 문파와는 달라도 너무 다른 모습이다.

괴물 검찰의 탄생

노사모와 달리 문파는 로고스보다 파토스가 강했다. 이런 생각을 갖게 된 데에는 충분한 이유가 있다. 노무현을 수사했던 검찰은 권양숙 여사와 아들을 강도 높게 조사했고, 언론에 망신스런 정보를 흘려 상처를 줬다. 예를 들어 "2006년 환갑 때 박연차 전 회장으로부터 1억 원짜리 피아제 시계 두 개를 선물로 받았다"거나, "검찰 수사가 시작되자 권 여사가 시계를 버렸다"는 진술이 새어나왔다.

이로 인해 노무현은 정신적으로 큰 타격을 입었고, 극단적인 결정을 하는 데에도 영향을 끼쳤다. 이를 누구보다 잘 알고 있던 문재인과 측근들은 노무현을 죽음으로 몰고 간 당시 한나라당 집권세력과 그들의 지시에 따라 움직인 검찰에 대해 상상할 수 없을 만큼 큰 분노감을 갖게 됐다.

이런 흐름 속에서 "'괴물' 검찰을 어떻게 바꿀 것이냐"(오연호 · 조국, 2010) [7]는 문제제기가 나온다. 문재인과 그 지지자들에게 검찰은 노무현을 죽음으로 몰고 간 '괴물'과 다름 아니었다. 과거 군사정권을 '악'으로 몰고, 자신을 '선'으로 생각하며 민주화운동을 벌였던 사고방식이 되살아나기 시작한 것이다. 이런 환경 속에서 검찰개혁을 반대하는 사람 또한 '괴물'이며, 타도해야 할 '절대악'이라는 명제가 만들어졌다.

그러나 문재인 정권도 권력을 잡은 뒤에는 검찰을 작두 위에 올려놓고 칼춤을 추게 했다. 정권 초기 특수통 검사들을 대거 기용하면서 지난 정권의 적폐를 청산했다. 집권세력이 대표로 기용한 칼잡이가 윤석열 검찰총장이다. 대전고검 검사였던 그는 정권 출범 직후 서울중앙지검장으로 전격 발탁됐다. 몇 기수를 뛰어넘는 파격인사였다. 2019년에도 몇 계단 도약해 검찰총장의 자리에 올랐다.

---

[7] 〈진보집권플랜〉이라는 책에서 오마이뉴스 대표 오연호가 질의하고 조국이 답하는 방식으로 진보가 집권하기 위한 계획을 담았다. 이명박 정권을 비판하며 진보의 미래 비전을 제시했다.

당시 문재인은 그에게 "살아있는 권력에 엄정하라"고 당부했다. 그러나 대통령의 당부는 공허한 메아리가 됐다. 정권 실세들의 온갖 비리에 둔감한 채 검찰을 권력의 충견忠犬으로 길들였고, '청와대 정부'라는 새로운 '괴물'이 만들어졌다.

결국 집권세력이 원했던 검찰개혁은 순수한 의미에서 국민을 위한 진짜 개혁이 아니었다. 노무현의 복수를 위해 검찰의 칼을 휘두르다, 이제 그 칼이 자신을 향하니 토사구팽兎死狗烹한 것이다. 만일 국민을 위한 수사개혁이었다면 평생 검사 얼굴 한 번 볼까 말까 한 일반인들에게 '검찰개혁'을 내세우기보다 '묻지마' 폭력과 각종 혐오 행위 등 민생 범죄를 줄이는 방안부터 고민했을 것이다.

다시 노무현의 죽음으로 돌아가 보자. 그가 죽음을 통해 남긴 진짜 '당신(노무현)의 숙제'(문재인, 2011)가 검찰개혁을 빙자한 복수극이었을까. 노무현(2009)은 사후 출간된 저서 〈진보의 미래〉에서 이렇게 말했다. "진보진영도 수용할 것은 수용하고, 수용의 정도를 가지고 타협할 것은 타협하는 것이 현명한 전략이다." 그는 특히 "대체적으로 제3의 길이 대세인 것 같다"고 했다. 그러면서 "유럽의 진보주의 정부들도 정부혁신, 구조조정, 아웃소싱, 민영화, 규제 완화, 노동 유연화, 개방 등을 받아들였다"고 설명했다.

노무현의 마지막 정신은 진영논리도, 적폐 청산도, 복수도 아니다. 관용과 다양성을 바탕으로 진보정치의 보폭을 넓히는 것이 그가 생각한 미래였다. 보수의 정책이라 해도 받아들일 것은 받아들이고, 기업이라고 해서 무조건 적대적으로 대하지 않고 협력할 것은 협력한다. 상대를 타도해야 할 악이 아니라 대화의 파트너로 보는 태도를 가져야만 민주주의도, 국가도 발전하기 때문이다.

만일 문재인과 그의 지지자들이 노무현의 정신을 받아들여 행동으로 옮겼더라면 지금처럼 온 나라가 둘로 쪼개지진 않았을 것이다. 대통령이 먼저 자신을 찍지 않은 이들까지 끌어안았다면, 그리고 국민을 어떻게 통합할까 고민했더라면 우리 사회의 갈등은 이렇게까지 크진 않았을 것이다. 과반에 못 미치는 투표 결과를 '민주적 통제'라는 허울로 포장해 국민 전체의 뜻인 양 호도糊塗하는 일도 없었을 것이다.

플라톤의 숙제, 문재인의 답안

죽음은 산 자에게 격정의 파토스를 남긴다. 앞서 노무현의 죽음을 받아들인 문파처럼 말이다. 하지만 플라톤은 죽음의 파토스에 자신의 운명을 빼앗기지 않았다. 대신 중우정치를 비판하며 '철인정치'의 철학을 다졌다. 그 밑바탕은 현실과 이데아를 구분한 이원론적 세계관이다. 그러면서 소크라테스와 같은 현자만이 이데아의 세계에 있는 진리를 알 수 있다고 말했다. 그렇기 때문에 진리를 깨친 자만이 국가를 통치해야 한다는 주장이 나왔다.

훗날 플라톤의 철학은 2천 년간 서양문명을 지배한다. "플라톤 이후의 철학은 플라톤의 철학에 주석을 단 것에 불과하다"는 화이트헤드의 말처럼 그가 서구역사에 끼친 영향은 실로 엄청나다. 만일 플라톤이 스승의 죽음이 남긴 질문을 학문으로 승화시키지 않고, 복수의 칼을 가는 데 썼더라면 그의 운명과 인류문명은 어떻게 바뀌었을까. 다행히 플라톤은 그렇지 않았다. 학문에 정진하고 그 성과가 꽃을 피우면서 소크라테스에 대한 대중의 생각도 달라졌다.

죽음은 산 자에게 분노와 회한·좌절의 파토스를 남기지만, 이를 극복하는 것은 오롯이 살아남은 자의 몫이다. 복수로 응징할 것인가, 아니면 더 나은 미래를 위해 앞으로 한발 나아갈 것인가. 미래를 결정하는 것은 운명의 개척자인 주체의 의지다.

오랜 기간 '아파르트헤이트Apartheid'에 맞서 싸운 넬슨 만델라가 집권 후 정적들을 공격하지 않고 화해와 용서로 대응한 것은 '통합'만이 국가의 미래를 담보할 수 있다고 믿었기 때문이다. 김대중 전 대통령은 과거에 자신을 사지로 몰고 온갖 탄압을 가했던 군사정권의 수장들조차 감싸 안으며 화합을 추구했다.

죽음이 남긴 슬픔은 피할 수 없지만, 죽음을 무엇으로 승화시킬 것인가 하는 의지는 자신의 선택이다. 역사상 위대한 업적을 남긴 많은 사람들이 복수의 칼날을 가는 대신 용서와 화해의 길을 택했다. 고전 사극에서처럼 복수는 복수를 낳고, 종국에 남는 것은 파멸뿐이기 때문이다.

2009년 4월 22일 노무현은 자신의 홈페이지인 '사람 사는 세상'에

한 편의 글을 올렸다. 그가 세상을 떠나기 한 달 전이었다. 이 글에서 그는 검찰수사에 대한 자신의 소회, 지지자들에 대한 죄책감, 그리고 측근들에 대한 미안함을 밝혔다. 생전의 그가 자신의 홈페이지에 올린 마지막 글이었다.

형님 이야기가 나올 때는 설마 했습니다. 제가 알고 모르고를 떠나 밝혀진 사실만으로도 전직 대통령의 명예와 도덕적 신뢰가 바닥이 났습니다. '아내가 한 일이다, 나는 몰랐다' 이 말이 저를 더욱 초라하게 만들 뿐이라는 걸 어찌 모르겠습니까? (중략) 이상 더 노무현은 여러분이 추구하는 가치의 상징이 될 수 없습니다. 저는 이미 헤어날 수 없는 수렁에 빠져 있습니다. 여러분은 이 수렁에 함께 빠져서는 안 됩니다. 여러분은 저를 버리셔야 합니다.

결벽증과도 같은 그의 신념은 극단적 선택으로 이어질 만큼 깨끗했다. 한 시대를 풍미했던 정치가 노무현은 자신의 목숨보다 그로 대표되는 진보의 가치가 훼손되지 않길 바랐다. 그래서 그를 따랐던 많은 시민들에게 자신을 버리라고 말했다. 마치 죽음을 통해 자신의 가치를 증명하고자 했던 소크라테스처럼 말이다.

노무현이 생각한 진보의 미래는 반대파에게 복수하는 것이 아니라, 자신을 새 시대의 주춧돌 삼아 미래로 나아가는 것이다. 하지만 그 죽음의 의미는 계승자들의 잘못된 해석으로 진의를 충분히 드러내지 못했다. 오히려 그의 죽음을 이용해 정치를 하려는 이들 때문에 그의 철학과 가치가 오염되고 있다.

　모든 혁명과 개혁은 선의善意를 표상한다. 하지만 정의와 절대선을 독점하는 태도가 괴물을 만든다. 프랑스혁명 당시 '서민을 위한 변호사'로 존경받던 로베스피에르도 그랬다. 정적들을 모두 단두대에 올리며 "인권을 억압하는 자를 응징하는 게 자비이며, 이들을 용서하는 건 야만"이라고 했다. 그러나 그 또한 얼마 못가 자신이 했던 것과 똑같은 방식으로 처형됐다. 인간의 역사는 반복되지만, 그것을 막는 것 또한 인간이다.

14

/

닫힌사회와 그 악들

우리와 다르면 모두 적

영화 〈남산의 부장들〉1은 독선獨善에 갇힌 권력이 어떻게 이성을 잃고 몰락해 가는지 담담한 시선으로 그려냈다. 주인공 김재규는 박정희와 동향이며 같은 사관학교 출신이다. 대통령의 신임이 두터웠던 그는 정권의 실체를 미국에서 폭로하겠다던 전임 중앙정보부장 김형욱을 암살한다. 그러나 김재규는 자신이 2인자(현직 중앙정보부장)임에도 경호실장 차지철에 밀려 권력의 이너서클에서 겉도는 주변

---

1   2020년 1월 개봉 당시엔 논란이 있었다. 박정희를 권력에만 집착하는 '악인'으로 묘사하고, 김재규를 마치 독재정권을 끝낸 '의인'으로 포장하려 한다는 것이었다. 역사적 실체를 자세히 모르고 영화만 본 관객들은 그런 생각을 할 가능성도 없지 않다.

인으로 묘사된다.

작품에서 대통령은 중요한 결정을 내릴 때마다 "임자 하고 싶은 대로 해. 임자 옆에 내가 있잖아!"라고 말한다. 김재규가 김형욱을 어떻게 처리하면 좋겠냐고 물었을 때도 그는 똑같이 답했다. 막상 김재규가 이를 행동에 옮긴 뒤에는 "너는 친구(김형욱)를 죽인 놈"이라며 비난했다.

반면 김재규는 차분하고 이성적이며 인정까지 많은 인물로 묘사된다. 항상 나라의 앞날을 걱정하고 대통령을 끝까지 보필하겠다는 충정어린 모습도 보인다. 대통령의 미움을 받는 김형욱을 찾아가 친구로서 그를 살리기 위해 애쓰기도 한다. 그러나 영화 말미에선 마치 그리스 비극의 주인공처럼 광기에 사로잡힌 독재자의 억압과 횡포 속에서 어쩔 수 없이 결단(암살)을 내린다.

영화는 역사의 기록이 아니기에 시시콜콜 사실과 비교해 따질 필요는 없지만, 이 작품은 '박정희 흠집 내기'라는 정치적 선동의 도구로 사용되었다'는 논란에 휩싸이기도 했다. 2020년 총선을 목전에 두고 영화가 개봉했기 때문이다. 그 때문에 진보인사들조차 이런 의심을 했다.

김대중 정부에서 청와대 국정상황실장과 국회의원을 지낸 장성민 세계와동북아평화포럼 이사장은 〈국민일보〉 기고문에서 "박근혜 정부 때 흥행한 〈국제시장〉처럼 박정희 대통령의 백억 불 수출목표 달성이라는 경제기적을 극화했다면 어땠을까 생각이 든다"며, "만일 그랬다면 현 정권의 경제 망책亡策과 비교돼 오히려 박 대통령을 영웅화시켜줄 가능성이 있다"고 말했다. 그러면서 "왜 이 시점에 관객을 토끼몰이 하듯 모든 극장의 관람석 문을 〈남산의 부장들〉로 열어놓는 것일까" 하고 의문을 제기했다. 2

그러나 〈남산의 부장들〉이 처음부터 박정희와 그의 업적을 폄훼하기 위해 만든 영화는 아닐 것이다. 이 영화를 연출한 우민호 감독의 전작 〈내부자들〉처럼 날카로운 수술용 칼로 후벼파듯 권력의 오만과 독선을 비판하는 것이 작품의 궁극적 의도이기 때문이다. 작품 배경은 1979년 10월로 설정해 놨지만, 이를 다른 시대로 옮겨도 권력을 비판하는 영화의 본질은 변하지 않는다.

앞서 살펴봤듯 영화는 독선적인 권력이 이너서클에 갇혀 광기로 치닫는 과정을 보여준다. 영화의 기표記標로 보이는 것은 박정희의 독선적 권력과 차지철을 중심으로 한 유신정권의 친위대다. 그러나 그 안에 숨은 의미, 즉 기의記意는 루마니아의 독재자 차우셰스쿠일 수도 있고, 캄보디아에서 수백만 자국민을 죽인 킬링필드의 크메르루주 정권일 수도 있다. 그러나 나의 머리에는 영화를 보는 내내 박정희가 아닌 문재인이 떠올랐다.

'임자 옆엔 내가 있다'고 말하는 박정희와 달리 문재인은 '사람이 먼저'라고 강조한다. 그러나 언제부턴가 이 말은 '자기 사람이 먼저'

---

2 〈국민일보〉(2020. 1. 29.), "문재인 대통령이 꼭 봐야할 영화 남산의 부장들".

라는 말로 들린다. 2020년 신년 기자회견에서 대통령이 "조국 전 장관이 지금까지 겪었던 어떤 고초만으로도 아주 크게 마음의 빚을 지고 있다"고 한 말이 대표적이다.

진중권도 자신의 페이스북에서 "문재인이라는 분이 대통령이라는 '공직'을 맡기에 적합한 분이었는가 하는 근본적 회의를 갖게 한다"며, "대통령 발언에 많은 분이 뜨악했던 것은 공화국의 이념을 훼손했다고 느끼기 때문"이라고 지적했다.

사실 2019년은 광화문과 서초동으로 대표되는 두 개의 광장으로 대한민국이 쪼개져 있었다. 팬데믹 상황만 아니었다면 그 이후로도 계속 그랬을 것이다. 이를 촉발한 것은 대통령이 수많은 반대에도 불구하고 조국을 법무장관으로 임명한 일이었다.

조국의 장관 취임 후에도 윤석열의 수사가 계속되자 청와대와 여당은 윤석열을 공격하기 바빴다. 급기야 법무부 장관 후임으로 추미애가 오면서 윤석열에 대한 압박은 더욱 거세졌다. 이른바 '인사 대학살'이라고 불리는 이례적인 인사발령을 통해 검찰총장의 손발을 모두 잘라냈다.

나중에는 법무부의 칼끝이 윤석열을 직접 향했다. 법무부가 갑자기 최강욱 청와대 공직기강비서관을 전결로 기소한 송경호 서울중앙지검 3차장에 대해 감찰의사를 밝힌 것이다(2020년 1월 23일). 이날 아침 송경호가 직속상관인 이성윤 서울지검장의 승인 없이 최강욱을 기소했다는 이유였다. 법무부는 '적법절차를 위반한 업무방해사건 날치기 기소'라는 거친 표현까지 사용했다.

그러나 송경호의 기소결정은 윤석열의 직접지시에 따라 이뤄졌다. 앞서 윤석열은 전날인 22일 하루에만도 세 번이나 이성윤에게 최강욱 기소 건을 재가하라고 주문했지만 묵묵부답이었다. 그 때문에 윤석열이 직접 송경호에게 전결처리를 지시한 것이었다. 그 이전에 이미 수사팀 실무자들이 이성윤을 찾아 기소 결재를 해달라고 요청하기도 했다.

추미애의 법무부가 윤석열을 압박하고 나서자 피의자인 최강욱까지 변호사를 통해 "검찰권을 남용한 '기소 쿠데타'"라며 강력 반발했다. 그러면서 "그동안 윤 총장을 중심으로 특정세력이 보여온 행태는 적법절차를 완전히 무시하고 내부 지휘계통도 형해화시킨 사적 농단의 과정이었다"고 비판했다. 그전에는 최강욱의 해명을 청와대 윤도한 국민소통수석이 대신한 사례도 있었다.

이쯤 되면 문재인의 '(자기)사람이 먼저다'라는 구호는 대통령의 핵심 국정철학 중 하나가 아닐까 의심된다. 앞선 그의 '회전문 인사'도 마찬가지다. 문재인 정부의 '소득주도성장'을 설계하고 집행한 장하성 청와대 정책실장은 주중 한국대사직을 오랫동안 영위했다. 중국과의 갈등이 벌어질 때도 전혀 보이지 않았고, 그가 주중 대사란 사실을 모르는 국민도 많다. 무엇보다 그가 주도한 소주성은 정권의 폐족廢族처럼 됐다.

미국을 대표하는 거시경제학자 로버트 배로 하버드대 교수는 〈한국경제〉와의 인터뷰에서 "한국 정부의 경제정책은 소득주도성

장이 아닌 소득주도빈곤"이라며, "포퓰리즘 정책으로 과거 성공을 낭비하고 있다"고 지적했다. **3**

정책이 실패하면 누군가는 반드시 책임을 져야 하며, 방향이 잘못되면 옳은 쪽으로 바꿔야 한다. 그러나 정작 소주성의 책임자인 장하성은 오히려 "모두가 강남에 살 필요 없다. 내가 강남 살아서 드리는 말씀"이란 말로 국민들의 속만 뒤집어 놓고 정권 내내 요직을 차지했다. 주중 대사로서 그의 존재감이 작다 보니 항간에서는 '중국의 23개 성에 소주성을 추가하는 것이 그의 임무'라는 '웃픈' 농담도 돌았다.

장하성 외에도 공정거래위원장에서 청와대 정책실장으로 자리를 옮겨간 김상조, 국회의장을 지내다 국무총리가 된 정세균까지 현 정부의 '회전문 인사' 사례는 차고 넘친다. 특히 정세균은 입법부 수장이 총리가 된 최초의 사례였다. 국회의장이 국무총리가 된 게 뭔 대수냐 할 수도 있겠지만, 엄연히 입법권과 행정권, 사법권이 나뉜 삼권분립의 민주국가에선 매우 보기 드문 사례다.

---

3 〈한국경제〉(2019. 12. 16), "소득주도빈곤 … 한국은 과거 성공 낭비하고 있다".

닫힌사회4 치닫는 권력

현대 민주정치제도의 본질은 권력분점分占이다. 가장 기본적인 것은 국가와 시장, 시민사회의 3각 구도다. 국가권력은 다시 입법부와 행정부, 사법부로 나뉜다. 그러나 한국의 권력은 '견제와 균형'이라는 원칙에 따라 제대로 분산돼 있지 않다.

먼저 시장과 시민사회에 비교해 국가의 힘이 너무 크다. 과거 독재정권과 비교해 시장과 시민사회의 힘이 강해진 건 사실이지만, 지금도 여전히 국가권력이 상당 부분 우위에 있다. 2020년 1월 김상조 청와대 정책실장이 5대 그룹 임원들을 불러 '공동으로 사업화할 수 있는 아이디어를 제출해 달라'고 요구했다는 것이 대표적이다.

청와대는 다음 날 "2020년 경제방향에 대해 설명하고 업계의 건의를 받는 자리였다"고 해명했지만, 만남 자체만으로도 기업엔 큰 부담이 될 수 있다. 앞서 여당의 홍영표 원내대표가 "삼성의 작년 이익이 60조 원인데 이 중 20조 원만 풀면 200만 명한테 1천만 원씩 더 줄 수 있다"(2018년 7월 13일)고 발언해 논란이 됐던 터라 기업 입장에서는 청와대·여당과의 회동 자체가 껄끄러운 일이었다.

시민사회가 국가에 종속돼 있는 것도 한국에서 볼 수 있는 특이한

---

4 닫힌사회는 정해진 역사법칙에 따라 움직이며, 소수가 진리를 독점하고 반대 의견이 용납되지 않는다. 열린사회는 다양성을 인정하고, 역사는 급진혁명이 아니라 점진적 개선을 통해 발전된다. 표현의 자유는 열린사회에서 매우 중요한 가치다.

현상 중 하나다. 국내 대표적 시민단체인 참여연대는 설립 이후 꾸준하게 진보적 목소리를 내며 사회개혁의 불쏘시개 역할을 해왔다. 그러나 현 정권 출범 후 참여연대 출신 인사들이 공직으로 줄줄이 영입되면서 날카로웠던 칼날이 무뎌졌다.

급기야 조직의 핵심이었던 김경율이 집행위원장 자리를 박차고 참여연대를 나갔다. 그는 사퇴 직후 "조국 전 장관을 옹호하는 세력을 보며 마오쩌둥의 문화혁명 당시의 대량살상과 같은 광기를 느꼈다. 그것은 토론조차 허용하지 않는 광기였다"고 말했다. [5] 시민단체가 국가를 비판하고 감시하지 못한 채 오히려 정치에 예속돼 있기에 벌어진 일이다.

'제왕적 대통령'이란 말처럼 한국의 국가권력은 행정부, 특히 청와대에 집중돼 있다. 오늘날 정치세력의 대결 구도는 '행정부 대 입법부'가 아니라 '대통령·정부·여당 대 야당' 구도다. 특히 2019년 국회에선 '1 + 4'라는 독특한 정치세력이 결성돼 4개의 야당이 대통령 권력에 힘을 실어주며 제1야당을 따돌리는 현상까지 발생했다. 여기에 대통령의 입김이 강한 사법부까지 감안하면 한국에서 삼권분립은 교과서 속에서나 가능한 일이다.

결국 〈남산의 부장들〉에서 묘사된 무소불위의 권력은 오늘날 한국사회라고 크게 다르지 않다. 총칼과 탱크대신 이성과 합리가 마비

5   〈조선일보〉(2020. 1. 23.), "조국 옹호세력 보며 광기 느껴 … 그들은 사기꾼, 진보가 망했다".

된 열성 지지자들을 정치적으로 등에 업고 있는 것이 다를 뿐입니다. "문프께 이 모든 권리를 양도해드렸다"6 (공지영) 는 말처럼 자신이 지지하는 정치인의 말이면 무조건 진리라고 믿는 상황에서 권력의 욕망과 아집은 더욱 커질 수밖에 없다.

권력은 마치 소금물과 같아서 마실수록 갈증이 난다. 한번 도취되기 시작하면 헤어나기 어렵다. 그렇기 때문에 민주주의 역사가 오랜 서구 선진국들은 권력을 분산하기 위해 제도적 장치들을 여럿 만들어 놨다. 정치인 스스로도 이를 지키기 위해 많은 노력을 한다. 그렇지 않으면 우리 공동체는 닫힌사회로 가고 만다.

현 정권에서 가장 뜨끔해야 할 이들은 이른바 '친문'과 '문파'로 지칭되는 정치인과 이들의 극단적인 지지세력이다. 이성과 합리를 잃어버린 맹신盲信은 민주주의를 파괴한다. 다양성을 상실하고 오로지

---

6 2019년 8월 21일 공지영이 한 이 말은 논란이 일고 있는 조국 법무부 장관에 대해선 잘 모르지만, 대통령이 지명했으므로 무조건 지지하겠다는 뜻으로 해석됐다. 조 장관의 허물을 인정하면서도 끝까지 그의 호위무사를 자처한 여당과 진보인사들도 비슷한 심정이었을 것이다.

그러나 '모든 권리를 양도한 채 대통령의 뜻을 따라 무조건 지지하는' 것은 매우 위험한 일이다. 처음 사회계약론의 틀을 만든 토마스 홉스는 자연상태의 인간이 사회계약을 통해 자신의 권리를 국가에 양도했다고 밝혔다. 이때 국가는 유일하게 합법적 폭력을 행사할 수 있는 '세속의 신'이었다. 엄밀히 말해 모든 권리를 양도했다는 것은 계약이 아니라 '신약'(新約) 에 가깝다. 다만 이런 사상이 가능했던 것은 홉스가 살던 시대의 정치체제가 절대왕정이었기 때문이다. 그러나 지금은 아니지 않은가.

우리 편과 남의 편으로 구분되는 이분법적 사고는 상대에 대한 혐오와 폭력을 동반하기 때문이다. '친일' 프레임으로 자신의 주장과 다르면 '적폐', '토착왜구' 등의 낙인을 찍는 일이 대표적이다.

그리고 이를 정권의 한가운데서 주도했던 인물이 조국이다. 그는 자신의 범죄 혐의가 상당 부분 드러났을 때에도 혐의사실을 반박하는 증거를 제시하기보다는 '검찰개혁'의 희생양인 것처럼 자신을 묘사하고, 검찰을 '개혁해야 할 적폐'로 틀 지우며 이분법적 구도를 강조했다. 조국의 아내인 정경심 동양대 교수가 지지자들에게 보낸 편지에서도 자신이 구속된 "유일한 이유는 사법개혁 때문"이라고 주장했다.[7]

최장집(2019)은 조국이 쓴 〈진보집권플랜〉을 읽고서는 "진보 대 보수, 개혁 대 수구 등 확실한 구분과 치열한 투쟁, 권력쟁취를 지향하는 경향이 칼 슈미트의 정치이론과 깊이 접맥된다"고 평가했다. 독일의 정치철학자 칼 슈미트(1888~1985)는 나치에 중요한 이론적 기틀을 제공한 사람으로 악명이 높다.

정치인의 이분법적 선동은 대중의 합리와 이성을 마비시킨다. 2017년 문재인 대통령의 중국 순방단에 포함된 한국 기자들이 공안 측으로부터 구타를 당한 일이 있다. 사건 자체도 충격이었지만 이를 접한 네티즌들의 댓글반응이 더 큰 충격이었다. 대부분의 댓글이

---

7 〈국민일보〉(2020. 1. 1.), "트위터에 올라온 정경심 옥중편지, '내가 여기 있는 유일한 이유는'".

'기레기가 맞을 짓을 했다'는 식의 내용이었다.

중국 관영매체인 〈환구시보〉까지 "한국 네티즌들도 취재규정을 위반한 기자들을 비난한다"고 보도했다. '기레기가 어떤 맞을 짓을 했는지'는 모르겠으나 대통령 순방을 따라간 자국민이 무차별 폭행을 당했는데도 이런 말을 할 수 있다는 것은 이성적으로는 도무지 설명이 되지 않는다. 이를 인용한 〈환구시보〉의 기자들은 댓글을 남긴 '친문' 네티즌들에 대해 무슨 생각을 했을까.

청와대의 부장들

다시 영화 〈남산의 부장들〉로 돌아가 보자. 작품 속에서 청와대는 민주주의를 요구하는 정치인과 재야인사, 학생 운동권, 나아가서는 일반 시민까지 '빨갱이'로 본다. 유신헌법에 반대한다는 이유로 야당뿐 아니라 보통의 시민들까지 '적'으로 규정한다. 부산에서 마산으로 시위가 번지자 청와대는 계엄령을 선포하고 특전사와 공수부대 등을 투입해 진압한다.

이 과정에서 그 유명한 차지철의 발언이 나온다. 캄보디아에서 크메르 루주 정권이 수백만 명의 자국민을 학살한 사례를 들며 "100~200만 명쯤 죽이는 것은 일도 아닙니다"라고 말이다. 그러면서 대통령 역시 그의 주장에 솔깃해 하는 모습이 작품에 그려진다. 무소불위의 권력이 무고한 시민의 생명조차 새털처럼 가벼이 여길 만큼 왜곡되고 일그러진 것이다.

극 중에서 '혁명의 대의大義'는 왜 이렇게 흉측한 괴물로 변하고 말았을까? 그것은 다양성과 상대방을 인정하지 않는 독선의 함정에 빠졌기 때문이다. 이는 영화에 묘사된 박정희뿐 아니라 인류 역사의 모든 독재자에게 공통된 일이다. 독선은 이성과 합리적 사고를 마비시키고, 단순하고 폭력적인 방식을 선호한다.

오랫동안 권좌에 군림했던 만큼 최고 권력자에게 다른 의견을 제시할 수 있는 사람은 모두 사라져 버렸다. 쓴소리를 하던 사람은 모두 곁을 떠나고 권력자의 비위만 맞추는 간신들만 주변에 남게 된 것이다. 제 아무리 '혁명의 대의'와 '공정사회'를 외쳤던 사람도 독선의 벽에 갇히고 나면 괴물로 변한다.

그때부터 전체주의의 유령이 국가를 장악하기 시작한다. 청와대·정부에서 여당으로, 다시 시민단체와 언론으로, 종국에는 '모든 것을 지도자에게 양도한' 맹목적 추종세력까지 진영논리로 수직계열화된 단일대오單一隊伍가 형성된다. 나와 다른 생각은 '적폐'가 되고, 우리 편과 너희 편의 치열한 전투가 시작되는 것이다.

일본을 미워하지 않으면 '친일', '토착왜구'가 되고, 조 전 장관을 비롯한 정권의 실세들을 수사하거나 이를 지지하면 '검찰개혁'을 반대하는 '적폐'가 되는 현실이 전체주의의 그것과 꼭 닮았다. 현 정부의 실세들과 이들을 지지하는 맹목적 추종세력은 전체주의의 위험에 빠져 있다.

칼 포퍼 (1945) [8]는 폐쇄적 민족주의와 전체주의처럼 피아彼我 구분이 명확하고 상대의 의견을 인정하지 않는 사회를 '닫힌사회'라고 규정한다. 닫힌사회는 합리적 이성과 냉철한 비판이 결여돼 있다. 타인은 '악'이며 쓰러뜨려야 할 대상이다.

바로 최장집(2019)이 지적한 '칼 슈미트식' 방식이다. 내 편과 네 편을 나눠 우리 편이면 모든 게 용서된다. 맹목적 추종은 때론 폭력으로 비화된다. 물리적 폭력뿐만이 아니라 거짓 선동과 비난, SNS 악플 공격, 신상털기 같은 정신적 폭력도 동반한다. 이처럼 닫힌사회는 광장의 광기狂氣와 맹목적 추종을 먹고 자란다.

반대로 열린사회는 '개인이 스스로 결단을 내리고 자율적 행동을 통해 다양성이 존중받는 사회'다. 지금의 권력은 열린사회로 가고 있을까. 아니면 닫힌사회를 향하고 있을까. 집권세력은 시민의 목소리를 '대의代議'하고 있는 걸까, 아니면 자신이 '대의大義'라고 믿는 가치를 달성하기 위해 시민을 선동하는 걸까. 길 끝이 희미해 잘 보이지 않지만, 포퍼의 다음과 같은 말을 되뇌어본다면 우리가 갈 길은 명확해진다.

우리는 짐승으로 돌아갈 수 있다. 하지만 문명사회의 인간으로 남길 원한다면, 우리에게는 단 하나의 길, 열린사회의 길만 있을 뿐이다.

---

8 칼 포퍼(1902~1994). 평생을 전체주의와 싸워온 자유세계의 대표 철학자. 과학과 과학 아닌 것의 구분을 '반증가능성'에서 찾았다. 반박될 수 없는 이론은 종교적 믿음일 뿐이다. 진리를 강조하고 유토피아를 꿈꾸는 플라톤주의를 비판했다.

15

문재인이 진보라는 착각

노동 · 인권변호사 문재인

2020년 10월 20일 한진중공업의 마지막 해고자인 김진숙이 문재인에게 편지를 보냈다.[1] 2011년 한진중공업의 85호 크레인에서 309일간 농성을 벌인 김진숙은 문재인이 변호사 시절 함께했던 대표적인 노동운동가다. 그는 먼저 대통령과 함께했던 시절을 언급했다.

"1986년 최루탄이 소낙비처럼 퍼붓던 거리에도, 1991년 박창수 위원장의 죽음의 진실을 규명하라는 투쟁의 대오에도 우린 함께였다. 어디서부터 갈라져 서로 다른 자리에 서게 된 걸까."35년 민주동지의 절절한 외침이다.

---

1 〈서울신문〉(2020. 10. 20.), "김진숙이 옛 동지 문 대통령에게 묻는다".

그러면서 "한 사람은 열사烈士라는 낯선 이름을 묘비에 새긴 채 무덤 속에, 또 한 사람은 35년을 해고노동자로, 또 한 사람은 대통령이라는 극과 극의 이름으로 불리게 됐다"라고 했다. 특히 "노동 없이 민주주의는 없다는데 죽어서야 존재가 드러나는 노동자들"이라며, "최대한 어릴 때 죽어야, 최대한 처참하게 죽어야, 최대한 많이 죽어야 뉴스가 되고 뉴스가 끝나면 그 자리에서 누군가 또 죽는다"라고 지적했다.

김진숙의 편지에서 가장 뜨끔할 만한 대목은 마지막 부분이다. "민주주의가 피를 먹고 자라는 나무라면 가장 많은 피를 뿌린 건 노동자들인데, 그 나무의 열매는 누가 따먹고 그 나무의 그늘에선 누가 쉬고 있는 걸까?" 김진숙은 끝으로 "우린 언제까지나 약자가 약자를 응원하고, 슬픔이 슬픔을 위로해야 하느냐"고 반문했다.

편지의 핵심내용은 한때 노동·인권변호사로 함께했던 대통령이 지금은 왜 노동자의 편에 서 있지 않느냐 하는 것이다. 실제로 문재인은 변호사 시절 노동문제에 앞장섰다. 1990년 농성 중인 현대중공업의 노동자를 만나기 위해 82m 높이의 골리앗 크레인까지 올라갔던 일화는 유명하다. 주변에서 모두 만류했지만 당시 그는 "거기에 노동자가 있고 나더러 도와 달라는데 가봐야 할 것 아니냐"며 사다리를 탔다.

그러나 대통령 문재인은 김진숙의 지적처럼 이제 다른 자리에 서 있다. 인천국제공항공사 직원들은 2017년 문재인 방문을 기점으로 처우가 달라졌다. 물론 비정규직을 정규직화하겠다는 좋은 취지를 갖고 있었지만, 또 다른 차별을 낳게 된 것이다. 대통령 방문 전후 입사한 직원들의 정규직화 기준이 다르고, 갑작스럽게 정규직이 많이 늘면서 새로 입사를 준비하는 청년들 입장에서는 또 다른 높은 입사 장벽이 생겼다.

나라를 위해 일하던 40대 가장이 북한에 피살돼 그 아들이 울부짖어도 진실 규명을 위한 노력조차 제대로 안 하고 있다. 대통령은 아들에게 보낸 편지에서 "직접 챙기겠다"고 했지만, 유족들은 "정부가 아무것도 하지 않는다"고 반박한다. 정부도 북한과의 연락 채널이 없다는 말만 반복할 뿐이다.

김진숙의 지적만 놓고 본다면, 대통령 문재인은 과거 노동·인권 변호사 시절의 문재인이 결코 아니다. 그러므로 그가 진보라는 이미지는 대중이 오해하고 있는 가장 큰 착각 중 하나일지 모른다. 진보 진영의 많은 이들이 문재인 정권을 향해 "제대로 공부하지 않은 민주 건달"(홍세화)이라고 비판하지 않았던가. 이번 장에서는 문재인 정부가 왜 진보가 아닌지 하나씩 따져보자.

시대에 따라 진보와 보수의 내용은 달라지고, 같은 시대라 해도 사람마다 그 기준은 제각각이다. 여기서 한 가지 질문을 던져 보자. 노무현은 진보일까, 보수일까. 반대로 박근혜는 보수일까, 진보일까. 한국사회에서 진보의 대표 아이콘인 노무현은 한미 FTA를 체결하고 이라크 파병을 결정했다. 당시 보수야당이던 한나라당과 별다른 입장차가 없었다. 반면 박근혜는 누리과정과 기초연금 등을 도입하며 보편적 복지의 터를 닦았다. 복지는 진보의 핵심 의제 중 하나인데 말이다.

그러므로 겉으로 드러난 정책만 놓고 보면, 누가 진보이고 보수인지 판가름하기가 어려울 때가 많다. 어떤 인물과 특정 정치세력을 무 자르듯 '진보다, 보수다' 판별하긴 쉽지 않지만 그렇다고 아주 방법이 없는 것은 아니다. 그들이 대변하는 세력, 즉 정치인의 말과 행동이 누구에게 초점이 맞춰져 있는지 따져 보면 된다. 어느 계층의 목소리에 귀 기울이고 있으며, 어떤 집단을 위해 활동하는지 살펴보면 된다.

다만 여기서 주의할 것은 정치인이 대변하는 집단과 그 정치인을 따르는 집단을 분리해 봐야 한다. 현재 한국의 집권여당이 누구의 의견을 귀담아 듣고, 어떤 이들의 삶을 나아지게 만들고 있는지 따져보면 이들이 진보인지, 보수인지, 아니면 제3의 무엇인지 답이 나올 것이다.

무엇이 진보인가

정당정치사에서 지금과 같은 '진보 대 보수' 구도가 형성된 것은 19세기 유럽이다. 모든 사회는 핵심 갈등과 균열의 축에 따라 집단이 나뉘고, 그 집단을 대표하는 정치세력이 존재한다. 의회민주주의 국가에선 정당이 그 역할을 대신하고 있다. 귀족과 부르주아의 갈등에서 자유주의가 발전했고, 왕의 수직적 권력이 부르주아 중심의 수평적 권력으로 이동하면서 영국식 민주주의가 발달했다. 이웃나라인 프랑스는 영국과 달리 혁명을 통해 민주주의 체제로 이전하면서 좀더 급진적인 양상을 띠었다.

그렇다보니 초기 영국에서 의회정치는 부르주아의 이익을 대변하기 바빴다. 하지만 산업혁명 이후 노동자가 국민의 다수를 이루기 시작하면서 이들의 이해를 대변할 정당이 필요했다. 그 필요에 맞춰 태동한 것이 현재의 노동당이다. 즉, 19세기 영국을 비롯한 유럽 주요국에선 자본가인 부르주아 계급과 그에 맞서는 노동자 계급이 갈등과 균열의 중심축이었다. 그렇기 때문에 이들을 대표하는 양대 정당이 존재했다. 그 후로 오랫동안 중요한 사회적 이슈는 대부분 정당을 통해 조정되고 합의점을 찾았다.

원로 정치학자인 최장집(2010)이 한국 정치의 취약성을 지적하는 이유도 바로 이 지점이다. 그는 "한국의 정치세력은 정책적 대안을 먼저 제시하고 이를 둘러싼 경쟁을 통해 대통령이 되는 게 아니라, 아무 대안도 없이 당선돼 뒤늦게 정책을 만들고 통치이념으로 삼는다"고 지적한다. 그러면서 "정당 간 정책적 차이가 없고 기득권만 대표하는 정치체제가 자리 잡으면서 서민과 노동계급의 요구는 대표되지 않고 있다"고 분석했다.

선진국의 정치체제에서 의회정치는 크게 두 개의 축, 부르주아와 노동자 정당으로 나뉘어 있는데, 한국정치에서는 노동자를 대표하는 정당이 없다. 한때 민주노동당이 '노동자 대표'를 슬로건으로 내세우며 한국적 진보정당을 꿈꿨지만 의석수도 적었고, 명맥이 길게 유지되진 못했다. 이처럼 전통적인 관점에서는 노동자 이익을 대변하는 것이 진보다.

하지만 사회가 다양하게 분화되고 발전하면서 계급 외에도 다양한 갈등요소가 생겼다. 젠더·세대·문화·환경 등 복잡한 이해관계를 대표하고 조율할 수 있는 '대의' 기능이 더욱 중요해졌다(윤성이, 2018). 이 때문에 유럽은 다양한 가치를 표방하는 군소정당이 존재하며, 이들이 연정을 통해 합의점을 찾는다. 결국 진보와 보수의 의제 역시 매우 다양해졌다. 그래서 과거처럼 어느 정당과 인물이 진보 혹은 보수라고 콕 집어 말하기는 어려운 상황이다. 이처럼 사회가 발달하며 진보가 대변해야 할 가치가 많아지긴 했지만, 그중 가장 핵심은 여전히 노동이다.

여기에 더해 노무현(2009)은 한국사회의 진보가 추구해야 할 가치로서 복지와 분배를 제시했다. 그는 유작인 〈진보의 미래〉에서 "진보와 보수는 결국 모두 먹고사는 이야기"라고 했다. 그 안에서 진보는 복지와 분배를 고민하며 더불어 잘사는 세상을 만드는 게 목표라고 밝혔다. 복지와 분배를 제대로 하려면 국가의 개입이 더욱 커질 수밖에 없고, 큰 정부를 추구하게 된다. 국가재정을 늘려 복지의 사각지대를 줄이고, 양극화 해소를 위해 정부가 적극적인 노력을 기울이는 것이다.

복지와 분배를 통해 궁극적으로 노무현이 추구했던 가치는 시민 모두가 더불어 잘사는 사회였다. 다만 그 접근법에서 중요한 전제 한 가지는 자유민주주의 체제라는 구조 안에서 복지와 분배를 추구 하는 것이다. 즉 노무현은 전형적인 사회주의 노선, 또는 거기서 비 롯된 포퓰리즘과는 명확히 선을 그었다.

아울러 그는 '먹고사는 이야기'를 함께 나눌 수 있는 상대 파트너 로서 보수의 존재를 인정했다. 복지와 분배를 위한 국가의 개입을 강조하면서도, 시장의 자율과 작은 정부를 주장하는 보수의 의견 역 시 존중한 것이다. 그래서 임기 중에 그는 야당인 한나라당에 연정 까지 제안하지 않았던가. 다만 노무현은 대통령 재임시절 몇 가지 정책에 대해선 후회하는 모습도 보였다. 특히 경제문제에서 큰 안타 까움을 표현했다.

나의 의도와는 관계없이 경제문제에 파묻혔다. 사람들의 관심은 경제 문제에 쏠렸고 나의 외람된 시도는 아무런 의미가 없었다. 오늘날 우 리 국민은 정책이 아니라 감정적 판단으로 선택한다. 나는 분배도 제 대로 해 보지 못하고 분배정부라고 몰매만 맞았던 불행한 대통령이었 다. 우리가 진짜 무너진 것은, 그 핵심은 노동이었다(노무현, 2009).

실제로 노무현은 집권 당시 노동계에서 비판을 많이 받았다. 비 정규직 관련 입법이 이뤄졌고, 노동 유연성은 더욱 커졌다. 아이러 니하지만 신자유주의적 정책을 받아들이고 발전시킨 것은 김대중·

노무현 정부였다. 그렇다 보니 진보진영에선 노무현 정부를 신랄하게 비판했다. 전지윤(2010)은 노무현이 죽기 전 "수많은 사람들이 노무현에 대한 환멸과 배신감에 치를 떨었다. … 배신만 일삼는 노무현에게 분노를 드러냈다"고 지적한다.

그럼 이제 문재인 정부를 보자. 친문 이상직 의원이 창업주인 이스타항공 노조에 대해선 집권세력이 오히려 홀대하고, 야당이 감싸 안아주는 모순된 상황이 연출되기도 한다. 2020년 10월 국회 환경 노동위원회 국정감사에서 박이삼 이스타항공노조위원장이 1년 가까이 300억 원이 넘는 임금이 체불되고 600여 명의 직원이 해고된 상황을 해소하자 민주당 의원들은 "짧게 하라!", "적당히 하자!"고 목소리를 높였다. 박 위원장을 오히려 감싸준 것은 국민의힘 의원인 김웅이었다. 노조를 대하는 모습에서 보통 우리가 알고 있는 편견과 정반대인 상황이 벌어진 것이다.

진보를 참칭하는 가짜

이렇게 아이러니한 일이 벌어지는 이유는 무엇일까. 진보정권이 노동자의 편을 들지 않고, 오히려 비리의혹이 큰 사주를 엄호하며 감싸는 것은 왜일까. 그것은 바로 현 정부가 '가짜 진보'이기 때문이다. 국내 대표적인 진보인사로, 참여연대 집행위원장을 지낸 김경율 경제민주주의21 공동대표의 이야기를 들어보자.

— 문재인과 여당은 진보인가?

진보라고 부를 수 없다. 그저 권력과 이권을 매개로 한 조폭組暴처럼 행동한다. 조국 전 장관 공소장에도 많이 나오는 내용이다. 다른 정치세력과 이념적으로 구분할 수 있는 정체성도 없다. 심한 비유일지 모르지만 뒷골목 깡패와 뭐가 다른지 모르겠다.

— 자기들은 진보라 주장하는데.

진보를 참칭僭稱하는 것이다. 진보라면 재벌개혁과 환경문제, 노동정책 등 꼭 필요한 분야에서 뚜렷한 관점이 있어야 하는데 그런 게 없다. 이제 '가짜 진보'의 멸망이 시작됐다고 생각한다.

— 지난해 조국 사태 후 진보가 분열되는 느낌이다.

진보의 분열이 아니라 '가짜 진보'의 민낯이 드러나고 있다. 지난 해 조 전 장관을 옹호하던 세력을 보면 위선이란 말밖에 안 떠오른다. 현 정부가 그나마 한 게 최저임금 인상인데, 지난 대선 때 다른 후보도 모두 공약했던 것이다. 보수정권과 크게 다르지 않다.

— 국민의힘은 어떤가.

마찬가지다. 건강한 조직이라야 진보든, 보수든 논할 수 있다. 현재로선 두 정당 모두 건강하지 않기 때문에 진보, 보수의 가치를 매길 수 없다. 두 정당 모두 한국사회의 양대 기득권일 뿐이다.

집권세력을 향해 날선 비판을 하는 진보인사는 김경율만이 아니다. 김경율와 함께 이른바 '조국 흑서', 〈한 번도 경험해보지 못한 나라〉를 쓴 진중권, 서민(단국대 의대 교수), 권경애(변호사) 등은 차분한 논리와 날카로운 비판으로 정권의 실체를 폭로했다. 진보진영의 원로인 홍세화 역시 "더불어민주당엔 민주주의자가 없다"는 말로 집권여당의 문제점을 지적했다. 학계에서도 진보 지식인들의 비판이 커지고 있다.

노동문제와 함께 현 정부가 진보가 아님을 보여주는 대표적 사례는 자유주의에 대한 입장이다. 앞서 '조국 흑서' 저자들이 문재인 정권을 비판하고 나서기 시작한 것도 정확히 이 지점이다. 즉 지금 우리가 목도目睹한 진보의 분열은 리버럴의 분리현상이다. 이 책의 일관된 논지인 반자유주의적 민주주의가 집권세력의 핵심 DNA이기 때문이다. 그러므로 '조국 흑서'의 저자들처럼 리버럴들이 먼저 여권에 등을 돌리고 나섰다.

다시 말하지만 보통 우리가 쓰는 '민주주의'라는 말은 '자유주의 + 민주주의'다. 두 개의 가치가 결합돼 있는 것을 일상에서 '민주주의'라고 줄여 쓸 뿐이다. 근대 민주주의는 절대왕정을 무너뜨리고 평등한 가치관을 내세우며 시작됐다. 이어 귀족의 권력에 대항해 만인의 평등을 주장하면서 오늘날의 민주주의로 발전했다. 그 과정에선 점진적인 권리 확대(선거권 등)가 이뤄졌다.

하지만 민주주의엔 늘 '다수의 폭정tyranny of the majority'이란 위험성이 도사린다. 알렉시스 드 토크빌의 표현처럼 "'민주'를 다수에 의한 통치로만 인식하고 소수를 억압하는 행태"가 언제든지 벌어질 수 있다. 민주주의는 인민*people*의 평등을 최우선 가치로 여기기 때문에 다수결을 핵심 의사결정 도구로 받아들이는데, 그 결과 소수의견이 묵살될 수 있다.

이때 소수의견을 보호하는 것이 자유주의다. 다수결 만능주의가 개인의 권리를 침탈하고 소수를 억압할 때 자유주의가 견제장치 역할을 하는 것이다. 그렇기 때문에 현대 국가에서 민주주의와 자유주의는 한 세트다. 만일 자유주의가 없다면 인민의 독재를 추구하는 전체주의와 다를 게 없다.

지금 우리가 보고 있는 진보의 분열현상도 정확히 이 지점에 있다. 민주주의로부터 자유주의가 떨어져 나갔고, 이를 주도하는 세력이 현재의 집권여당이다. 과거에 진보라는 한 울타리 안에 있던 자유주의자들이 제일 먼저 이탈하고 있는 것이다. 그렇기 때문에 '조국 흑서' 저자들이 현 정권을 비판한다고 해서 국민의힘에 가까울 것이라고 생각하는 것은 큰 오산이다. 자유주의자의 입장에서 '국민의힘'은 민주당과 크게 다를 바가 없다.

노무현의 진보

서구에서 '리버럴리즘*liberalism*'은 진보와 보수 모두에게 중요한 가치지만, 미국에선 보통 민주당 성향을 가리키는 말로 '리버럴'을 쓴다.

즉 우리말의 '진보'에 해당하는 단어가 '리버럴'이다. 다수의 진보정당이 그렇듯 미국의 진보 역시 복지를 중시하고, 이를 위해 증세를 택해 적극적인 재정정책을 지지한다.

하지만 그 모든 정책의 밑바탕엔 자유주의가 깔려 있다. 어떤 진보정권도 자유주의에 재갈을 물리려 하거나 다수의 폭정을 용납하지 않는다. 특히 오늘날 '민주당 = 리버럴' 공식을 만든 프랭클린 루스벨트는 1861년 남북전쟁 후 70년간 '만년 야당'이었던 민주당을 집권당으로 탈바꿈시켰다.

당시 미국 사회에 팽배했던 자유방임주의와 차별화된 뉴딜정책을 내놓으며 새로운 자유주의 시대를 열었다. 노변정담爐邊情談으로 대표되는 친밀한 스킨십의 대명사, 소련 등 사회주의 국가들에 맞선 자유민주주의 진영의 수호자로 자리매김했다. 그 결과 루스벨트는 미국 역사상 유일무이한 4선 대통령으로 남았다.

아이러니하게도 문재인은 자신의 정치적 롤 모델로 루스벨트를 꼽았다.2 취임 3주년 특별연설에서는 경제위기를 타개하기 위한 대책으로 '한국판 뉴딜'을 내세웠다. 하지만 대통령의 철학과 리더십이란 관점에서 볼 때 야당과의 소통에 능하고, 자유주의에 대한 확

---

2 MBC 〈100분 토론〉(2012. 8. 28.). 당시 〈100분 토론〉은 민주통합당(현 더불어민주당) 대선후보 경선차 열렸다. 문재인, 손학규, 정세균, 김두관이 출연했다. 이날 문재인은 존경하는 인물을 묻는 질문에 "루스벨트는 1930년대 대공황을 극복하고 미국의 대번영시대를 만들어냈다. 그 위기를 극복한 정책이 바로 경제민주화와 복지 확대였다"고 말했다.

고한 믿음을 가졌던 루스벨트와의 접점을 찾기 어렵다.

오히려 루스벨트의 정치적 지향점에 가장 근접한 사람은 노무현이다. '토론의 달인'이라는 별명처럼 노무현은 표현의 자유를 중시했고, '깨어있는 시민'을 중시하며 공론장을 통한 숙의熟議민주주의를 강조했다. 무엇보다 진보의 핵심의제로 복지와 분배를 내세운 것이 루스벨트의 뉴딜 정신에 제일 가깝다.

여기서 노무현과 문재인의 차이점이 드러난다. 노무현은 국가의 역할이 복지와 분배 영역에서 커져야 한다고 생각했다. 반면 정치·사회 영역에선 엄격한 삼권분립과 시민사회의 견제가 필수라고 여겼다. 큰 정부를 지향하되 국민의 '먹고사는 문제'를 해결할 때만 국가가 적극적으로 개입해야지, 사상을 검증하고 상대를 적폐로 몰아 무너뜨리는 데 국가권력을 사용해선 안 된다고 생각했다. 이것이 바로 루스벨트 이후 '리버럴'이 추구해온 진보의 핵심가치다.

팬데믹 기간 동안 코로나19 방역을 계기로 문재인 정권의 인권침해 사례는 셀 수 없이 많다. 여러 지자체들이 행정명령을 통해 외국인 노동자의 코로나19 검사를 의무화했다. 특히 경기도는 외국인 노동자의 경우 음성판정을 받아야만 취업할 수 있는 방안까지 검토하다가 철회했다. 단지 국적 때문에 외국인을 잠재적 위험요인으로 보는 것은 명백한 인권침해다. 서울대 인권센터 역시 입장문을 통해 "외국인에 대한 사회적 낙인과 혐오를 조장할 수 있는 차별행위"라고 지적했다. 3

실제로 사이먼 스미스 주한 영국대사는 "불공정하고 효과적이지도 않을 것"이라며 한국 정부에 항의했다. 과학적으로 따져보면, 정확한 위험요인은 감염에 취약한 노동여건과 주거환경이지 국적이 아니다. 특정집단을 표적 삼아 검사를 의무화하는 것은 신천지나 광화문 집회 같은 희생양을 찾는다는 느낌도 든다.

시민의 일상에 대한 국가의 개입을 당연시하며 졸속 부동산 입법으로 개인의 사적 소유까지 국가가 손을 댔다. '5·18 역사왜곡 특별법'처럼 이제는 사람들의 생각과 의식까지 조종하려 든다. 여당은 이 법의 제정사유로 '잘못된 역사인식 전파와 국론분열 방지'를 내세운다. 국가가 나서 올바른 역사인식이란 무엇이고 잘못된 역사인식은 어떤 건지 규정하겠다는 이야기다. 민주당 의원 양향자는 "역사왜곡은 아이들의 역사관 형성에 악영향을 미치고 나라의 정체성을 흔드는 정신적 내란죄"라고 법 제정 취지를 설명한다. [4]

하지만 이 법안이 궁극적으로 실행하려는 것은 역사 해석의 자유를 빼앗겠다는 것이다. 가깝게는 박근혜 정부의 역사교과서 국정화와 닮았다. 오히려 법으로 처벌까지 하기 때문에 더 악랄하다. 본질만 놓고 보면 국가보안법과도 맥락이 통한다. 이 법 역시 지난 세기 독재를 비판하고 민주화운동에 앞장섰던 많은 인사들을 집권세력과

3 〈서울경제〉(2021. 3. 19.), "인권위·서울대, '외국인노동자 코로나19 의무검사는 차별'".
4 〈한겨레〉(2020. 11. 5.), "5·18 왜곡처벌법은 5·18 왜곡을 막을 수 있을까".

생각이 다르다는 이유로 처벌해 왔다. 민주화 세력을 자칭하는 이들이 '5·18 역사왜곡 특별법' 제정을 주장하는 자체가 역사의 아이러니다. 노무현이 치열하게 맞서 싸웠던 국가주의의 괴물을 문재인 정부가 되살리고 있는 모양새다.

문재인 정권의 끝은 어디까지일까? 친문 의원이 법원을 행정부 소속이라 부르며,5 법무부 장관과 여당 의원들이 떼를 지어 불과 1년 전 자신들이 칭송해마지 않던 검찰총장을 내쫓으려 했다. 170여 명의 국회의원들은 마치 한 사람의 지령에 따라 움직이듯 일사분란하고 통일된 목소리를 낸다. 말과 행동으로 리버럴을 몸소 실천한 노무현이 그리던, 거리에서 피를 흘리며 쓰러졌던 수많은 노동자들이 꿈꿨던, '진짜 진보'의 가치는 어디로 간 걸까.

5 〈한국경제〉(2020. 10. 26.), "김진애 법원이 행정부이듯 검찰도 … 추미애 법원은 사법부고요".

16

/

재갈 물린 표현의 자유와 다양성

황희가 뇌물에 간통까지?

1452년 7월 〈세종실록〉 편찬 책임자인 정인지가 신료들을 소집했다. 사초史草를 정리하다 발견한 사관 이호문의 기록이 너무 충격적이었기 때문이다. 몇 달 전 영면한 황희黃喜가 뇌물로 금을 받고, 무신 박포의 아내와 간통까지 했다는 내용이었다.

24년간 재상을 지낸 황희는 청백리淸白吏의 표상이었다. 김종서・성삼문 등은 '그럴 리 없다'며 펄쩍 뛰었다. 마침 허후가 "이호문은 사람됨이 망령하고 단정치 못하다"며 '가짜뉴스'임을 주장했다. 대선배의 불미스런 기록을 지우고 싶던 정인지도 마음이 동했다. 그러나 최항, 정창손이 반대했다. 사초를 삭제하면 나쁜 선례를 남긴다는 이유였다. 황보인도 "한 명의 반대라도 있으면 삭제해선 안 된다"

고 했다. 그 결과 황희의 뇌물·간통 기록은 〈세종실록〉에 고스란히 담겼다. 이날의 회의 내용 또한 〈단종실록〉에 실렸다.

역사가 사관史官의 기록에 따라 바뀌듯, 사실도 편집자의 의도에 따라 달라진다. 2020년 8월 청와대 국민신고에는 평범한 시민 조은산이 올린 '시무 7조'가 비공개 처리됐다. 처음 글이 국민청원 게시판에 올라온 것은 8월 12일인데, 접수 직후 비공개 처리됐다. 언론에서 이를 문제 삼자 보름 후(27일) 공개됐다. 하루 만에 공개된 '국회선진화법 위반 한국당 의원 처벌' 등과 대조된다.

당시 청와대는 공개기준이 '사전 동의 100명 이상'이라고 해명했다. 그러나 조은산이 쓴 '시무 7조'는 비공개 기간인 15일간 이미 4만 명이 동의한 상태였다. 은폐의혹이 나올 수밖에 없는 이유다. 앞서 두 달 전인 7월에도 조은산이 올린 '다多치킨자 규제론' 등이 비공개 처리된 바 있어 의혹을 더욱 키웠다.

청와대는 "명예훼손·욕설 등 긴 글을 확인하느라 시간이 걸렸다"고 해명했지만, 쉽게 납득되지 않는다. 특히 "그나마 해당 청원이 사회적 관심을 받으며 공개가 신속히 결정됐다"는 말은 이슈화되지 않았으면 더 오래 비공개였을 거란 뜻으로도 해석된다.[1] 그 말을 조금 비꼬아 해석하면 조은산의 글이 어쩌면 영원히 묻혔을지도 모른

---

[1] 〈중앙선데이〉(2020. 8. 29.), "보통 10일인데 … '시무 7조' 15일이나 걸린 늑장 공개 논란".

다는 이야기다.

공교롭게도 '시무 7조'가 공개된 날 문재인은 "대통령 욕해서 기분이 풀린다면 그것도 좋은 일"이라고 했다.2 "국민과 수시로 소통하는 대통령이 되겠다"던 취임사의 약속을 보는 것 같다. 그러나 이게 무슨 역사의 장난인지, 같은 날 "문재인은 공산주의자"라고 발언했던 변호사에게 유죄가 선고됐다. 앞서 대통령 대자보大字報를 대학가에 붙였던 20대 남성도 유죄를 받았다.

어디 그뿐인가. 2020년 2월 임미리(고려대 교수)는 민주당에 고발됐다. 그러자 진보 지식인들이 임미리를 지지하며 '나도 고발하라!'고 했다. 이는 1898년 에밀 졸라의 '나는 고발한다/'accuse'3를 연상시킨다. 졸라는 신문 기고에서 간첩 누명으로 전체주의의 희생양이 된 드레퓌스의 결백을 주장했다. 이후 많은 지식인들이 동참해 무죄로 복권시켰다.

민주당은 계속해서 극렬한 지지세력을 등에 업고 친일·적폐 프레임으로 한국사회를 선악의 이분법으로 재단했다. 홍세화의 지적처럼 "독선과 오만에 대한 성찰이 없고 권력까지 잡으니 세상이 만만해 보인" 탓이 크다. '표현의 자유'는 자유민주주의를 국시國是로

---

2 〈프레시안〉(2020.8.27.), "대통령 욕해서 기분 풀리면 그것도 좋은 일".

3 1898년 1월 프랑스 신문 〈로로르〉(L'Aurore)에 에밀 졸라가 투고한 글. 대통령에게 보내는 편지 형식을 취하고 있다. 드레퓌스 사건의 진범이 증거조작으로 무죄 판결난 것에 분노해 글을 썼다. 조작된 피의자를 옹호하며 진실을 알리려고 했다.

하는 대한민국에서 가장 핵심적인 가치 중 하나다. 헌법 제21조 또한 "모든 국민은 언론·출판의 자유와 집회·결사의 자유를 가진다"고 명시해 놨다. **4**

헌법 조문만 놓고 보더라도 민주당이 당 대표 명의로 비판적 칼럼을 쓴 임미리와 해당 언론사 기자를 고발한 것은 반헌법적 조치다. 물론 비판 여론이 일자 고발을 취소했지만, 깔끔하지 못했다. "(임교수가) 특정 정치인을 위해 일한 경력이 있다", "민주당을 음해하려는 정치적 의도가 있다"와 같은 뒤끝을 보였다. 헌법적 가치를 훼손한 것에 대한 사과는 없었다.

임미리의 '민주당만 빼고' 칼럼을 천천히 읽어보면, 촛불정신의 취지를 제대로 살려 국민의 열망을 이뤄달라는 간절한 호소가 느껴진다. 일부러 특정인과 특정 정당을 음해하려 한 게 아니었다. 작은 하나의 다른 의견조차 용납하지 못하고 발끈해 법적 처벌을 운운하는 것은 정권의 독선과 오만이 얼마나 심한지 보여주는 방증이다. 촛불정부를 자임하면서 과거 독재정권이 했던 것과 비슷한 행동을 한다. 심지어 참여연대조차 "스스로 민주를 표방하는 정당이 표현의

---

4 헌법 제21조 ① 모든 국민은 언론·출판의 자유와 집회·결사의 자유를 가진다. ② 언론·출판에 대한 허가나 검열과 집회·결사에 대한 허가는 인정되지 아니한다. ③ 통신·방송의 시설기준과 신문의 기능을 보장하기 위하여 필요한 사항은 법률로 정한다. ④ 언론·출판은 타인의 명예나 권리 또는 공중도덕이나 사회윤리를 침해하여서는 아니된다. 언론·출판이 타인의 명예나 권리를 침해한 때에는 피해자는 이에 대한 피해의 배상을 청구할 수 있다.

자유를 보장하도록 공직선거법을 개정하지는 못할망정 악법 규정을
활용하는 것은 부적절하다"고 논평했다.

표현의 자유 옥죄는 민주당

2021년 2월 3일 이낙연 민주당 대표가 "언론개혁을 차질 없이 이행
하겠다"고 밝혔다. "악의적 보도와 가짜뉴스는 사회혼란과 불신을
확산시키는 반사회적 범죄"라면서다. 전날 교섭단체 대표연설에선
"검찰개혁과 언론개혁 관련법을 기다리는 국민이 많다"며 입법 명분
까지 제시했다.

　당시 여당이 발의한 법안들 중에는 ① 정정보도시 처음 기사와 같
은 시간·분량·크기로 게재하고, ② 가짜뉴스로 타인의 명예를 훼
손하면 3배의 손해배상 책임을 물리며, ③ 포털사이트 등에 허위조
작정보 삭제의무를 명문화하는 방안 등의 내용이 포함되어 있다. 하
나같이 헌법에 명시된 '표현의 자유'를 심각하게 위축시킬 수 있는
내용들이다.

　그러나 이낙연이 말한 가짜뉴스의 출처가 어디인지부터 따져보
자. 법무부 장관 임명 당시 수많은 거짓말로 국민을 속인 조국, 검
찰이 자기 계좌를 들여다봤다며 사실을 날조^{捏造}한 유시민, 대북 원
전 지원 문서가 박근혜 정부부터 검토된 것이라던 윤준병(민주당 의
원)까지 가짜뉴스를 만들어 정략적으로 이용하는 데 앞장선 것은 정

작 집권세력이다.

누구보다 먼저 '반사회적 범죄'를 일삼아 온 여당이 이제 그 책임을 언론에 떠넘기는 이유는 뻔하다. 무소불위의 '선출 권력'을 검찰·사법을 넘어 언론에도 휘두르겠다는 뜻이다. 표현의 자유에 재갈을 물려 사상을 통제하고, 행동까지 구속하려는 목적이다. 베네수엘라 등 민주국가에서 독재정권으로 후퇴했던 많은 나라들이 이런 과정을 똑같이 겪었다.

내 편이 아닌 상대방에 대한 댓글테러와 신상털기를 문재인 대통령이 '양념'으로 인정한 시기부터 표현의 자유는 급속도로 위축되었다. 지식인은 자기 스스로 검열하기 시작했고, 용기를 내서 글을 쓰면 집권당으로부터 고발당했다. '5·18 명예훼손 처벌법'처럼 역사 해석의 자유까지 박탈하고, 정부를 비판했던 연예인은 10년간 진행해온 방송을 하차했다.[5]

트럼피즘으로 위기를 겪던 미국이 빠르게 민주적 가치와 질서를 회복하기 시작한 이유는 표현의 자유가 살아있기 때문이다. 2018년 트럼프 행정부의 고위 관료는 익명으로 〈뉴욕타임스〉에 "대통령이 공화국에 해로운 행동을 하고 있고 자유주의를 존중하지 않는다"고 썼다. 훗날 이 관료는 국토안보부 장관 비서실장 마일스 테일러로 밝혀졌고 별다른 해를 입지 않았다.

---

5 〈부산일보〉(2021. 1. 27.), "정부 비판 탓? … JK김동욱, UBC울산 방송서 돌연 하차".

만약 문재인 정부라면 어땠을까. 여당의 거센 압박과 지지자들의 '양념'에 파묻혀 '적자 국채國債' 문제를 폭로했던 기획재정부 사무관처럼 극단적 상황에 몰리지 않았을까. 이처럼 표현의 자유는 민주주의의 위기를 막는 최후의 보루이며, 그 때문에 미국 수정헌법 1조로 명시돼 있다.

이를 이낙연이 모를 리 없다. 그 자신이 독재정권에 맞선 언론인이었고, 누구보다 표현의 자유를 중시한 김대중에 의해 정계에 입문한 사람이기 때문이다. 뻔히 알면서도 이러는 건 다른 뜻이 있기 때문이다. 윤석열과 맞서 싸우며 검찰개혁의 성과가 신통치 않으니 퇴임을 앞둔 판사 탄핵으로 사법개혁을 이야기하고, 이젠 그 화살을 다시 언론에 겨냥했다. 그다음은 누가 될까. 현 정권을 지지하지 않는 절반 이상의 국민도 적폐가 될지 모른다.

자유의 또 다른 이름 다양성

박원순 사건이 터지고 얼마 지나지 않아 권수정 정의당 서울시의회 의원과 이야기를 나눈 적이 있다. 그는 "시의회가 '박원순의 서울시'에 대한 견제와 비판 기능을 상실했다"고 말했다. 권수정은 박 전 시장의 성추행 의혹이 나온 직후 시의회 차원의 대응을 위해 동분서주했다. 그는 "책임질 부분을 정확히 하고 피해자가 극복할 수 있도록 시의회가 노력하자는 성명을 내려 했지만 많은 이들이 불편해 한다"

고 했다.

그러나 그의 노력은 물거품이 됐다. 왜 그랬을까. 서울시의회 의원 110명 중 102명이 더불어민주당 소속이었기 때문이다. 지역구 100명 중에선 97명이었다. 의장과 부의장, 10개 상임위원장 모두 민주당이 장악했다. 사실 지방의회는 국민의 시선으로부터 멀리 떨어져 있다 보니 이 같은 사실을 아는 이들이 많지 않다.

권수정의 지적처럼 시의회는 오래 전부터 견제기능이 마비돼 있었다. 그는 "청와대와 정부, 지자체와 지방의회가 하나로 연결돼 있어 독점권력의 폐해가 크다"고 지적했다. 그러면서 "의장단과 상임위원장을 모두 가진 (민주당) 권력이 막대해 누구도 비판할 수 없고 편파적이며 독선적"이라고 말했다.

만약 권수정과 같은 사람이 절반만 됐다면, 아니 3분의 1만 됐다면 어땠을까. 그렇게 시의회가 박원순을 제대로 견제했다면, 4년간 피해자의 수차례 문제제기가 그리 쉽게 묵살되진 않았을 것이다. "절대권력은 절대적으로 부패한다"는 19세기 영국 정치가 액튼 경 (존 달버그 액튼) 의 말처럼 견제와 비판이 사라진 곳엔 악마의 씨가 뿌려진다.

민주주의 국가에서 의회가 필요한 것은 공론화公論化와 숙의熟議 과정 때문이다. 인간이 만든 그 어떤 제도와 법률도 완벽할 수 없기 때문에 상대 의견을 듣는 것은 필수다. 시의회가 시장을 견제하지 못한다면 존재이유가 없다. 국회 역시 청와대의 말만 듣는 거수기일 뿐이라면 독재국가의 그것과 다를 바 없다. "오로지 정부안 통과가 목적인 통법부의 모습"이라던 심상정 정의당 대표의 말을 새겨들어야 할 이유다.

2020년 총선 승리 직후 이해찬은 "국민의 뜻에 책임감과 두려움을 느낀다"며, "열린우리당의 아픔을 반성한다. 그 교훈을 잊지 말자"고 했다. 그러나 도대체 뭘 반성했는가. 조국, 윤미향, 박원순 등 제 편을 감싸기 위해 피해자를 폄훼하고 찍어내기에 총력을 기울이지 않았는가. 여당은 '나라가 네 거냐!'며 신발을 던지는 국민의 분노가 들리지 않는 모양이다.

특히 현 정부가 시나브로 망쳐가는 매우 중요한 영역이 바로 교육이다. 대표적인 게 자사고, 외국어고 폐지 정책이다. 이 학교에 다니는 학생과 학부모는 소수이기 때문에 다수의 국민은 큰 관심이 없을지 모른다. 어쩌면 부정적 인식이 더 많을 수도 있다. 그러나 두 학교를 폐지하겠다는 정부 정책은 자유주의의 다른 얼굴인 다양성의 원칙에 위배된다. 왜 그런지 따져보자.

교육부는 2025년 전국의 모든 자사고, 외국어고, 국제고를 일반고로 전환하는 교육부 시행령을 입법했다. 이에 맞서 자사고, 외국어고, 국제고 교장연합회는 정부의 '일괄 폐지' 정책에 대해 헌법소원을 냈다. 교육 기본권을 침해한다는 이유다. 왜 그런가. 입법을 통해 일괄 폐지한다는 것은 사실상 강제 폐교다. 교육부는 일반고 전환이라고 말하지만, 민족사관고, 상산고 같은 학교들은 처음부터 자사고 형태로 만들어진 학교들이다. 일반고로 전환하는 것이 불가능하다는 뜻이다.

그렇다 보니 2020년 1월 이야기를 나눴던 한만위 민족사관고 교장은 "자유주의 국가에선 불가능한 폭정暴政이다. 공산주의 국가인 중국에서도 운영의 자율성을 가진 사립학교 설립이 늘고 있는데, 20년 이상 유지해온 사학을 갑자기 문 닫게 만드는 것은 민주사회에서 있을 수 없는 일"이라고 비판했다.

당초 교육부는 시행령을 통한 일괄 폐지는 없다고 입장을 밝혔다. 2019년 7월 사회부총리 겸 교육부 장관인 유은혜는 "일괄 전면 폐지는 공약과도 맞지 않는다"고 했다. 6 그러나 2019년 10월 22일 문재인 대통령의 국회 시정연설 이후 정부의 입장이 급변했다. 교육부는 보름 후인 11월 7일 시행령 개정을 통한 자사고, 외국어고, 국제고 '일괄 폐지' 방침을 발표했다. 고교 서열화와 사교육 과열을 부추긴다는 이유였다. "우수학생들의 쏠림 현상으로 일반고 교육력을 저하시킨다"는 진단도 내놨다. 7 이때는 조국 전 법무부 장관의 자녀들이 '부모 찬스'로 대학, 대학원에 입학해 국민적 공분이 크게 일어나던 시기였다.

교육부가 설명한 대로 자사고, 외국어고, 국제고가 사라지면 일반고가 살아날까. 전혀 그렇지 않다. 교육 수월성秀越性은 인간의 기

---

6 〈파이낸셜뉴스〉(2019. 7. 9.), "교육부, 자사고 일괄폐지 부정적 … 일부 학교 회생 가능성도".

7 〈이데일리〉(2019. 11. 7.), "2025년 자사고·외고·국제고 → 일반고 … 과학고·영재고 선발방식 개선".

본적인 욕구다. 고교평준화를 강행했던 전두환 정권 때와 전혀 상황이 다르다. 시계를 과거로 잠시 돌려 보자. 1970~80년대 대학 진학률은 20%대에 불과했다. 그런데 현재는 70%다. 대학입시에 '올인'하는 사람들이 과거보다 많아졌다. 사교육에 참여하는 아이들도 1980년대 이전까지는 소수였지만, 1990년대 이후에는 그 범위가 대폭 넓어졌다.

좋은 학교에 보내고 싶은 욕구는 경제성장과 궤를 같이한다. 특목고가 생겨나고 사교육이 본격적으로 팽창한 건 1990년대다. 1인당 GDP가 1980년 1,704달러에서 1990년 6,516달러가 됐다. 소득이 10년 새 4배가량 늘면서, 자녀교육에 큰 관심을 쏟고 돈을 투자하기 시작했다. 지금은 1인당 GDP가 3만 1,838달러(2019년 통계청 기준)에 이르렀다. 국민들이 평균적으로 더 많은 소득을 얻게 됐고, 반대로 자녀수는 줄었다. IMF 자료에 따르면 한국의 1인당 GDP는 1960년 79달러, 1970년 253달러, 1980년 1,704달러, 1990년 6,516달러, 2000년 1만 1,951달러였다.

결국 자녀교육에 대한 욕구는 앞으로 더 커졌으면 커졌지 줄지 않는다. 만일 지금 상황에서 자사고와 외국어고 등을 모두 폐지한다면 결과는 어떻게 될까. 과거 "자사고가 (교육특구인) 수성구 쏠림 현상을 완화시켰다"는 우동기 전 대구시 교육감의 말처럼 자사고 등이 사라지면 교육여건이 우수한 지역으로의 쏠림 현상은 피할 수 없게 된다. 이른바 강남 8학군이 부활하는 것이다.

미래교육에서 가장 중요한 요소 두 가지를 꼽으라면 그것은 바로 자율성과 다양성이다. 이는 모두가 동의하는 부분이다. 억지로 하는 공부와 스스로 하는 학습은 효과가 천양지차다. 획일화·평준화된 교육만으론 4차 산업혁명 시대를 준비할 수 없다. 그래서 다양성과 자율성, 그 안에서 나오는 개방과 관용의 정신이 필요하다. 이런 혜안을 갖고 김대중 정부가 처음 자립형 사립고(현 자사고)를 만들고 '학교 다양화' 정책을 펼쳤다. 정권이 바뀔 때마다 손바닥 뒤집듯 바뀌는 정책들은 많았지만, 노무현·이명박·박근혜 정부로 이어지면서 학교 다양화 정책만은 유지됐다.

　　그걸 문재인 정부가 뒤집으려고 한다. 다양성이라는 시대적 가치를 훼손하면서 말이다. 그러면서 정작 자기 자녀들은 외국어고, 자사고를 졸업시켰다. 그래 놓고 "자식들이 가겠다는데 어떻게 말리느냐"고 해명한다. 본인 자녀들은 가도 되고, 남의 아들딸은 왜 그런 결정의 기회조차 갖지 못하게 하는가.

17

/

586 대해부

586의 주자학적 세계관

'문재인 = 태종', '조국 = 조광조·조식', '박원순 = 이순신'.

문재인 정부의 집권세력은 유난히 조선시대의 위인들을 자주 소환한다. 2020년 5월 이광재(당시 더불어민주당 의원 당선인)는 유튜브 방송에서 "노무현·문재인 대통령은 기존 질서를 해체하고 새롭게 과제를 만드는 '태종'과 같다. 이제는 '세종'의 시대가 올 때가 됐다"고 했다. 문재인을 건국 후 나라의 기틀을 닦은 조선의 세 번째 왕 태종에 비유한 것이다.

태종 이방원은 잘 알려진 대로 건국 직전 '최후의 고려인' 정몽주를 암살했다. 반대로 정몽주는 정도전과 함께 신진사대부의 대표였지만 혁명 대신 고려의 적통을 계승해 점진적 개혁을 이끈 사람이다.1 조선 건국의 눈엣가시였던 정몽주는 결국 이방원에 의해 선죽교에서 희생된다. 이후 이방원은 자신의 형제들과 외척들을 죽이며 왕권을 강화했다.

물론 이광재가 이런 잔혹한 이방원의 모습을 대통령에 비유한 것은 아닐 것이다. 그는 "많은 것들이 참여정부에서 문재인 정부로 이어졌다. 이 흐름은 문재인 정부에서 끝나는 것이 아니고 강물처럼 물결이 긴 기간 이어져야 한다"고 했다. 잘못된 과거의 폐습을 딛고 새 시대를 여는 마중물이 되리라는 뜻이었다.

2020년 3월 황희석 당시 열린민주당(더불어민주당의 위성정당) 최고위원은 조국을 조광조에 비유해 논란이 됐다. 그러면서 조국을 수사하는 윤석열을 외척세력의 거두인 윤원형에 비유했다. 그러나 조광조의 후손인 한양 조趙씨 대종회가 즉각 망언妄言을 사죄하라며 반박했다.

얼마 후 황희석은 다시 조국을 조식曺植에 비유했다. 조식은 조선 중기를 대표하는 학자로서 퇴계 이황 못지않은 대학자로 추앙받는 인물이다. 이번에도 조식의 직계후손이 나서 조국은 자신들과 전혀 관계없고 억지로 연결하는 것 자체가 모독이라고 발끈했다.

---

1 포은 정몽주(1337~1392)와 삼봉 정도전(1342~1398)은 고려 멸망과 조선 개국의 주인공이다. 나이는 정몽주가 5살 위였지만 이들은 함께 성리학을 공부한 친구였다. 그러나 정몽주는 과거에 장원급제하며 당시 기득권층이던 권문세족과 대항하는 신진사대부의 대표주자였고, 정도전은 조부가 지방 향리 출신으로 '비주류'였다.

조국을 차례로 조광조와 조식에 비유한 황희석은 아무리 생각해도 여권의 '엑스맨' 같다. 그렇지 않고서야 일반인의 상식으로 도저히 이해하기 어려운 말들을 이렇게 반복할 수 있을까. 존경받는 조선시대 위인들의 어떤 점이 조국과 닮았다는 것인지 망상妄想에 가까운 주장을 펴다 보니 세간의 웃음거리만 되고 말았다.

2020년 7월 박원순 사망 사건 때는 친여 성향의 네티즌이 '이순신 장군도 관노官奴와 수차례 잠자리에 들었다'는 취지의 글을 올려 논란이 됐다.[2] 이순신의 후예인 덕수 이씨 종친회가 법적 대응 등의 입장을 밝히자 이 네티즌은 오히려 "소송이 있다면 환영한다"고 했다. 여성단체와 다수 언론은 피해자가 엄연히 존재하는 박원순 사건에 이순신을 끌어들인 것은 부적절하다고 지적했다.

이처럼 여권의 정치인들과 지지자들은 유난히 조선의 위인들을 자주 소환한다. 과거의 어느 정권에서도 보기 힘들었던 일들이 반복해서 벌어지는 이유는 무엇일까. 그 원인은 현재 집권세력의 본질이 머리로는 성리학性理學적 세계관을 갖고 몸으로는 물질적 탐닉에 빠

---

2 결론부터 말하면 근거 없는 이야기다. 이순신이 관노와 잠자리를 했다는 것은 김훈의 소설 〈칼의 노래〉(2001)를 통해 유명해졌다. 이 작품에는 "나는 병신년 가을에 처음으로 여진을 품었다. … 그 여자의 몸속은 따뜻하고 조붓했다"와 같은 구절이 나온다. 그러나 〈난중일기〉를 완역한 이순신 전문가 노승석 여해고전연구소장은 "《난중일기》 어디에도 관노 또는 노비·기생과 잠자리를 가졌다는 기록이 없다"고 말한다.

져 있던 조선시대 부패한 양반의 모습과 맞닿아 있기 때문이다. 왜 그런지 하나씩 따져보자.

먼저 정치사상으로서 성리학의 핵심가치는 '수신제가 치국평천하修身齊家 治國平天下'다. 공자로 대표되는 유가 사상은 사서四書로 일컬어지는 〈논어〉, 〈맹자〉, 〈대학〉, 〈중용〉과 삼경三經으로 불리는 〈시경〉, 〈서경〉, 〈역경〉에 자세히 설명돼 있다. 그중 위 구절은 〈대학〉에 다음과 같이 표현돼 있다.

사물의 본질을 꿰뚫은 후에야 깨닫게 된다. 깨닫게 되면 그 뜻이 성실해진다. 성실해진 후에 마음이 바르게 된다. 마음이 바르게 된 후에 몸이 닦인다. 몸이 닦인 후에야 집안이 바르게 선다. 집안이 바르게 서야 나라가 다스려진다. 나라가 다스려진다면 비로소 천하가 태평해진다. 일개 서민부터 천자에 이르기까지 모두 몸을 닦는 것이 근본인 이유다.

유가儒家사상을 기반으로 송·명나라 학자들에 의해 집대성된 성리학은 조선에 이르러 더욱 굳건한 통치철학으로 자리 잡았다. 정도전을 비롯한 조선의 건국세력인 신진사대부가 명분으로 삼은 것이 유가의 애민愛民사상과 역성易姓혁명론이었기 때문이다. 권문세족이 부와 권력을 모두 갖고 있던 고려 말기엔 성리학이 마치 '민주화운동'과 같은 거스를 수 없는 시대흐름으로 여겨졌다.

성리학에서는 플라톤의 '철인정치'나 아리스토텔레스의 '선한 국

282

깊이 읽기 2

조선의 엘리트: 선비, 사대부, 양반

일본의 대표적인 지한파 학자인 오구라 기조 일본 교토대 교수는 2017년 〈한국은 하나의 철학이다: 理와 氣로 해석한 한국사회, 모시는 사람들〉에서 조선시대 엘리트를 선비, 사대부, 양반으로 구분했다. 처음 고려를 멸하고 조선을 건국할 때만 해도 신진사대부라는 말로 통칭됐지만, 조선이 발전하면서 이들 역시 분화했다. 보통 우리는 셋이 같은 걸로 알고 있지만, 엄밀히 따져보면 큰 차이가 있다.

먼저, 선비는 성리학적 인간관을 정신과 육체 양면으로 실천하는 사람이다. 부패하기 쉬운 권력과 부를 멀리하며 오직 성리학에 몰두해 도덕적 이상을 실현하려 애썼다. 사대부는 성리학적 세계관을 바탕으로 현실세계에 참여해 국가를 경영하는 관료, 그리고 이의 이론적 원리를 제공하는 지식인이다. 때론 왕보다 더 큰 권력을 갖고 있지만, 그 명분은 청렴함에서 나오기 때문에 지나친 부(富)를 경계한다. 훌륭한 정치가이자 뛰어난 학자였던 율곡 이이 같은 사람이 대표적이다. 양반은 조선 중기 이후로 넘어가며 오블리주는 없고 노블레스만 강조하는 이들로 인식된다. 즉 학문적 성취는커녕 권력과 부에만 몰두해 백성을 착취하는 부패한 양반의 이미지가 떠오른다.

이 책에서 말하는 586의 계급적 위상은 이런 부패한 양반에 가깝다. 이들이 문재인 정부 출범 당시 이들은 나름의 진보적 이념과 논리로 무장해 개혁을 추구하던 사대부였을지 모르나 지금은 백성의 고혈을 빨아먹던 부패한 양반과 중첩돼 보인다. 물질적 욕망을 악한 것처럼 대중에 세뇌시키고 자신들은 누구보다 영악하게 물욕을 채운다. 이런 '내로남불'의 세계관은 주자학을 입신의 처세로만 받아들인 조선의 기득권에게서 기인한다.

가'처럼 통치자의 역량이 매우 중요하다. 아리스토텔레스(2009)는
〈정치학〉에서 "국가의 목적은 인간의 선한 생활이며, 정치사회는
고결한 행동을 위해 존재한다"고 했다. 시민 각자의 행복은 공동체
라는 테두리 안에서만 가능하므로, 국가권력은 개인의 권리에 우선
한다.

이때 국가, 즉 통치자는 무소불위의 권력을 갖는다. 여기서 매우
중요한 전제가 있다. 아리스토텔레스는 이를 '통치자의 탁월한 역량'
이라고 표현했다. 국가는 '선한 의도'를 실현하기 위해 존재하고 그
권력은 통치자에게 집중된다. 그런데 만일 통치자의 철학과 생각이
잘못된다면 권력은 흉포凶暴해지고 폭력이 될 수 있기 때문이다. 그
러므로 아리스토텔레스는 '정의'와 '절제' 같은 정치가의 공적인 역량
이 시민들보다 월등해야만 국가를 선한 방향으로 이끌 수 있다고 강
조했다.

이는 조선의 성리학도 마찬가지다. '수신제가 치국평천하'라는 말
이 잘 나타내듯, 자신의 몸과 마음을 제대로 닦은 군자만이 훌륭한
통치자가 될 수 있다. 그래서 조선의 관료들은 왕세자가 어릴 때부
터 경연經筵을 통해 성군聖君으로 길러내려고 했다. 성군이 된 왕은
단순한 통치자가 아니라 도덕과 윤리의 기준이 되는 백성들의 어버
이였다(君師父一體·군사부일체).

일상 속에서 성리학은 '유교儒教'라는 표현에서 보듯 관혼상제와
같은 의식을 관장하는 종교의 역할도 수행했다. 특히 조선은 숭유억
불崇儒抑佛 정책으로 고려시대 왕실부터 민간에 이르기까지 널리 퍼

져 있던 불교를 배척했다. 물론 전국의 수많은 사찰과 백성들의 믿음까지 빼앗을 순 없었지만, 명실상부한 조선의 국교 역할을 한 것은 유교, 즉 성리학이었다.

이처럼 조선의 성리학은 한 국가의 정치철학이자 국교로서 종교의 성격을 모두 갖고 있었다. 자연스럽게 임금은 가장 큰 권력을 가진 통치자일 뿐 아니라 최고의 종교 지도자이기도 했다. 3 조선 중기 이후 사대부의 권한이 강해지면서 초기와 같은 강력한 왕권을 발휘하긴 어려워졌지만, 여전히 조선의 성리학은 통치철학이자 국교로 기능했다. 4

반대로 로마가 제국으로 발돋움하며 가장 먼저 한 일은 왕과 교황의 권력을 분리한 것이다. 오늘날의 삼권분립까지는 아니지만, 정치와 종교를 구분해 절대권력을 행사하지 못하도록 견제장치를 마련했다. 교황과 수도사, 왕과 영주는 서로의 반대편에서 상대의 독주를 방지했다. 정치와 종교가 한몸이 되는 순간 절대권력이 탄생하고 그 위험이 얼마나 큰지 인류의 역사가 잘 말해주고 있다.

---

3 일찌감치 정교(政敎) 분리가 이뤄진 유럽과 대조된다. 로마제국도 황제와 교황으로 나뉘어 권력을 분점했다. 권력갈등으로 혼란이 있었던 것은 사실이지만, 절대권력을 지닌 두 인물이 존재하면서 견제와 균형의 원리가 실현되기도 했다.
4 조선의 유교는 통치철학이자 국교의 역할을 동시에 수행했다. 다만 이슬람의 칼리프, 술탄 등과 달리 한 명의 군주가 절대권력을 독점하진 않았다. 조선은 정교일치 사회였지만, 그 권력을 왕과 신하가 분점한 형태였다. 오히려 건국 초기 태종과 세종 등 일부 기간을 제외하면 임금의 왕권보다 사대부의 신권이 더욱 센 나라였다.

유교적 습성이 내재된 586 운동권

함재봉 전 아산정책연구원장은 "한국의 좌파는 유교적 이념과 민족주의가 강하게 뒷받침하고 있는 그룹"이라고 평가했다. 그러면서 "시장과 돈을 천시하고 근검절약을 미덕으로 여기며, 가난하지만 평등하게 서로 나누는 작은 공동체를 좋아하는 건 주자학적 이상을 내재화하고 있기 때문"이라고 설명했다."5

그의 지적처럼 현 집권세력의 주축인 586 정치인들은 민족주의적 성향과 유교적 습성이 뼛속 깊이 내재돼 있다. 다만 시장과 돈을 천시한다는 그의 진단만은 틀렸다. 조국, 윤미향 등 586 정치인들의 모습과 부동산 투기로 수십억 원씩 이익을 챙긴 청와대, 여권 인사들의 재테크 솜씨를 볼 때 이들의 삶은 그 누구보다도 자본주의적이기 때문이다.

586 정치인들이 유교적 습성을 갖고 있다는 것은 이들이 조선의 선비들처럼 '수신제가'에 힘썼다는 뜻이 절대 아니다. 학문으로서의 성리학보다는, 교조적 이념으로서 유교를 받아들였다는 의미다. 겉으론 평등해 보이지만 운동권 내부에선 군신 관계와 같은 엄격한 권력질서를 형성하고, 여성과 소수자 인권 등의 이슈는 언제나 '반미', '통일' 같은 대의에 밀려 뒷전이다. 즉 온 사회의 기득권을 손에 쥐고

---

5 〈한국경제〉 (2018. 3. 25.), "586과 박정희세대 갈등 … 한국사회 시스템에 대한 합의 필요".

자신과 가문의 배만 불리는 부패한 양반의 모습과 같다.

박원순 사건에서 피해자의 목소리는 잊혀지고, 박원순의 업적을 내세우며 2차 가해를 벌이는 일들은 586 정치인들의 비뚤어진 세계관 안에서만 가능한 일이다. 피해자를 '피해 호소인'이라고 고집하며, 과거 미투 사건 때는 목에 핏대를 올리던 여성 의원들이 침묵으로 일관했다. 가장 적극적으로 나서야 할 주무부처인 여성가족부는 제때 입장을 내놓지 않아 '여당가족부'라는 비아냥을 듣기도 했다. 미투로 유명했던, 또는 그 당시 '개념 발언'으로 유명했던 친여 성향의 유명인사들도 이 사건에 대해서는 조용히 입을 다물었다.

그중에서도 가장 큰 문제는 청와대다. 고 장자연 사건이나 김학의 전 차관 사건에서 대통령은 그 누구보다 강력한 의견표명으로 수사를 독려했다. 그 때문에 마치 엄청난 게이트라도 터질 것처럼 온 사회가 떠들썩했지만 한참의 시간이 지난 지금 보면 용두사미龍頭蛇尾로 끝났다. 일례로 당시 논란의 중심에 있던 윤지오는 해외로 출국한 이후 아무런 조치가 이뤄지지 않고 있다.

이렇게 호들갑을 떨 때는 언제고, 박원순 성추행 사건에 대한 청와대와 정부의 대응은 미지근하기만 하다. 사건 초기 오히려 강민석 당시 청와대 대변인이 유감을 표명했다가 청와대가 나서 공식의견이 아닌 개인의견이라고 정정하는 일도 발생했다.

이에 대해 정의당은 "피해자는 용기 내 고발했으나 또다시 위력과의 싸움을 마주하고 있다. 2차 가해가 난무한 상황에서 대통령은 누구 곁에 설 것인지 명확히 입장을 낼 것을 촉구한다. 외면과 회피는 대통령의 책임 있는 모습이 결코 아니다"라고 비판했다.

평소 청와대가 즐겨 인용하던 외신들도 대통령의 오랜 침묵을 지적했다. 미국의 CNN은 "대통령이 비판에 직면했다"는 제목의 기사에서 "한국 대통령은 스스로 페미니스트라고 말했다. 그의 세 정치적 동반자들은 성범죄로 고발됐다"고 전했다. 그러면서 "문 대통령이 박 시장의 죽음과 피해자, 심지어 좀더 넓은 의미의 젠더 이슈에 대해서도 언급조차 하지 않고 있다. 세 명의 유력 정치인 고발 사건에 모두 침묵을 지키고 있다"고 보도했다. **6**

결국 586 집권세력이 생각하는 '정의'는 칸트가 말한 정언명령定言命令으로서 도덕적 준칙이 아니라, 오로지 내 편에 유리하느냐 아니냐가 기준이다. 그렇지 않고서는 이렇게 원칙과 입장을 손바닥 뒤집듯 할 수 없다. 조국 사태가 그랬고 윤미향 사건이 그랬다.

2020년 4·15 총선에서 미래통합당의 위성정당을 그렇게 비판해 놓고 자신들은 위성정당을 두 개나 만들어 의석수를 많이 가져 간 것도 같은 맥락이다. 그 과정에서 민주당 2중대라는 수모까지 들어가며 여당에 보조를 맞췄던 정의당은 팽烹당했다. 심지어 이인영 당시 원내대표 등이 참석한 '비례정당' 밀실 회동에서는 "심상정은 안 된다. 정의당이나 민생당이랑 같이하는 순간, X물에서 같이 뒹구는 것"이라는 모욕적인 발언까지 나왔다. **7**

6   CNN(2020. 7. 16.).

그렇다면 현재 586 집권세력이 '내로남불 정의'에 빠진 이유는 뭘까. 취임 당시 문재인이 강조했던 평등, 공정, 정의에 대한 이야기는 그저 레토릭에 불과했던 걸까. 권력을 향유하면서 전엔 안 그랬던 사람들이 '내로남불 정의'에 물든 것인지, 아니면 원래부터 그런 생각을 갖고 있던 것인지 헷갈린다.

확실한 것은 이들의 마음속엔 왜곡된 정의관 또는 위험한 국가관이 내재돼 있다는 점이다. 586 정치인들이 정치적 코호트cohort로 형성됐던 1980년대의 특수성이 30여 년이 지난 지금까지 그들의 사고방식에 영향을 미치고 있다는 뜻이다.

이에 대해 한때 민주노동당 당원이었던 나연준(중앙대 박사과정)씨는 "(586세대는) 자신이 경험한 군사정권과 학생운동의 '가해-피해 관계'를 한국 근현대사 전체로 확대해 버렸다"며, "친일, 독재, 기업은 항상 가해자이고, 항일, 민주화, 노동은 언제나 피해자라는 이분법적 역사관 위에 자신을 피해자로 정체화했다"고 설명한다. 그러면서 "피해자의 한풀이를 자신의 역사적 소명으로 삼았는데, 이것이 586의 기본적 세계관"이라고 지적한다. **8**

학생운동을 했던 이들에게 1980년대에는 '군사독재'라는 절대악

7 〈중앙일보〉(2020. 2. 28.), "與실세 5인 비례정당 밀실 회동 … 野 소름 끼치는 정치공작". 〈중앙선데이〉(2020. 2. 29.), "정의·민생당 '여당 실세들의 비례당 설립 음모 비열해'".

8 〈신동아〉(2019. 11. 24.), "선악이분법·피해의식에 사로잡힌 사이비 교주, 탐욕 가득한 제사장".

이 존재했다. 학생운동과 국가권력은 가해자와 피해자의 관계였고 그들의 갈등은 선과 악의 싸움이었다. 총칼을 앞세운 공권력 앞에서 힘없는 학생들이 내세울 수 있는 것은 유토피아를 향한 이상과 혈기뿐이었다. 이를 위해 운동권 스스로, 혹은 지도부가 조직적으로 역사적 소명과 같은 '선민選民의식'을 운동에 참여했던 학생들에게 불어넣거나 세뇌했다.

이런 관점에서 보면 문재인 정부가 정권 초기부터 왜 그렇게 적폐청산을 내세우고 집착했는지 알 수 있다. 일본과 문제가 생겼을 때는 반일이 아니면 모두 친일로 몰아세우며 한국사회를 둘로 쪼개 놨다. 특히 적폐청산은 말로는 과거의 못된 폐습을 바로잡는 것이었지만 실제론 자신의 원한을 갚는다는 측면이 컸다.

윤석열에 대한 여권의 태도 변화가 이를 잘 보여준다. 조국은 서울대 교수 시절이던 2013년 SNS에서 "'나는 사람에게 충성하지 않는다!'는 윤석열 검사의 오늘 발언, 두고두고 내 마음속에 남을 것 같다"고 말했다. 또 정직 3개월의 징계를 받은 윤석열에게 "더럽고 치사해도 버텨달라"고 요청했다. 이외에도 많은 여권인사들이 윤석열 임명 당시 귀가 간지러울 만큼 칭찬과 찬양을 늘어놨다.

그러나 윤석열의 검찰이 조국에 대한 수사를 시작으로 여권에 칼날을 겨누자 입장이 싹 바뀌었다. 윤석열은 '살아있는 권력에도 엄정하게 수사해 달라!'는 대통령의 말을 실천했을 뿐인데, 졸지에 적폐로 몰렸다.

조국의 후임으로 추미애가 법무부 수장이 되면서 이 같은 이율배반적 태도가 더욱 노골적으로 드러났다. 추미애는 윤석열을 향해 '제왕적 검찰총장'이라는 망상에 가까운 공격을 가하며 수차례 내쫓으려 했지만 모두 수포로 돌아갔다.

시민운동도 비즈니스

"정의기억연대(정의연) 입장에선 한·일 합의가 이뤄지면 안 된다고 생각할 수 있다. 먹거리가 없어지기 때문이다. 이게 한국 시민단체의 현주소다." 참여연대 집행위원장을 지낸 김경율(경제민주주의21 대표)의 이야기다. 그는 "정의연은 피해자를 위한 활동보다 자신들이 생각한 목표를 달성하는 데 집중했다"며, "'시민 없는 시민단체'의 전형적인 모습"이라고 비판했다. 그러면서 "정부를 감시하고 견제해야 할 시민단체가 정권을 옹호하고 권력을 얻기 위한 발판이 돼버렸다"고 지적했다. [9]

당시 더불어민주당 당선인이던 윤미향에 대해서는 "회계비리 및 횡령 의혹사건으로 간단히 도려내면 될 일이었다"며, "조국 사태처럼 '우리 편이면 무슨 잘못도 눈감아주는' 586세대의 진영논리가 시민운동의 본질을 훼손했다"고 말했다. 그는 특히 "학생운동 당시 형

---

9 〈중앙일보〉(2020. 5. 26.), "86세대 성공 루트 된 시민단체".

성된 '연대'문화가 진영논리로 승화했다. 다른 세대는 이해 못 할 일들을 386세대는 당연히 여긴다"고 했다.

과거 조국 사태 때도 마찬가지였지만, 586세대 정치인들이 회계비리·입시부정 같은 명백한 잘못이 드러나도 서로를 감싸고, 성추행 사건에도 여성단체가 침묵하는 일이 벌어지는 것은 왜일까. 이철승(서강대 사회학과 교수)은 이를 '네트워크 위계位階'이론으로 설명한다. "386세대는 학연·지연·혈연의 네트워크를 가로지르는 '연대'의 원리를 터득해 시민사회와 국가를 점유하고 위계구조의 상층을 '과잉 점유'했다"는 것이다(이철승, 2019).

시민사회의 주축인 386세대는 학생회·서클 등의 조직화 경험을 바탕으로 광범위한 운동 네트워크를 만들어 사회 곳곳에 뿌리내렸다. 이철승은 "소련 붕괴 후 대중운동으로 개종한 지식인들에 의해 시민단체가 주로 설립·운영됐다"며, "진보 성향이 압도적이며 수백 개의 분화된 이슈와 분야를 넘나드는 연대로 정치권에 압력을 행사했다"고 설명한다.

시민단체의 586세대 리더들은 함께 연대했던 정치·기업인 등과 각종 연줄로 서로 얽혀 있다. 이들은 신자유주의 질서로 사회가 재편되는 과정에서 이른 나이에 리더 자리에 올랐다. 실제로 21대 국회는 1960년대생(58%)이 가장 많고, 100대 기업 이사진(2017년)도 1960년대생(72.2%)이 압도적이다. 참여연대 출신의 김기식·김상조·장하성처럼 시민단체 인사 다수는 현 정권의 요직에 올랐다. 윤미향도 마찬가지다.

깊이 읽기 3

세대별 청년기 경제활동의 가치

김정훈, 심나리, 김항기, 우석훈이 쓴 〈386 세대유감〉(2019)에 따르면 각 시대의 1인당 GDP와 비교한 청년노동의 상대적 가치는 1960년대생이 120.3%로 가장 높고, 1970년대생이 108.6%, 1980년대생은 77.9%다. 청년 시기의 실업률은 1960년대생이 3.5%로 가장 낮고, 1970년대생 5.7%, 1980년대생 9.2%다.

등록금 대비 졸업 후 평균소득으로 따진 대학 졸업장의 가치는 1965년생이 22.3배, 1975년생 19.7배, 1985년생 12.3배다. 자산격차의 큰 원인이 되는 부동산 문제도 예외는 아니다. 서울시 아파트 한 채를 사는 데 걸리는 시간은 1965년생 10.1년, 1975년생 15.8년, 1985년생 16년이다.

586세대는 그 이후의 어떤 세대보다 청년기의 임금수준이 높았고 대학 졸업장의 가치가 컸으며, 사회초년생 시절 월급도 많이 받아 저축하기도 쉬웠다. 상대적으로 집값도 쌌기 때문에 서울의 아파트를 구매하는 데에도 훨씬 짧은 시간이 걸렸다.

이를 1990년대생과 직접 비교해 보면 소득 대비 전세금 비중이 586세대는 18배, 1990년대생은 49배로 지금의 20대가 훨씬 높다. 대기업과 중소기업의 임금격차는 각각 39만 원, 190만 원이다. 소득 대비 대출 비중은 각각 19%와 33%이다. 이처럼 지금의 20대는 부모 세대와 비교해 같은 연령대를 기준으로 훨씬 힘든 청년기를 보내고 있다.

이들은 시민운동을 하다 정치인으로 변신하는 게 무슨 대단한 소명의식에 따른 것으로 착각한다. 그저 권력에 투신해 한 자리 얻는 것에 불과한데, '현실참여'란 명목으로 역사적으로 큰 희생을 감내하고 있다며 자아도취에 빠진다. 이런 시민운동가들의 권력욕은 문재인 정부에서 최고조에 달했다. 그렇다 보니 권력을 견제하고 비판해야 할 시민운동은 정치에 종속되고 만다. 정부·시장·시민사회 3자 간의 '견제와 균형check & balance'이 있어야만 민주주의가 건강해질 수 있지만, 이런 삼각구도 자체를 모두 깨버렸다.

실제로 여당의 핵심인 586은 평생해온 일이 운동과 정치 사이인 경우가 많다. 대학교 학생회장 출신 이인영·임종석 등은 1990년대 초중반까지 사회운동 언저리에 있었다. 90년대 말 김대중 전 대통령에게 발탁된 후 '운동권' 타이틀로 30대에 국회의원 배지를 달았다. 자연스레 운동과 정치는 이들에게 밥줄이 됐다. '주사파 대부'로 불리는 〈강철서신〉의 저자 김영환도 2020년 9월 한 강연에서 "(586 정치인은) 이념엔 관심 없고, 생계와 권력지향에만 관심 있다"고 비판했다. **10**

586을 규정하는 개념 중 홍세화의 '민주 건달'만큼 정확한 것도 없다. "제대로 공부한 것도 아니고 실제로 돈 버는 게 얼마나 어려운지

---

10 〈서울신문〉(2020. 9. 9.), "조국, 불분명한 운동권 … 시위 때 얼굴 한 번도 못 봤다".

도 모르기 때문"에 오직 자신 있는 것은 이철승의 말처럼 '네트워크 위계'뿐이다. 연줄로 똘똘 뭉친 586에겐 정치도 일종의 비즈니스다. 그 때문에 민주화운동 자녀에게 입시 혜택도 모자라, 취업·금융 지원까지 당당하게 요구할 수 있다. 건강한 상식을 가졌다면 좀처럼 두둔하기 어려운 조국, 윤미향의 패밀리 비즈니스를 감싸는 것도 그들의 세계관에선 충분히 공감할 만한 일이기 때문이다.

사실 이들은 학생시절 말로만 '민주화'를 외쳤지, 제대로 민주주의를 학습하고 실천해본 적이 없다. 1980년대 '운동' 목표는 독재타도와 반미자주反美自主였지, 이 땅에 민주주의를 뿌리내리는 일과 거리가 멀었다. 오히려 레닌주의를 추종해 현 정치체제를 타도해야 할 부르주아 민주주의로 인식했다.

운동권 내부에서 NL(민족해방)11 이론가이자 조국통일범민족연합 (범민련) 사무처장을 지낸 민경우는 "1985~86년 학생운동권은 레닌주의로 통일됐다. 레닌주의에 따라 학생운동은 시간이 갈수록 과격해졌다"고 말한다. 반면 "한국민족민주전선이 대중의 지지와 공감을 받을 구호와 전술을 강조하면서 학생운동이 6월의 거리에서 결정적 역할을 하게 된 것"이라고 말했다. 12

---

11 한국의 운동권 계보는 크게 NL과 PD 둘로 나뉜다. NL은 민족해방(National Liberation)을 뜻하며 외세의 영향을 받지 않는 민족자결권을 강조한다. 자연스럽게 북한을 추종하고 미국을 반대하는 방향으로 흘러갔다. 이들은 한국사회의 갈등과 모순이 분단에서 비롯됐다고 해석했다. 민족과 통일 문제에 중점을 뒀다. 당시 NL의 다수는 북한의 주체사상을 신봉해 '주사파'로도 불렸다.

이렇게 레닌주의를 교리로 삼아 북한을 추종하다가 중산층 시민들과 야당 정치인, 재야 민주인사 등이 힘을 합쳐 87년 민주화를 이룩하였다. 하지만 그 후 운동권은 특유의 교조적인 이념에 빠져 NL 이론이 심화되었고 PD13가 상대적 영향력을 잃어가면서 갈수록 대중과 유리되었다. 그러던 중 구소련 붕괴 후 갈 곳을 잃은 운동권은 말로는 여전히 혁명을 외치면서 몸은 부르주아의 삶을 향유하는 '내로남불'이 됐다.

정치가 직업인 '민주 건달'은 권력 획득·유지를 위해서라면 민주주의의 가치와 질서 따위는 안중에 없다. 용역깡패들이 압도적 물리력으로 철거민을 몰아내듯, 공수처법 처리 때처럼 대통령 말 한마디면 의회에서 다수의 전횡도 서슴지 않는다. 장혜영 정의당 의원의 말처럼 검찰개혁이 민주주의를 위한 거라면, 결정과정도 민주적이야 한다. 그러나 민주 건달에겐 절차 따위는 중요하지 않다. 오직 사장님의 돈줄(권력)만 중요할 뿐이다.

---

12 〈신동아〉(2021. 4. 1.), "북한 추종 없었다는 이인영 장관 주장 못 믿는 까닭".

13 PD는 민중민주(*People's Democracy*)의 약자다. 이들은 한국이 겪고 있는 갈등의 본질적 원인이 자본주의 체제 아래서의 노동과 자본의 계급구조라고 봤다. NL에 비해 일반적인 사회주의 이론에 가깝고, 북한 정권에 대해서도 일정 부분 거리를 뒀다.

위선의 '끝판 왕' 강남좌파

"미국의 꼭두각시인 이승만의 남한이 38선을 따라 정해진 국경 3곳에서 북한을 선제공격했다." 1950년 6월 26일 프랑스 공산당 기관지인 〈뤼마니테〉L'Humanité의 공식 발표다. 사회주의가 패션처럼 유행했던 프랑스 지식인 사회에선 대한민국의 북침설을 믿는 사람이 많았다. 대표적인 사람이 장 폴 샤르트르14다.

파리국립정치학교 교수인 장 프랑수아 시리넬리 등이 쓴 〈프랑스 지식인들과 한국전쟁〉에 따르면 샤르트르는 6·25 전쟁 발발 직후 전쟁의 원인이 남한에 있다는 주장을 공공연히 펼쳤다. 김일성의 남침을 입증하는 명백한 증거들이 나왔을 때는 "북한이 미국의 유인전략에 빠져 전쟁을 시작했다"는 궤변을 늘어놨다(정명환 외, 2004).

같은 시기 미국 〈뉴욕타임스〉의 보도는 정반대였다. 1950년 7월 27일 이 신문의 사설은 당시 전쟁 상황을 이렇게 묘사했다. "북한 꼭두각시 정권의 명목상 지도자이자 외견상 북한군 사령관인 김일성은 38세의 거구로 출신지인 남한에서는 도망친 범죄자로 수배된 인물이다. … 그러나 많은 한국인은 여전히 북한을 통치하는 자가 사

---

14 장 폴 사르트르(1905~1980). 마르틴 하이데거의 현상학에서 영향을 받아 실존주의 철학의 기틀을 다졌다. 〈구토〉, 〈존재와 무〉 등의 역작을 통해 프랑스의 대표 지성으로 우뚝 섰다. 그러나 소련과 중국 등 현실 사회주의 국가들을 지나치게 미화하면서 강제수용소 같은 인권유린을 묵인해 자유주의자들로부터 큰 비판을 받았다.

기꾼이 아니라 진짜 영웅이라고 믿고 있다(Cumings, 2011)."

실존주의 철학의 대부인 사르트르는 20세기를 대표하는 프랑스 지성 중 한 명이다. 그의 학문적 성과 못지않게 시몬 드 보부아르와의 계약결혼 등 사생활로도 큰 유명세를 떨쳤다. 특히 사회주의를 옹호하는 대표적인 좌파 지식인이었음에도 불구하고, 자본주의의 물질적 향유로 점철된 그의 삶은 늘 논란의 중심이었다.

윤평중(한신대 철학과 교수)은 사르트르에 대해 "머릿속과 말에서만 급진적이었고, 삶에서는 부르주아적 모순투성이었다"며 "자신의 어지러운 사생활과 배치되는 선동적인 진보 레토릭으로 프랑스 지식인 사회를 평정했다"고 설명한다(윤평중, 2011). 당시 프랑스에선 사르트르처럼 고급 살롱문화를 즐기며 진보를 자칭하는 이른바 '살롱좌파'가 많았다.

사르트르의 모순적 삶에 환멸을 느낀 지식인 중 일부는 절교를 선언했다. 대표적인 이가 유년시절부터 오랜 친구였던 레이몽 아롱이다. 아롱은 "정직한 좌파는 머리가 나쁘고, 머리 좋은 좌파는 정직할 수 없다"는 말로 유명한 인물이다. 그는 샤르트르를 비롯한 '살롱좌파'의 위선을 꼬집으며 "사회주의는 지식인의 아편阿片"이라고 주장했다(윤평중, 2011).

사르트르는 국민영웅 샤를 드골을 '프랑스의 히틀러'라고 비난하고, 〈수용소 군도〉에서 소련의 참혹한 실상을 고발한 알렉산드르 솔제니친을 "시대착오적 인물"이라며 폄훼했다. 윤평중은 "샤르트르가 강제수용소를 비롯한 현실 사회주의의 인권탄압을 잘 알면서

도 소련을 옹호했다"고 말한다. 결국 환멸을 느낀 '절친' 메를로퐁티
와 알베르 카뮈 등도 그의 곁을 떠났다.

반세기가 훌쩍 지난 한국에는 '살롱좌파' 대신 '강남좌파'**15**가 활개
를 치고 있다. 강남좌파는 강준만(전북대 교수)의 정의대로 "정치적
·이념적으로는 좌파지만, 소득수준과 라이프스타일은 강남주민
같은 사람"을 뜻한다(강준만, 2011).

실제로 현 정권에는 말로만 진보를 외치고 행동으로는 물질적 욕
망을 실현하는 이들이 많다. '대통령의 입'이던 김의겸은 청와대 대
변인 시절인 2018년 7월 흑석동 재개발 지역의 건물을 25억 7천만
원에 매입 후 2019년 12월 34억 5천만 원에 매각했다.

노영민(전 청와대 정책실장)은 서울 반포의 아파트는 놔두고 자신의
지역구인 청주의 집만 팔겠다고 했다가 '똑똑한 한 채' 비판에 휘말
렸다. 논란 끝에 반포 아파트까지 매각했지만, 8억 원이 넘는 시세
차익을 거뒀다. 강남 다주택 논란을 빚은 김조원 민정수석은 끝내
청와대를 떠날 때까지 아파트를 팔지 않았다.

부동산 투기를 비판하면서 뒤에선 그 이익을 가장 먼저 챙기는 정
권실세들의 모습에 많은 국민이 실망했다. 특히 586 정치인들의 다

---

15 미국에선 리무진좌파, 영국에선 샴페인사회주의자, 프랑스에선 캐비어좌파 등으
   로 불린다. 원래는 말과 행동이 다른 위선적 진보를 칭하는 말이었는데, 최근에는
   교육을 통해 사회적 지위를 세습하는 '브라만좌파'로 확대됐다. 교수 등 고학력 지
   식인이 많고 노동 등 민생 이슈보다 이념적 이슈를 강조한다.

수는 말로는 평등, 반미를 외치면서 실제로는 누구보다 자본주의적 욕망에 충실한 삶을 살았다.

이젠 586이 강남좌파에만 머물지 않고 '브라만좌파'가 되려 한다. 토마 피케티는 "학력 엘리트인 브라만좌파가 자산 엘리트인 상인 우파와 결탁해 불평등을 심화시키고 양극화 구조를 공고히 한다"고 말한다. "좌파 엘리트가 부를 재분배하고 서민층을 대변하는 원래 역할을 하지 않는다"는 것이다(Piketty, 2020).

자신의 물질적 욕망을 좇는 데 그치지 않고, 학력과 주거지로 구분되는 계급차별의 울타리를 높이면서 세습을 통해 계층이동의 희망 사다리를 차버리고 있다는 뜻이다. 결국 브라만좌파와 상인우파 모두 기득권이고, 이들이 서로의 권력을 놓지 않기 위해 싸우는 사이 다수의 사람들이 소외된다는 게 피케티의 주장이다. **16**

한국에선 강남좌파의 원조인 조국과 장하성이 대표적인 브라만좌파다. 두 사람 모두 좋은 집안에서 태어나 막대한 자산을 축적했다. 각각 미국의 버클리대학과 펜실베이니아대학에서 공부했고, 유명대학(서울대·고려대) 교수 출신이라는 뛰어난 스펙도 갖췄다. 문재인 정부의 실세로 부와 명예는 물론 권력까지 거머쥐었다.

두 사람은 단순히 '내로남불'에만 그치지 않고, 계층의 장벽까지

---

16 피케티는 1789년 프랑스혁명 이전의 구체제를 지배계급인 사제와 귀족, 피지배계급인 평민으로 이뤄진 '삼원사회'로 명명했다. 현대사회도 사제에 해당하는 학력 엘리트(브라만좌파)와 귀족에 해당하는 자산 엘리트(상인우파)가 기득권을 나눠 갖고 불평등 구조를 심화시킨다는 게 피케티의 주장이다.

쌓는 모습을 보인다. 장하성은 청와대 정책실장 시절인 2018년 9월 "모든 국민이 강남에 살 이유는 없다. 저도 강남에 살기에 드리는 말씀"이라고 말해 논란을 일으켰다. 3년간 그의 잠실 아파트는 10억 원이 넘게 올랐고, 여론은 '왜 당신만 강남에 살아야 하느냐'며 싸늘한 반응을 보였다.

조국의 '가, 붕, 개' 발언도 비슷한 맥락이다. 조국은 과거 트위터에서 "모두가 용이 될 수 없으며 그럴 필요도 없다. 용이 되지 않고 개천에서 '가재, 붕어, 개구리'로 살아도 행복한 세상을 만들자"고 했다. 그러나 자녀들의 입시편법 논란 이후 본인의 아들딸만 용으로 만들려 한 것 아니냐는 비판을 받았다. 고교생이 SCI급 의학논문의 저자가 되는 것은 부모가 학력 엘리트가 아니었다면 불가능한 일이기 때문이다.

이처럼 학력을 통해 사회적 지위를 세습하는 진보인사들의 이중성은 조국만의 일이 아니다. 유시민과 전·현직 교육감인 곽노현·조희연·김승환 등은 외국어고·자사고 폐지를 외쳤지만 정작 자신들의 자녀는 외고를 나왔다. 평등교육을 강조해온 김상곤 전 교육부 장관의 세 딸은 강남의 학교를 나왔다. 반미·반일을 외쳤던 이인영·윤미향 등 여권 인사들은 학비가 비싼 스위스·미국 등지에 자녀를 대거 유학보냈다.

현 집권세력이 정치, 검찰, 언론, 재벌 등 각 분야의 개혁에 소리높이면서도 학벌 타파에 관심이 적은 이유는 그들의 가장 큰 권력이 학연學緣이기 때문이다. 학연으로 맺어진 80년대 민주화운동과 90

년대 시민운동의 주도자들은 대부분 누구누구의 친구이거나 선후배로 강력한 결속력을 보인다.

그 결과 네트워크 안에 있는 '내 편'이면 무조건 감싸지만(박원순·윤미향·조국 사건), 그 밖에 있으면 과감하게 버린다. 부동산 차명의 혹을 받은 양정숙 의원과 재산신고를 누락한 김홍업 의원을 빠르게 '손절撰絶'한 게 대표적이다. 장하성은 '왜 분노해야 하는가?' 물었는데, 이런 상황에서 정말 "분노해야" 하는 사람은 누구일까. 이들이 스스로를 계속 진보라고 부르도록 내버려 둬도 되는 걸까. 가짜 진보에게 진보라는 이름을 빼앗기는 것은 진짜 진보에게 매우 위험한 일이다.

18

/

갈라치기와 다수의 횡포

투쟁의 언어가 괴물을 만든다

문재인 정부의 실세인 586 정치인들은 왜 '친일'과 '적폐'란 표현을
많이 쓸까. 반대로 과거의 보수정권은 왜 '빨갱이'와 '반공'이란 말을
강조했을까. 만일 조지 오웰[1]이 아직 살아 있다면 "언어가 사고를 지
배하기 때문"이라고 답했을 것이다. 적폐와 반공이라는 단어가 그들
의 정치적 지향점을 나타내고, 그런 표현이 생각과 행동을 결정한다
는 의미다.

---

1 조지 오웰(1903~1950). 영국의 소설가·언론인. 전체주의를 풍자한 〈동물농
   장〉으로 명성을 얻었고 〈1984〉로 세계적인 작가가 됐다. 냉전체제 아래 구소련을
   비판하는 자유진영의 '페르소나'로 여겨졌지만 정작 본인은 사회주의자였다.

조지 오웰이 쓴 〈1984〉는 전체주의 사회의 모습을 적나라하게 보여준다. '빅 브라더'가 지배하는 세상은 사방이 '텔레스크린'으로 둘러싸여 있고 모든 일상이 녹화된다. 조그만 목소리의 대화도 국가에 감시당하고 있다. 미셸 푸코가 말한 '판옵티콘'2의 전형이다.

1949년 집필 당시 오웰이 그린 미래사회는 전 세계가 오세아니아·유라시아·동아시아의 세 나라로 통일돼 있다. 이들 모두 독재 권력이 주민을 통제하는 전체주의 사회다. 주인공이 사는 오세아니아는 '빅 브라더'가 통치하는 곳으로 '새 말new speak'이라는 새로운 언어를 사용한다. 언어를 통해 행동뿐 아니라 생각까지 통제하는 감시사회의 결정판이다.

'새 말'에는 먼저 체제를 비판하거나 그 대안을 표현할 수 있는 단어가 존재하지 않는다. 오웰은 책의 해제에서 "개인이 어떤 생각을 갖더라도 이를 표현할 단어가 없으니 나중에는 새로운 생각 자체를 못 한다"고 말했다. 3

---

2 여기서 판옵티콘(*panopticon*)은 발달된 정보기술이 개인의 일거수일투족을 감시하는 체계를 뜻한다. 원래는 철학자 제러미 벤담이 제안한 일종의 감옥이다. '모두'를 뜻하는 '*pan*'과 '본다'를 뜻하는 '*opticon*'의 합성어로, 소수가 자신을 드러내지 않고 다수를 감시할 수 있는 형태의 건물을 제안하면서 이 단어를 주창했다. 이를 현대적 의미로 재해석한 미셸 푸코는 기술발달에 따른 다양한 감시 체제를 뜻하는 말로 이 표현을 썼다. 최근에는 CCTV와 핸드폰 위치추적 등 기술발전으로 감시사회가 심화하고 있다는 지적이 있다.

3 예를 들어 '자유'(*free*)라는 말은 있지만, '설탕이 들어 있지 않다'(*sugar free*)는 식으로 사용될 뿐, '자유의지'(*free will*)나 '사회적 자유(*social freedom*) 같은 표현은 없다.

실제 이탈리아의 파시스트도 비슷했다. 그들의 언어는 선전·선동에 능하도록 짧고 간결하며 직관적이었다. 유년시절을 무솔리니 치하에서 보낸 움베르트 에코4는 "파시즘은 복잡하고 비판적인 추론의 도구를 제한하기 위해 빈약한 어휘와 초보적인 문법을 사용했다"고 지적했다(Eco, 1995).

이처럼 말은 사고의 틀과 내용을 규정하는 경우가 많다. 언어학자 벤자민 리 워프5는 "언어는 단순히 생각을 드러내는 복제수단이 아니라, 오히려 그 자체가 생각을 형상화하고 실재하게 만든다"고 했다. 원래는 사소한 하나의 몸짓에 지나지 않지만, 이름을 붙이고 난 후에야 비로소 '꽃'(김춘수)이 되는 것처럼 말이다.

워프는 '눈snow'이라는 표현을 예로 들었다. 대부분의 나라에선 눈을 표현하는 단어가 하나지만, 이누이트족은 '하늘에서 내리는 눈', '바람에 휩쓸리는 눈', '녹기 시작한 눈', '땅위에 쌓인 눈', '눈사람처럼 뭉친 눈' 등 각기 다른 뜻을 가진 단어를 갖고 있다. 다양한 표현만큼 더욱 세밀하게 세상을 인식할 수 있다는 이야기다(Whorf,

---

4 움베르트 에코(1932~2016). 3,000만 부가 넘게 팔린 베스트셀러 작가이자 기호학자. 예술과 역사·철학을 넘나드는 에코의 필력은 첫 소설인 〈장미의 이름〉에서부터 유감없이 발휘된다. 학문과 저작 활동을 통해 평생을 독선과 파시즘에 맞서 싸웠다.

5 벤자민 리 워프(1897~1941). '언어가 생각을 결정한다'고 주장한 언어학자. 그의 이론은 스승의 이름을 함께 따 '사피어·워프 가설'로 불린다. 학계의 인정을 받지 못했으나 2000년대 조지 레이코프의 〈코끼리는 생각하지마〉를 통해 재조명됐다.

1964).

　실제로 언어는 사물의 다양한 심상을 만들어 사물의 정체성을 만든다. 예를 들어 다리*bridge* 사진을 독일과 프랑스 사람에게 보여주고 처음 떠오르는 느낌을 답하라고 하면 어떨까. 우리의 편견과 달리 독일인은 '아름답다, 우아하다' 등의 반응을, 프랑스인은 '견고하다, 튼튼하다' 같은 표현을 떠올린다고 한다. 그 이유는 독일어의 '다리*brucke*'는 여성명사이고, 프랑스어의 '다리*pont*'는 남성명사이기 때문이다. **6**

　어순도 언중言衆들의 사고방식에 영향을 미친다. 한국어에선 '나는 너를 사랑해'(주어+목적어+동사)라고 하지만, 영어는 '*I love you*'(주어+동사+목적어)라고 한다. 너*you*와의 관계가 먼저냐, 사랑*love*이라는 감정이 우선이냐는 것이다. 영어권 사람들이 자신의 생각을 솔직하게 표현하고 감정을 나타내는 데 익숙한 이유도 이런 이유에서다. 또 한국어의 높임말 문화는 말 자체로 위계서열位階序列이 나뉜다. 높임말을 쓰는 사람과 낮춤말을 쓰는 사람이 애초부터 동등한 관계일 수는 없다.

　논리의 기초를 이루는 개념과 명제 역시 언어로 정의돼 있지 않으면 합리적 추론과 연역적 사고를 하는 게 어렵다. 물론 머릿속의 상

6　독일어의 다리(*brucke*)는 여성명사이고, 프랑스어의 다리(*pont*)는 남성명사다. 그래서 독일어 다리(*brucke*) 앞에는 정관사 *die*(남성은 *der*)가 붙고, 프랑스어 다리(*pont*)는 정관사 *le*(여성은 *la*)가 붙는다.

넘들을 그림과 조각으로도 표현할 수는 있지만 보는 사람마다 해석이 달라 객관성을 갖기 힘들다. 반면 인간은 언어라는 공통의 기호를 통해 자신의 생각을 표상表象한다. 언어가 있어야 개념을 정의할 수 있고, 개념이 밑바탕이 되어야 논리적 사고가 가능하다.

인간이 복잡한 사고를 할 수 있는 이유는 언어 때문이다. 20세기의 많은 철학자들이 인간의 본질을 탐구하면서 언어분석에 집중했던 이유도 그 때문이다. 마르틴 하이데거는 "언어는 존재의 집"이라 했고, 루드비히 비트겐슈타인7은 "내가 쓰는 언어의 한계가 내가 아는 세상의 한계"라고 말했다.

영화 〈컨택트〉(2016) 8는 지구에 온 외계인의 메시지를 인류가 해석하는 이야기를 다뤘다. 미국에선 언어학자 루이스가 외계어와 영어의 유사성을 분석해 대화를 시도하고, 중국은 마작을 이용해 소통한다. 그런데 루이스는 중국의 방식이 위험하다고 경고한다. 마작과 체스처럼 승패의 룰이 뚜렷한 도구로 소통하면 적대적인 사고에

---

7   루드비히 비트겐슈타인(1889~1951). 케인스가 '신'이라고 표현했던 20세기의 천재. 철강 재벌의 막내로 태어났지만 부를 버리고 학문을 택했다. 언어를 철학의 범주에서 집대성했고 "말할 수 없는 것엔 침묵해야 한다"는 〈논리철학논고〉의 마지막 말로 유명하다.
8   최근 SF의 거장으로 떠오른 테드 창의 소설 〈네 인생의 이야기〉를 원작으로 했다. 드니 빌뇌브가 감독을 맡았고 에이미 애덤스, 제러미 레너, 포레스트 휘태커가 출연했다. 유명 과학자인 칼 세이건의 소설을 원작으로 한 동명의 영화 〈콘택트〉(1997)와는 전혀 다른 작품이다.

빠질 가능성이 크기 때문이다. "언어는 모든 문명의 초석이지만 모든 싸움의 첫 번째 무기"라는 게 루이스의 설명이다.

이처럼 잘못된 언어는 폭력과 갈등을 유발한다. 공격성과 차별을 내포한 히틀러의 언어처럼 말이다. 퓰리처상 수상자인 〈뉴욕타임스〉의 평론가 미치코 가쿠타니는 "1930년대 독일에선 (나치) 패거리의 언어가 국민의 언어가 됐다"며, "극우들의 은어, 자기편을 과시하는 표현, 인종차별 · 여성혐오적 언어가 완전히 주류가 돼 일반정치와 사회담론으로 들어왔다"고 말했다(Kakutani, 2018).

정치인이 사용하는 언어 그 자체가 이데올로기일 수 있는 것은 그 때문이다. 586 정치인들이 민주화운동 시절 독재타도를 위해 사용했던 언어는 세상을 이분법으로 본다는 측면에서 '빨갱이'를 혐오하고 '반공'을 강조하는 극우세력의 언어와 다르지 않다. '투쟁'과 '강철 대오隊伍' 같은 언어를 쓸 때 세상을 둘로 나누고 상대를 대화와 합의의 대상보다는 쓰러뜨려야 할 적으로 보기 쉽다. 그 과정에서 '우리'만의 진영논리는 더욱 강화된다.

민주주의 사회의 성숙한 시민들은 말이 사고와 행동에 미치는 영향이 크다는 것을 잘 알기 때문에 '깜둥이*negro*'와 같은 차별적 표현을 쓰지 않고 장애인의 반대말을 '일반인'이 아닌 '비장애인'이라고 부른다.9 화합의 언어를 쓸 때 우리의 생각도 순화될 수 있다.

---

9 이를 '정치적 올바름'(*political correctness*)이라고 한다. 인종 · 민족 · 언어 · 종교 · 성 등을 이유로 차별이 이뤄지지 않도록 바른 언어를 쓰자는 운동이다. 특히 다

일상에서도 마찬가지다. 뉴스기사와 SNS에 난무하는 각종 비방과 혐오·욕설은 많은 사람에게 상처를 주고 누군가는 극단적 선택을 하게 만든다. 궁극적으로는 자신의 성격과 태도에까지 부정적 영향을 미친다. 영혼의 병듦은 말의 오염에서 시작된다. 인지언어학의 창시자인 조지 레이코프 미국 버클리대 교수는 "새로운 프레임에는 새로운 언어가 있어야 한다. 다른 생각을 하려면 우선 다르게 말할 수 있어야 한다"고 했다(Lakoff, 2014).

이성의 마비

이처럼 생각은 언어로 이뤄진 개념의 사슬이며, 이성의 마비는 말의 오염에서부터 시작된다. 2019년 조국을 지지하는 집회현장에서도 이성이 마비된 사례가 보였다. 2019년 12월 말 서울 서초동 집회에서는 한 초등학생이 연단에 올라 이렇게 말했다. "학교에서 주는 표창장을 받게 됐는데 엄마가 상을 받지 말라고 했다. 엄마가 매주 서초동에서 검찰개혁을 외쳤기 때문에 상을 받으면 검찰조사를 받을 수 있다며 글썽였다"는 것이다. 그러면서 이 학생은 "민주국가에서 검찰이 왜 죄 없는 사람을 가두는지 알 수 없다. 떳떳하게 표창장을 받고 싶다"고 했다. **10**

민족국가인 미국에서 편견을 없애기 위해 사용한다.

이 초등학생의 말이 사실이라면, 그의 어머니는 과연 이성적이고 합리적으로 판단한 것이라고 자신 있게 말할 수 있을까? 자녀교육의 측면에서도 유년시절의 이런 경험이 잘못된 선입견과 왜곡된 사회 인식을 심어준다는 생각을 해보진 못했을까.

여당의 위성정당인 더불어시민당의 공동대표를 지낸 우희종 서울대 교수는 2020년 6월 페이스북에서 다음과 같이 윤석열에게 사퇴를 촉구했다. "작년 서초동과 여의도는 뜨거웠다. 백만 단위의 시민이 모여 대통령의 검찰개혁 의지에 저항하는 윤석열 씨에 대한 성토가 거리에 넘쳐났다. 이번 총선에서 집권당이 과반을 넘는 일방적 결과는 굳이 이야기하지 않더라도 윤석열 씨에게 빨리 거취를 정하라는 국민의 목소리였다."[11]

이 말은 총선에서 여당이 다수표를 얻었으니 윤 총장이 물러나야 한다는 뜻이다. 그의 언어는 이분법에 갇혀 있다. 우리 헌법과 법률 어디에도 총선에서 승리한 여당이 원하는 대로 임기가 정해진 검찰총장이 물러나야 한다는 근거는 없다. 사법기관의 독립성을 총선 승리와 연관 짓는 그의 흑백논리는 그가 정녕 서울대 교수로서 자질이 있는 사람인지 의심이 들게 한다.

여당이 18개 상임위원장을 독식한 것에 대해서도 여당은 "총선 민

---

10 〈중앙일보〉(2019. 12. 30.), "초등생까지 연단서 '검찰개혁' … 광장 1년 내내 둘로 쪼개져".

11 〈세계일보〉(2020. 6. 20.), "우희종도 '윤석열 눈치가 없는 건지 … 이제 어쩔 거냐 압박".

심이 원인 제공일 수 있다. 절대과반 다수의석을 저희에게 줬기 때문"이라고 주장한다.[12] 선거에서 다수표를 얻었으므로 '승자 독식'이 가능하다는 논리다. 배려와 존중, 상호견제와 같은 민주주의적 가치는 사라지고 정치를 오직 '이기고 지는' 이전투구泥田鬪狗의 장으로 환원시켜 놓는다.

언어의 오염은 곧 생각의 붕괴를 초래한다. 그들에게 남는 것은 내 편 네 편의 확실한 투쟁뿐이다. 그러면서 다수의 만능을 내세운다. 이는 지지자를 결집해 권력을 획득하고 정권을 유지하는 데에는 매우 효과적이지만 반대파와의 갈등은 더욱 커지게 만든다. 어차피 선거에서 과반만 확보하면 되기 때문에 반대파를 설득하기보다 정치적 팬덤을 강화하는 데 몰두할 뿐이다. 나라가 둘로 쪼개지든 말든 말이다.

문재인 정부가 꺼내든 증세도 그런 사례 중 하나다. 증세는 고소득층을 타깃으로 하여 소득세 최고세율(45%)을 미국(37%)과 캐나다(33%) 등의 선진국보다 높게 설정했다.[13] 급격한 핀셋 증세가 불합리하다는 비판에는 대상이 1만 1천 명(전체 소득자의 0.05%)에 불과해 별 문제 없다는 논리로 항변했다.[14] 심해지는 불평등을 악용해

---

12 KBS 1TV. 〈사사건건〉(2020.6.24.), "〔여의도 사사건건〕18개 상임위원장 모두 민주당이? 그 결과는 …".

13 〈한국경제〉(2020.12.1.), "소득세 폭탄 … 한 명당 2500만원 더 낸다".

14 SBS(2020.7.23.), "0.05% 고소득자 소득세 더 낸다 … 부자 핀셋 증세".

부자와 빈자를 나눠 갈등을 조장한 것이다.

실제로 한국은 전체 근로자 10명 중 4명(38.9%)이 실질 세금을 내지 않고 있다.15 이런 상황에서 증세를 반대하는 목소리는 작을 수밖에 없다. 과거 정부들이 손쉬운 '부자 증세'를 택하지 않은 것은 '넓은 세원 낮은 세율'의 국민개세주의(헌법 제38조)를 무너뜨리지 않기 위해서였다. 특정계층에 집중된 조세는 근로의욕을 꺾고 포퓰리즘을 부른다. 지금도 이미 소득 상위 10%가 전체의 78.3%를 부담하는 상황이다.

패를 갈라 다수의 적대감을 자극해 소수를 적으로 모는 행태는 다른 정책에서도 마찬가지다. 여권은 윤미향을 비판한 이용수 할머니까지 '토착왜구'로 몰았고16, '조국 사태'로 부모 찬스가 논란이 되자 문제를 제도 탓으로 돌리며 자사고 '일괄 폐지'를 밀어붙였다. 전국 2천여 개 고교 중 자사고는 28곳뿐이어서 다수의 논리로 결정하면 자사고는 불리할 수밖에 없는 상황이다. 어차피 이들 학교에 진학하려는 학생과 학부모는 소수이므로 다수의 관심사에서 벗어나 있다. 대다수의 학생과 학부모는 이들 학교를 폐지하든 말든 크게 신경 쓰

---

15 경제협력개발기구(OECD) 국가의 근로소득세 면제율 현황에 따르면 2018년 기준 한국에서 세금을 내지 않는 사람은 721만 명이다. 비율로는 38.9%다. 2017년 기준 미국(29.3%), 일본(15.1%), 캐나다(17.6%) 등보다 실제 세금을 내지 않는 인구가 훨씬 많다.

16 〈중앙일보〉(2020. 6. 1.), "[이하경 칼럼] 이용수 할머니를 왜 토착왜구로 정죄하는가".

지 않는다.

그러나 김영삼 정부에서 처음 정식 인가된 외국어고, 김대중 정부가 설립한 자사고17 등은 학생의 선택권을 높이기 위한 학교 다양성 정책의 일환이었다. 개개인의 자율과 개성, 여기서 비롯되는 창의성이 4차 산업혁명 시대의 원동력인데 정부는 오히려 학교 다양성을 해치려 한다. 21세기를 사는 학생들을 산업혁명 이후 근대 국민교육 방식이 확립된 19세기 시절의 학교로 밀어 넣는 셈이다.

잘산다고 해서, 남들보다 소득이 높다고 해서, 공부를 잘한다고 해서 그들의 목소리가 과잉 대표돼도 문제지만, 반대로 무시당해서도 안 된다. 정당한 노력과 그로 인한 보상이 존중받고 격려돼야 한다. 다수 대중의 표만 바라보고 정책이 지향하는 가치와 방향성 없이 소수의 권리를 침해하는 것은 전체주의의 횡포와 다르지 않다.

무엇보다 그 대상이 아무리 소수라고 해도, 한번 무너지기 시작한 자유주의와 능력주의의 가치는 조만간 사회 전체로 확산되고 말 것이다. 그렇게 자유주의 국가의 둑이 무너지기 시작하면 걷잡을 수 없게 된다.

---

17 김대중 정부가 설립·인가한 탈규제학교로 2002년부터 운영됐다. 민족사관고가 대표적이다. 2010년 이명박 정부에서 자사고로 전환됐다. 획일적인 교육과정을 벗어나 학교 운영을 재량에 맡겼다. 국가예산 지원을 받지 않는 대신 수익자(학생·학부모)가 교육비를 부담한다.

둘로 쪼개진 한국사회

이런 이분법 탓에 한국사회는 지난 몇 년간 둘로 쪼개졌다. 사회의 온갖 병폐를 상대 정파의 부패와 비리 탓으로 돌리고, 집권세력은 스스로를 '절대선'으로 미화했다. 선악의 이분법은 국민을 부자와 빈자, 친일과 반일, 적폐와 개혁으로 나누고 사회를 갈라놓았다.

'적폐청산', '토착왜구'**18** 같은 표현은 말 자체에 선악의 이분법이 내재해 있다. 적폐를 청산한다는 슬로건에는 자신들의 집권 이전은 모두 악이었다는 전제가 깔려 있다. 그 결과 청와대와 정부가 야당을 무시하고, 심지어 여당 원내대표는 야당을 쿠데타 세력이라고 부른다.**19** 의회정치가 성숙한 국가에선 보기 힘든 행태다.

물론 이명박·박근혜 정권에서도 자신들을 미화하려는 모습은 있었다. 그러나 적어도 상대를 없어져야 할 절대악으로까지는 보지 않았다.

내 편과 네 편의 이분법은 사회 전반에서 동시다발적으로 작동한다. 현 정부의 초창기 경제정책은 소득주도성장이었다. 이것의 발단은 〈왜 분노해야 하는가〉(장하성)였다. 양극화의 주원인이 소득

---

18 2020년 총선에서 더불어민주당, 더불어시민당, 열린민주당 등 여권 지지자들은 "이번 총선은 한일전"이라고 프레임화했다. 일본제품 거부운동이 벌어졌고, 유명 의류업체인 유니클로가 문을 닫는 일까지 생겼다.

19 〈동아일보〉(2020. 9. 16.), "홍영표, 쿠데타 세력 국회서 추미애 공작 … 청문회 마비".

격차라는 문제의식은 급격한 최저임금 인상과 공공부문의 비대화, 감성적인 비정규직 정책으로 이어졌다.[20] 그 저변에는 대기업과 상류층이 너무 많은 돈을 갖고 있으니, 저소득층이 분노해야 한다는 뜻이 담겨 있다.

그러나 장하성의 진단은 과연 옳았을까. 진보학자 토마 피케티는 '불평등의 본질은 자산'이라고 말했다. 자본소득률이 경제성장률보다 크기($r > g$) 때문에 일을 통해 버는 돈보다 돈이 돈을 버는 금액이 훨씬 많다는 것이다. 그런 의미에서 본다면, 임금소득을 인위적으로 늘려 불평등을 해소하겠다던 '소주성'은 사상누각일 뿐이다.

그렇다고 '소주성'의 목표대로 소득격차가 해소되지도 않았다. 저소득층의 일자리는 줄고, 격차는 더욱 커졌기 때문이다. 통계청 가계수지(4/4분기) 조사에 따르면 하위 20%의 월평균 가구소득은 2017년 150만 원에서 2019년 132만 원으로 줄어든 반면, 상위 20%는 845만 원에서 946만 원으로 늘었다.[21]

소득주도'성장'이지만 성장도 거의 없었다. 애초부터 성장정책으

---

20 장하성의 주장은 경제성장의 성과가 노동자들에게 골고루 배분되지 않았다는 것이다. 이 주장에 대한 근거를 홍장표 등이 연구한 노동소득분배율로 제시했는데, 해당 데이터를 놓고도 논란이 많았다. 홍장표는 노동소득분배율이 떨어지고 있다고 한 반면, 한국은행 통계에선 지속적으로 우상향해 왔기 때문이다. 노동소득분배율은 학자마다 산정방식이 조금씩 다르긴 하지만, 주류 경제학 내부에서 소득주도성장론이 인정받지 못하고 있는 것이 사실이다.

21 〈중앙일보〉(2020. 4. 7.), "가계·기업·정부 쓸 돈 없는 상황서 코로나 충격 덮쳤다".

로는 더더욱 말이 안 됐기 때문이다. 경제활동의 결과인 소득은 성장의 종속변수다.22 원인과 결과를 뒤바꿔 놓고 대중의 분노를 자극하는 소주성이 틀린 이유다. 답을 정해 놓고 현실을 꿰맞추니 실패는 불 보듯 뻔한 일이었다.

부동산대책에선 임대인과 임차인을 나눠 서로 갈등을 벌이도록 조장하고, 의사들의 파업 때는 대통령이 직접 나서 의사와 간호사를 갈라치기하는 행태를 보였다. 과거 제국주의 국가들이 식민지에서나 쓰던 '분할통치divide & rule'와 비슷한 모습이다.

이렇게 속이 뻔히 보이는 진영정치를 가능케 하는 것은 무엇일까. 문재인과 집권세력을 호위하는 콘크리트 지지자들이 있기 때문이다. 무슨 짓을 해도 용인해주는 40%의 팬덤이 있으니, 그들만 잘 이끌고 가면 된다는 심산이다. 현 정권을 지지하는 강력한 팬덤이 있고, 이에 더해 2020년 총선에서 여당이 압도적 승리를 거두면서 모든 걸 마음대로 해도 된다는 자아도취에 빠졌다. 부동산 3법 등 법안을 독자적으로 처리하고 국회 상임위원장을 독식한 일들이 이를 잘 설명해준다.

그렇다면 궁극적으로 586 집권세력이 추구하는 정치의 모습은 어

---

22 소득은 성장의 종속변수다. 성장을 통해 기업의 매출이 커지고 이윤이 많아져야 근로자의 소득이 증가한다. 이런 논리에 따르면 소득주도성장은 '소득을 높여 소득을 증가시키는 정책'으로 동어반복이다. 세계노동기구(ILO)가 임금주도성장이란 개념을 쓰긴 했지만, 주류 경제학계에선 의문을 표한다.

떤 걸까. 최장집(2020)은 "민주화를 주도했던 운동세력들은 민주주의라는 말이 고대 그리스의 어원처럼 '인민의 권력'을 의미하는 것으로 이해하는 경향을 만들어냈다"고 지적한다. 그러면서 "대의민주주의 발전과정에서 자유주의적 이론의 기반인 시민 개개인의 도덕적 자율성과 권리의 평등에 힘입어 선거를 통한 대표체계라는 점을 잘 이해하려 하지 않는다"고 말했다.

잘 알려진 대로 나치 정권 치하에서 의회는 국민의 대표 역할을 하기보다는 히틀러를 뒤치다꺼리하는 껍데기에 불과했다. 히틀러는 의회를 무력화시키고 제멋대로 국정을 운영했다. 이처럼 전체주의에선 인민의 총의라는 허상을 내세우고 통치자가 제멋대로 정치를 펴기 쉽다. 실체를 알 수 없는 '국민의 뜻'을 내세우면서 야당의 의견은 안중에도 없게 된다.

최장집(2019)은 현 집권세력에도 비슷한 비판을 가했다. "운동론적 민주주의관은 대의민주주의에서 선거를 통해 선출된 대의제代議制의 역할에 대해 부정적 인식을 갖고 있다. 실제로 의회를 조직하고 움직이는 정당의 역할을 폄훼한다"는 것이다. 이런 상황에서 정당들은 히틀러의 제3제국에서 그랬던 것처럼 그저 거수기 역할만 할 뿐이다.

현 정권도 대통령의 뜻이 결정되면, 여당은 무조건 따라야 한다. 다른 목소리는 대통령에 대한 불경죄로 인식돼 이미 낙선한 인사조차 징계를 해야만 나쁜 선례를 남기지 않는다. 방송에서 마이크가 꺼진 줄 모르고 부동산 관련 발언을 했다 친여 지지자들로부터 뭇매를 맞은 진경준 의원도 비슷한 사례다. 양향자 의원도 트위터에 "김영삼이 발탁하고, 노무현을 지켜냈고, 문재인이 가져다 쓴 김영춘이야말로 부산의 적장자"라고 썼다가 문재인에게 대통령이라는 존칭을 쓰지 않았다고 엄청난 항의를 받았다. **23**

현 집권세력은 여당이 거수기 역할만 하는 것도 모자라 야당의 존재까지 무력화시킨다. 여당이 18개 상임위원장을 독식하면서 책임 있는 국회 운영을 위해 어쩔 수 없다고 변명했다. 그동안 야당이 사사건건 발목을 잡아 일을 하지 못했으므로 상임위원장 독식은 합리적인 일이라고 자신과 지지자들을 세뇌한다.

그러고는 자기들 스스로도 문파에 휘둘려 주체적인 결정도 내리지 못한다. 2021년 1월 친문 단체가 여당 의원들에게 '검찰 수사권 완전폐지 서약문'을 요구했는데, 여러 명의 의원이 이에 서약했다. 특히 김남국, 김용민, 황운하, 최강욱 의원 등은 이를 SNS에 올렸고, 일부는 다시 내리기도 했다. **24** 이런 식으로 할 거면 의회정치는 왜 필요한 걸까.

23 〈서울경제〉(2021. 3. 18.), "文 존칭 안 쓴 양향자 비난 공세 … 무서운 문빠네요".
24 〈뉴시스〉(2021. 1. 12.), "김용민·김남국, 친문단체 검찰개혁 서약문 올렸다 내려".

4부

열린사회로 가려면

19

/

종교와 과학의 대결

바티칸 살인의 비밀

영화 〈천사와 악마〉는 댄 브라운1의 소설을 원작으로 했다. 풍부한 역사지식과 뛰어난 상상력을 바탕으로 과거와 현재를 오간다. 특히 브라운의 독특한 세계관이 담긴 작품들에서는 늘 종교와 과학의 대립이 흥미진진하게 펼쳐진다. 신의 뜻으로 인간의 본성을 억압해온 종교적 교리와 이를 과학의 힘으로 벗어나려는 인간의 자유의지가 불꽃 튀는 싸움을 벌인다.

〈천사와 악마〉의 시작은 교황의 서거 장면이다. 새 교황을 뽑는 '콘클라베'회가 진행되는 사이 바티칸에선 유력한 교황 후보 4명이

---

1 〈다빈치코드〉에서 〈인페르노〉, 〈오리진〉으로 이어지는 추리소설의 대가.

납치된다. 범인들은 바티칸 곳곳에 반反가톨릭단체의 앰비그램 *ambigram***2**을 남겨뒀다. 비슷한 시각 '유럽입자물리연구소CERN'에선 우주의 탄생을 재현하는 빅뱅실험이 성공하고 이를 통해 강력한 에너지원인 '반물질*antimatter*'**3**이 세상에 첫선을 보인다. 그러나 실험이 끝난 직후 반물질을 도난당한다.

작품 속 주인공인 미국의 하버드대 로버트 랭던 박사는 앞서 교황의 서거도 자연스러운 죽음이 아니라 암살된 것이란 사실을 밝혀내고, 그 배후에 '일루미나티Illuminati'**4**가 있다는 것을 깨닫는다. 현실과는 다르지만 소설 속에선 일루미나티의 원조를 갈릴레오 갈릴레이(1564~1642)**5**로 지목한다. '그래도 지구는 돈다'는 말로 종교재판

---

2 거꾸로 읽어도 같은 단어로 읽히는 글자.
3 반물질은 양성자·전자 등 소립자에 반하는 물질을 뜻한다. 기존의 물질세계와 반대로 전자가 +전하를 갖거나 양성자가 -전하를 갖는다. 반물질이 우리가 사는 현실 속의 물질과 접촉하면 질량이 모두 에너지로 전환돼 거대한 폭발을 일으킬 수 있다. 반물질 1g은 일본 나가사키에 떨어진 원폭보다 큰 피해를 줄 수 있다. 종교와 과학에 대한 자세한 설명은 저자의 다른 책 〈보통의 우리가 알아야 할 과학〉을 참고하기 바란다.
4 일루미나티는 '빛나는, 찬란한'이란 뜻이다. 나중엔 '계몽된 자'라는 의미도 갖게 됐다. 역사에서는 18세기 독일 바이에른주에서 창립된 광명회를 일루미나티의 원조로 본다. 철학자인 아담 바이스하우프트(Adam Weishaupt)가 1776년 만든 광명회는 인간 이성을 중시하며 왕정과 교회가 중심이 된 기득권 체제를 무너뜨리려 했다. 위협을 느낀 사회지도층은 이 단체를 탄압하기 시작했고, 그 때문에 비밀결사로 바뀌었다고 한다.
5 갈릴레오 갈릴레이는 1633년 교황청으로부터 이단 판결을 받고 1642년까지 구금돼 있다 사망했다. 교황청은 갈릴레이에게 지동설만큼 천동설에 대해서도 설명하라고 강압적인 요구를 했다고 한다(김희준, 2008). 하지만 갈릴레이가 이를 거부

을 받았던 그가 반反가톨릭단체의 수장이었다는 설정이다. 일루미나티는 갈릴레이를 비롯해 죽어간 과학자들의 복수를 위해 이런 테러를 저지른 것으로 나온다.

작품 속에서는 17세기부터 과학자들이 교회에 의해 무참히 처형된 것으로 나온다. 실제로 역사에서 비슷한 사례가 여러 차례 있었다. 대표적인 사람이 르네상스 시대의 이탈리아 철학자 조르다노 브루노(1548~1600)다. 바로 1600년에 발생한 '브루노의 정죄La purga de Bruno'6 사건의 주인공이다.

도미니코 수도회의 수도자이자 과학자였던 그는 지구의 공전은 물론 자전까지 주장했다. 태양처럼 스스로 빛나며 공전의 중심이 되는 항성과 항성 주위를 돌며 자전하는 행성을 구분했다. 게다가 우주가 무한하다는 주장까지 했다. 매우 도발적인 이론이었기 때문에 가톨릭교회는 그를 8년이나 가뒀다. 마지막엔 종교재판을 통해 화형에 처했다.

하자 교황청은 그를 이단으로 심판했다. 물론 지동설은 갈릴레이의 전유물이 아니다. 그보다 100년 앞서 니콜라우스 코페르니쿠스(1474~1543)는 지동설에 대해 평생을 연구했다. 지동설을 정리한 책 〈천구의 회전에 관하여〉를 임종 직전에야 출간했다. 서문에서 "나의 연구에 대한 그들의 무모한 비판을 경멸한다"고 썼다. 그러나 당시 학계는 물론 대중들에게 지동설은 오늘날 '지구는 평평하다'고 주장하는 것과 같은 대접을 받았다. 큰 설득력을 얻지 못했기 때문에 교회의 핍박 수위도 그리 높진 않았다. 실제로 코페르니쿠스의 책이 금서에 오른 것도 그가 죽고 수십 년이 지난 뒤였다.

6 라틴어로 'purga'는 죄를 깨끗이 한다는 뜻으로 '숙청'을 의미한다. 영어 표현 'purge'가 여기서 유래했다.

소설은 이를 일루미나티 과학자들이 교회에 의해 십자가 낙인이 찍혀 공개처형 당한 것으로 표현한다. 그때부터 교회에 반감을 품은 일루미나티가 계속 갈등을 벌여왔다는 설정이다. **7** 실제로 종교와 과학의 싸움은 중세 이후 끈질기게 이어졌다. 하지만 과학의 발전과 함께 종교는 그 힘을 잃었다. 결국 갈릴레이가 죽은 지 115년 만에 그가 쓴 〈두 가지 세계관의 대화〉가 가톨릭 금서에서 해제됐고, 1992년 당시 교황인 요한 바오로 2세는 교황청이 그를 박해한 것에 대해 사죄했다.

종교와 과학이 본질적으로 다른 점은 신념과 실증의 차이다. 단적으로 말해 종교는 '믿고 보는 것'이며, 과학은 '보고 믿는 것'이다. 그렇기 때문에 종교는 신념을 재판대에 올리고, 과학은 실증적 근거로 판결을 내린다. 과학은 언제든지 새로운 증거에 의해 부정될 수 있는 '반증가능성'이 있어야 한다. 절대불변의 진리는 종교적 신념 속에만 존재하기 때문이다.

1600년간 진리로 받아들여졌던 아리스토텔레스와 프톨레마이오

---

7 종교와 과학이 갈등을 빚을 수밖에 없었던 이유는 상대의 주장을 인정하는 것이 자기 존재의 본질을 위협하는 '모순율'로 받아들여졌기 때문이다. 16세기 유럽에서 가톨릭은 우주의 중심이 지구라 믿었고, 갈릴레이와 브루노는 태양이라고 생각했다. 이들의 생각을 받아들이면 천동설을 무시하는 게 되고, 그것은 곧 신을 부정하는 논리로 이어진다. 모순율은 동일률, 배중률과 함께 아리스토텔레스가 주장한 논리학의 3대 원리다. A라는 명제가 있을 때 'A는 A가 아니다'는 주장은 성립하지 않는다. 반대로 'A는 A가 아닐 수 없다'는 설명은 늘 참이 된다.

스의 천동설도 신념에 가까웠다. 천동설은 지구를 우주의 중심으로 했을 때 화성과 금성의 공전이 때때로 역행한다는 걸 설명할 수 없었다. 그래서 공전궤도 안의 또 다른 공전궤도인 주전원*epicycle*이란 개념을 도입했다. '우주의 중심은 지구'라는 불변의 진리를 전제해 놓고 거기에 각종 이론을 끼워 맞춘 것이다. 즉, 반대되는 새로운 증거가 나타나면 언제든 그 이론이 깨질 수 있다는 '반증가능성'이 존재하지 않았다.

하지만 갈릴레이는 자신이 만든 망원경으로 목성과 위성의 움직임을 관측하면서 지구가 중심이 아니라는 실증을 이끌어냈다. 물론 종교적 신념이 투철한 교회와 당시 과학자로 불렸던 진리의 맹목적 추종자들은 이를 받아들이지 않았지만, 그들의 저항은 오래 가지 못했다. 이처럼 과학은 설득력 있는 새로운 실증이 나타나면 진리라고 믿어 왔던 이론들조차 쉽게 폐기될 수 있다.

이런 반증가능성이야말로 새로운 세상을 열 수 있는 혁신의 열쇠가 됐고, 과학은 인류문명의 비약적 발전을 이끌었다. 반증가능성이 없다면 새로운 시도도, 발전의 계기도 없을 것이기 때문이다. 그 결과 현재 우리는 과거 인류가 한번도 겪어보지 못했던 풍요로운 세상을 살고 있다.

진리의 독선과 위험성

우리가 흔히 접하는 경구 중 "*Veritas vos liberabit*"란 말이 있다. '진리가 너희를 자유롭게 하리라'는 뜻이다. 공교롭게도 국내에선 연세대, 미국에선 존스홉킨스대의 교시校是이기도 하다. 그런데 여기서 '*Veritas*'란 무엇일까? 실증적 연구를 통해 인간이성으로 도달 가능한 학문적 진리를 뜻한다. 하버드대, 예일대의 교육철학에 '*Veritas*'라는 표현이 비중 있게 쓰이는 것도 그 때문이다. 8

그런데 학문의 진리와 신념의 진리는 다르다. 애초 이 말은 성경에서 나왔다. 9 교회에서 '*Veritas*'는 학문적 진리가 아니라 하나님의 말씀, 즉 복음을 이야기한다. 이는 우리에게 신의 아들인 예수의 삶과 언행으로 나타난다. 그렇기 때문에 종교에서의 진리는 인간 이성으로 도달할 수 없는, 현실을 초월한 맹목적인 무언가를 뜻한다.

성경에서 예수는 걷지 못하거나 앞 못 보는 장애인, 또 말 못하는 이들의 병을 고쳐주었다. 10 그러고는 배고픈 이들을 위해 빵과 물고기 7개를 꺼내 기도했다. 그랬더니 4~5천 명의 사람들이 배부르게 먹고도 남을 만큼 음식이 풍성해졌다. 이른바 '오병이어五餠二魚'의 기적이었다. 교인들은 이 같은 예수의 행적을 의심하지 않는다. 문

---

8 서울대의 교기에는 '*veritas lux mea*'라고 쓰여 있는데, '진리는 나의 빛'이란 뜻이다. 고려대의 교시도 자유, 정의, 진리다.
9 〈요한복음〉(8:32).
10 〈마태복음〉(15:30~38).

고 따질 필요조차 없다. 일단 믿고 보는 것이지, 보고 믿는 것이 아니기 때문이다.

그러나 과학의 관점에선 도무지 말이 안 되는 논리다. 일단 과학은 신을 비롯한 형이상학적 존재 자체를 부정한다. 과학에선 영혼도 하나의 화학적 현상에 불과하다. 기억은 시냅스와 신경물질 간의 상호작용이며, 감정은 호르몬 분비와 외부 자극에 따른 반응일 뿐이다.[11] 즉, 과학의 출발은 유물론이라는 이야기다.

유물론에서 신은 인간이 만들어낸 허구의 산물이다. 독일의 철학자 루트비히 포이어바흐(1804~1872)는 "인간이 자신의 형상을 따라 신을 창조했다"고 말한다. '신이 자신의 형상을 따라 인간을 창조했다'는 종교의 교리를 뒤집은 것이다. 즉 "현실의 자신과 세상에 만족하지 못한 인간의 상상력과 소망이 '신'이라는 이상적 존재를 만들고 그 안에서 위안을 받으려 했다"는 것이다(Feuerbach, 1841).

수만 년 전 동굴 속의 인간은 밤이면 왜 해가 지고 달이 뜨는지 알 수 없었다. 녹음이 짙은 여름날의 풍요가 계속될 수 없는 것을 속절없이 안타까워만 했다. 어느 날은 거센 폭풍과 천둥이, 또 다른 날엔 불볕 같은 더위와 메마른 가뭄이 인간의 삶을 어렵게 했다. 자신이 통제할 수 없는 자연의 위협은 늘 생과 사의 갈림길로 나약한 존

---

11 기억은 냉장고의 물건처럼, 뇌의 어느 한 위치에 저장되는 게 아니라 일종의 패턴으로 저장된다. 핸드폰의 패턴식 비밀번호를 생각하면 쉽다. 자주 소환되는 패턴일수록 오래 기억되는 것처럼 어릴 때 겪은 사건이 장기간 기억되는 이유도 그 때문이다.

재를 내몰았다.

이 '유한성'을 극복하기 위해 상상해 낸 것이 바로 신이다. 인간이 느끼는 두려움은 무지에서 오는 경우가 많다. 밤길에 먹잇감을 노리는 사나운 맹수든, 계절마다 찾아오는 태풍이든 그 실체를 알고 나면 두려움이 사라진다. 예고된 두려움을 미리 준비할 수만 있다면 공포의 무게는 더욱 가벼워지게 마련이다.

그럼에도 불구하고 인간의 역량으론 도저히 이해할 수 없는 것들이 있다. 폴 고갱의 작품 'Where Do We Come From? What Are We? Where Are We Going?'[12]의 질문과 같은 것들이다. 생명의 기원은 무엇이며, 죽어서 우리가 갈 곳은 어디인지 그 누구도 답할 수 없었다. 그때 인간은 무지의 영역을 신의 뜻으로 치환한다. 그러면서 자신과 세상을 둘러싼 위협과 공포를 인간 의식의 바깥 영역으로 밀어넣고 두려움을 극복한다. 쉽게 말하면 어차피 내 힘으로 해결할 수 없는 '신의 영역'이므로 괜한 일을 붙잡고 골치 아파할 필요가 없다고 스스로를 위안하는 것이다.

이런 집단의식을 바탕으로 대다수의 보통사람들은 유한한 삶의 영역 안에서 평화롭고 안락한 삶을 추구했다. 다만 선사시대의 제사장부터 현대의 종교 지도자에 이르기까지 한정된 소수가 두 세계의 매개자 역할을 했다. 무지의 영역이 넓을수록 매개자는 큰 힘을 발

---

12 폴 고갱의 1897년 작품, 캔버스에 유채(139×374.7).

휘했다. 그러나 세상에 대한 궁금증이 하나둘씩 풀리면서 그들의 영향력은 축소됐다.

오늘날 그 역할을 대신하는 것이 과학이다. 과학의 발전으로 인간은 무지의 영역을 좁히고, 그로부터 비롯되는 두려움을 극복했다. 먼 바다로 나가면 지구의 끝에 도달해 떨어져 죽을지 모른다는 우려는 코페르니쿠스의 지동설 이후 사라졌다. "과거의 사람들은 먼 바다를 바라보며 신을 이야기했지만"(프리드리히 니체) 이제는 수평선 너머에 있는 사람들의 삶과 문화도 전해 듣는다.

그런데 이와 같이 무지의 영역을 극복해 왔던 과학이 이제는 종교의 입지를 줄이는 것에 만족하지 않고 스스로 신이 되려 한다. 〈사피엔스〉로 유명한 이스라엘의 역사학자 유발 하라리는 "과학과 기술을 통해 수명과 질병의 한계를 극복한 인간이 이제는 '신'이 되려 하고 있다"고 밝혔다. 먼 옛날 신을 창조했던 인간이 이젠 과학의 이름으로 절대자가 되어 가고 있는 것이다(Harari, 2017).

2016년 마이크로소프트(MS)의 인공지능 채팅봇 '테이'는 "유대인이 싫다"거나 "미국과 멕시코 간 국경에 차단벽을 설치해야 한다"는 발언을 했다가 논란된 적이 있다. **13** 빅데이터에서 인간의 언어와 표현을 학습한 결과였다. 이와 관련해 2017년 영국 바스대 조안나 브리슨 박사는 〈사이언스〉지에 발표한 논문에서 "인공지능이 인간의 편견을 그대로 학습한다"는 연구결과를 발표했다. **14** 예를 들어 여자

---

13 YTN(2016. 3. 26.), "막말 풀의 인공지능 로봇 테이가 삐뚤어진 이유'.

의 직업은 '가정주부'와 연결시키고 남자는 '공학' 관련 직종을 연상한다는 것이다.

인공지능은 인간의 의식과 문화, 제도를 그대로 따라 한다. 왜 그런가. 그의 학습 재료는 인간이 만들어낸 빅데이터이기 때문이다. 즉 인간의 잘못된 신념과 오해, 독선 등까지 모두 학습대상이란 이야기다. 온라인에서 정제되지 않고 표출되는 폭력적인 언어들을, 자신의 목적을 위해서라면 타인에게 위해危害를 가하는 일도 서슴지 않는 이기심을 인간이 스스로 통제하지 못한다면 인공지능은 우리보다 더한 독선과 폭력성을 띨 수 있다. 독이 있는 나무는 그 열매도 독으로 가득 차 있을 수밖에 없기 때문이다.

이제 더 이상 종교와 과학의 싸움을 보긴 어렵다. 물론 소수의 사이비 종교가 과학에 반하는 극단적 주장을 펼칠 때도 있지만, 그 말을 믿는 사람은 많지 않다. 지금 교회는 더 이상 천동설이 신의 뜻이라고 생각하지 않는다. 오늘날 다수의 종교인들도 지동설을 상식으로 받아들인다. 그것은 우리가 '진리'라고 믿었던 신념도 오랜 시간에 걸쳐 변한다는 것을 의미한다. 인간은 자기의식으로 인지할 수 있는 만큼의 진리를 엿보고 있을 뿐이기 때문이다. 기독교와 유대교의 뿌리는 같지만 하나님의 말씀에 대한 해석이 다른 것도, 개신교와 천주교가 신·구교로 나뉜 것도 '다른' 관점이 존재해서다.

---

14 〈아시아경제〉(2017. 4. 20.), "인종차별·성차별 배우는 인공지능 … 우리의 언어가 문제다'.

깊이 읽기 4

인공지능과 '모라벡의 역설'

인공지능 기술이 발전하기 시작한 건 비교적 최근이다. 1970년대에 미국의 로봇 공학자 한스 모라벡은 컴퓨터와 인간의 능력 차를 설명하기 위해 '모라벡의 역설'(Moravec's Paradox)을 처음 언급했다. "인간이 쉽게 해내는 행위를 컴퓨터로 구현하기는 어려운 반면, 일반적으로 인간에게 어렵다고 느껴지는 행위는 컴퓨터로 쉽게 처리할 수 있다"는 것이다.

예를 들어 인간은 보고, 듣고, 걷고 느끼는 등의 일상적인 행위는 매우 쉽게 할 수 있는 반면 복잡한 수식 계산 등을 하기 위해서는 많은 시간과 에너지를 소비해야 한다. 반면 컴퓨터는 인간이 하는 일상적인 행위를 수행하기 매우 어렵지만 수학적 계산, 논리 분석 등은 순식간에 해낼 수 있다.

인공지능이 개와 고양이를 구분하기 시작한 것도 몇 년 안 됐다. 이를 가능하게 만든 건 '딥러닝'(Deep Learning)이란 학습방식 덕분이다. 과거엔 사람이 일일이 아날로그 정보를 디지털 언어로 변화해 입력했다. 이런 '지도학습'과 달리 딥러닝은 무수한 정보를 토대로 인공지능 스스로 답을 찾게 한다. '비(非)지도학습'이다. 예를 들어 고양이와 개 사진을 수십만 장 보여주고 둘의 차이점을 스스로 학습하며 구분케 한다.

이렇게 하다 보면 스스로의 역량을 키워가게 되는데 그것이 바로 '강화학습'이다. 이런 학습이 가능해진 건 온라인 세상에 널려 있는 무궁무진한 빅데이터 덕분이다. 그 때문에 인공지능은 사람이 갖고 있는 편견과 폭력적 성향까지 그대로 학습한다.

과거의 종교가 그랬던 것처럼 과학과 대비해 독선적 신념으로 사회에 갈등을 일으키는 것이 있다. 바로 이데올로기다. 이는 인간과 제도·문화를 실증적으로 연구하는 사회과학의 외피를 쓰고 있다. '과학'이라는 명칭을 붙여놨지만, 때론 반증가능성을 인정하지 않는 주장과 이론도 있다. 실제로 근대의 역사를 살펴보면 인류가 처절하게 치렀던 수많은 싸움 중엔 종교의 신념보다도 더욱 폐쇄적인 이데올로기 때문에 벌어진 경우가 많았다.

이 싸움에서 희생당하는 이들은 늘 선량한 다수의 범인凡人이다. 어느 한쪽을 맹신하는 주동자들 때문에 그들을 따르는 무고한 추종자들이 제물로 바쳐진다. 그렇게 피투성이가 된 사람들 위로 새로운 태양이 떠오르지만 다시 저녁이 되면 어제의 과오는 잊어버린 듯 또다시 '진리의 전쟁'이 반복되고 새로운 희생자를 찾는다.

결국 이데올로기로 점철된 세상은 교회가 브루노와 갈릴레이를 탄압했던 16~17세기보다 나을 게 없다. 맹목적 신념과 독선적 진리로 이성과 합리가 마비되었던 당시 사람들과 비교해 과연 이데올로기에 빠진 이들이 더 교양 있고 상식적이라고 할 수 있을까. 지식의 총량은 그들보다 훨씬 많을지 모르지만, 독선과 맹목에 빠져 지혜는 오히려 빈약하다. 이데올로기를 이용하는 이들은 선을 가장해 (위선) 대중을 홀리며, 독선적 주장으로 시민들의 합리적 사고를 마비시키고 맹신하게 만든다. 비판과 검증의 펜 끝을 무디게 만들어 이성을 사이비 종교보다도 못한 거짓 신념으로 대체시킨다. 때론 그것이 '진리'란 이름으로 포장된다.

종교를 대신하는 정치

"신은 주사위 놀이를 하지 않는다." 아인슈타인15의 말로 유명하지만, 왜 그가 이런 말을 했는지 아는 사람은 드물다. 이 말은 1927년 솔베이 회의에서 아인슈타인이 화가 나서 뱉은 말이다. 이 회의는 전 세계의 내로라하는 과학자들이 모두 모인 행사였다. 회의 참석자 29명 중 17명이 노벨상을 탔다. 그중 아인슈타인은 상대성이론으로 우주의 원리를 밝힌 당대 최고 석학이었다.

그리고 이날의 주제는 '전자와 광자光子'였다. 빛도 입자라는 아인슈타인의 광자론16에서 출발한 양자역학의 학문적 기틀을 다지는 행사였다. 이 행사는 신진 물리학자들인 코펜하겐학파17의 이론을 공식적으로 인정하는 자리였다. 양자역학은 뉴턴역학이 설명하지

---

15 알버트 아인슈타인(1879~1955)은 베른의 특허심사관이었던 26세 때 '빠르게 움직이는 물체의 시간은 느리게 간다'는 특수상대성이론으로 과학계에 혁신을 일으켰다. 이후 중력장방정식으로 불리는 일반상대성이론과 광자론, 통일장이론을 통해 현대물리학의 기틀을 다졌다. 특히 뉴턴이 중력 현상을 발견했다면 아인슈타인은 중력의 원리를 규명했다. 영화 〈인터스텔라〉처럼 중력이 시공간을 뒤트는 현상을 수학적으로 정리해 일반상대성이론으로 명명했다. 훗날 빅뱅과 블랙홀 등을 설명하는 기초이론 중 하나가 됐다.

16 빛의 본질이 파동이라는 것은 오랜 불문율이었다. 반대로 뉴턴은 빛이 알갱이라는 가설을 처음 제시했고 아인슈타인이 규명했다(1921년 노벨상). 광자론은 양자역학 발전의 결정적 계기가 됐다.

17 닐스 보어(1885~1962)와 베르너 하이젠베르크(1901~1976), 폰 노이만(1903~1957) 등이 주축이 된 학파.

못하는 미시세계를 다룬다. 빛이 알갱이(광자) 이듯, 입자(전자) 도 파동의 성격을 갖기 때문에 위치 등 정확한 상태를 규정할 수 없고 오직 확률로만 제시할 수 있다는 것이다. **18**

'원자모형'으로 유명한 닐스 보어는 이를 원자原子에 적용했다. 원자는 원자핵과 그 주변을 도는 전자로 이뤄져 있다. 이때 전자는 특정 궤도로만 움직이는데, 어느 한 궤도에서 다른 궤도로 넘어가려면 그냥 뛰어넘어야(퀀텀점프) 한다. 뉴턴역학에 따라 연속적으로(비례함수로) 설명되지 않는다는 이야기다. 특히 전자 같은 미세 입자는 관측 시 광자에 부딪혀 상태가 변할 수 있다. **19**

하지만 아인슈타인은 우주에는 상대성이론처럼 명확한 인과법칙만 존재할 뿐, 확률과 같은 애매한 이론이 있을 수 없다며 보어의 이론을 조목조목 반박했다. 관찰행위에 따라 대상의 실재가 바뀐다는 보어의 주장과 달리 자연에는 명확한 '신의 뜻'이 있을 뿐 주사위 같은 확률과 우연은 없다는 이야기다.

그러자 보어는 과학계의 대선배에게 "신이 뭘 하든 그냥 놔두라"며 맞섰다. 신의 의도를 해석하지 말고 관찰한 그대로 기술해야 한다는 것이었다. 회의장은 보어, 하이젠베르크 등 젊은 과학자들과 아인슈타인의 논쟁터가 됐다. 6일 동안 열린 회의에서 매일 아침 아

---

18 베르너 하이젠베르크의 이론인 '불확정성 원리'.

19 양자역학은 뉴턴역학이 통하지 않는 미시 세계에서의 원리를 다루기 때문에 아직 풀어야 할 숙제가 많다. 또 우리가 살고 있는 세계의 물리법칙(뉴턴역학)이 통용되지 않으므로 직관적으로 이해하기 어렵다.

인슈타인은 양자역학의 모순을 지적하는 문제를 냈고, 저녁이면 젊은 학자들이 해답을 내놨다.

이런 과정을 거치면서 양자역학은 더욱 정교해졌고 현대물리학의 주축이 됐다. 반대로 당대 최고의 과학자였던 골리앗(아인슈타인)은 수많은 다윗들의 도전으로 명성을 잃기 시작했다. 질서정연한 우주를 설명하는 완벽한 법칙을 꿈꿨던 아인슈타인은 노년에 중력과 전자기 등을 하나의 이론으로 설명하는 통일장 이론을 만들고 싶었지만 끝내 완성하지 못했다. 오늘날 양자역학은 우리 주위의 거의 모든 것을 설명한다. 반도체, 원자력, 자기부상열차, 양자컴퓨터 분야에서 핵심이론으로 쓰인다.

과학의 가장 큰 장점은 그 어떤 권위적인 이론도 반증이 나오면 왕좌의 자리를 내려놓는다는 사실이다. 오직 논증과 논리만이 결정에 영향을 미친다. 제 아무리 완벽해 보이는 이론과 석학의 주장도 합리적인 반증 앞에선 무릎을 꿇는다. 이처럼 현상을 탐구해 가설을 세우고, 논증과 실험으로 검증하는 '과학적 사고'는 근대 문명의 발전에 핵심적 역할을 했다.

영국의 역사가 허버트 버터필드 케임브리지대 교수는 "17세기 과학혁명은 종교의 출현 이래 역사상 가장 중요한 사건"이라고 했다(Bentley, 2012). 객관적으로 세상을 바라보고, 이성적으로 대안을 찾는 과학적 사고방식이 인류 역사를 급속도로 발전시켰다는 뜻이다. 과학적 사고는 철학 등 인문학으로부터 여러 학문을 독립시켜 사회학, 정치학, 행정학, 경제학, 법학과 같은 사회과학의 기틀을 다졌다. 반면 과학적 사고를 가로막는 행동은 역사의 과오로 기록됐다. 앞에서 살펴본 갈릴레이와 브루노에 대한 교회의 탄압이 대표적인 사례이다.

하지만 오늘날 과거 종교의 자리를 대신한 것은 이데올로기와 이를 이용하는 정치다. 정치인들은 수시로 과학적 사실을 무시하고 정략적 결정을 내리거나, 선거 등 정치적 목표에 맞춰 사실을 짜깁기한다. 전문가 의견을 듣지 않거나 자신에게 유리하도록 통계를 다듬을 때도 많다.

팬데믹 상황에서 국가 지도자들의 행태도 다르지 않다. 도널드 트럼프 미국 대통령은 팬데믹 이슈를 자신의 지지율과 연관해 정략적으로 판단한 경우가 많았다. 니얼 퍼거슨 스탠퍼드대 후버연구소 선임연구원은 〈요미우리신문〉과의 인터뷰에서 "많은 학자들이 1월 말부터 경고했지만 당국이 전혀 움직이지 않았다. 트럼프는 전문가를 싫어하는 아마추어"라고 비판했다. [20]

심지어 트럼프는 2020년 4월 13일 기자회견 중 "〈뉴욕타임스〉는 완전히 가짜뉴스다. 망해버렸으면 좋겠다"고 했다. 사태 초기에 코로나19 위험성을 경고한 보건복지부 장관의 말을 무시했다는 〈뉴욕타임스〉의 보도를 염두에 둔 발언이었다. 그러면서 코로나19 대응

---

[20] 〈중앙일보〉(2020. 4. 15.), "코로나로 중국식 IT 전체주의 확산, 민주주의 패배할 수도".

을 홍보하는 영상을 틀었고, 이를 중계하던 CNN과 MSNBC는 방송을 끊어 버렸다. **21**

누구보다 과학적이어야 할 세계보건기구WHO도 중국을 의식한 초동대처 미흡으로 비판을 받았다. **22** 의사들의 초기 경고를 무시하고 은폐하다 사태를 키운 중국의 관료들은 말할 것도 없다.

한국도 상황이 다르지 않다. 오락가락했던 마스크 대책이 대표적이다. 특히 사태 초기에 정부는 KF94 마스크를 권장했다가 수급이 좋지 않자 '안 써도 된다'고 했다. **23** 사실 바이러스의 주요 감염원이 비말인 것을 고려하면 마스크는 필수적인 보호수단인데도 말이다. 일찌감치 백신 확보에 나서야 한다는 의료계의 말을 듣지 않고 뒤늦게 뛰어들어 시기를 놓쳤다.

이 모든 것이 과학으로 해결할 일을, 정치가 주도하면서 벌어진 사태다. 과거에 종교가 그랬듯 정치가 과학을 무시하고 억압하면서 큰 비용과 희생을 치르고 있다. 반대로 혼란스러운 유럽에서 독일이 선방할 수 있었던 데는 양자화학 박사 출신인 앙겔라 메르켈 총리의 공이 컸다. 그는 정치에 휘둘리지 않고 오직 과학과 증거에 의존한

---

21 〈뉴스1〉(2020. 4. 14.), "트럼프의 프로파간다… 백악관 브리핑 꺼버린 CNN".

22 코로나19 유행 초기 WHO는 중국의 눈치를 본다는 비판이 많았다. 이후에도 굳이 마스크를 쓰지 않아도 된다는 등 비과학적 주장을 펼쳤다.

23 2020년 1월 처음 코로나19 바이러스가 알려졌을 때는 KF94 마스크를 강조했다가, 나중에 물량이 딸리자 정부는 면 마스크 착용도 권고했다. 몇 시간씩 길게 줄을 서 시민들이 마스크를 사는 진풍경이 연출됐고, 부족한 물량 때문에 마스크 5부제까지 실시됐다.

정책을 폈다. 국민들에게 직접 '기초감염 재생산수' 논리를 설명하는 등 이성적 리더십을 선보였다.

과학이 발전하려면 정치가 제 역할을 해야 한다. "과학에는 민주주의가 필요하다"는 야콥 브로노프스키의 말처럼 사상·비판의 자유, 이를 받아들이는 성찰적 지혜가 있어야만 과학이 꽃을 피운다 (Bronowski, 1956). 이런 가치를 사회 전체에 확산시키는 것은 사회 지도층의 몫이다.

빅뱅 이론을 처음 제안한 조지 가모프24와 원자폭탄의 아버지 엔리코 페르미는 각각 스탈린과 무솔리니의 독재를 피해 미국으로 망명했다. 당시 소련은 이데올로기에 학문연구를 꿰맞춘 '프롤레타리아 과학'25으로 학자들의 자율성과 다양성을 억압했다. 아인슈타인 같은 과학자와 한나 아렌트 같은 지식인이 나치를 피해 미국으로 간 것도 같은 이유였다.

이처럼 다양한 의견을 수용할 수 있는 포용성이 있어야 과학이 발

---

24 1933년 소련에서 미국으로 망명한 과학자. 소련은 1950년대까지 미국과 우주 경쟁을 벌였다. 그만큼 과학이 발전해 있었지만 딱 거기까지였다. 공산당이 마르크스와 레닌의 변증법적 유물론으로 과학 이론을 판단했다. 이데올로기의 잣대로 과학을 흔들었다. 그 결과 조지 가모프는 망명을 결심했다. 국제 학술회의 참가차 브뤼셀에 방문했고, 거기서 마리 퀴리의 도움으로 프랑스에 머물다 미국으로 건너갔다. 조지워싱턴대학 교수로 일하며 2차 세계대전 중 원자탄을 연구하는 맨해튼프로젝트에 참여했다.
25 1931년 러시아의 사회적 분위기는 이미 교조적으로 변해 있었다. 당시 스탈린은 '자본주의 과학'에 맞서 싸운다며 '프롤레타리아 과학'이라는 과학을 위장한 이데올로기를 만들기 시작했다.

전할 수 있다. 특히 복잡해진 현대사회는 정치인 개인이 모든 분야를 잘 알 수가 없다. 그 때문에 전문가들의 의견을 잘 듣고 과학적 결정을 내려야 한다.

과학에는 자유주의가 필요하다

아메리카 대륙을 발견한 사람이 콜럼버스가 아니라 정화鄭和26였다면 어땠을까. 역사에 가정이란 있을 수 없지만, 정말 많은 부분이 지금과 달랐을 것이다. 지금처럼 영어가 세계의 공용어가 아닐 수 있고 할리우드가 세계 대중문화의 표본이 아니었을 수 있다. 정화의 대원정 후에도 명明이 해양정책을 지속했다면 역사가 어떻게 바뀌었을지 모른다.

1405년 정화는 영락제27의 지시로 첫 항해에 나섰다. 이후 1430년까지 7차례 원정을 떠나 인도의 캘리컷, 페르시아만의 호르무즈, 아프리카 동안東岸까지 다녀왔다. 국력을 세계에 과시하고 중화사상 위

---

26 정화(1371~1433). 본명은 마화(馬和)이나 영락제로부터 '정'씨를 하사받고 개명했다. 중앙아시아 출신으로 소년시절 명에 끌려와 환관이 됐다. '마'씨는 무하마드의 음차다. 지략이 뛰어나 태감의 자리에 올랐고 7차례 대원정을 이끌었다.

27 영락제(1360~1424). 명나라 태조 주원장의 넷째 아들로 세계 최대의 궁전인 자금성을 지었다. 환관, 이민족 등 신분과 출신에 관계없이 요직에 중용해 정통 관료들과 마찰을 빚었지만 강력한 왕권을 바탕으로 대원정 같은 대담한 정책을 폈다.

주의 국제질서를 구축하기 위해서였다. 정화가 귀국할 때는 아프리카 왕들로부터 사자, 표범 같은 조공을 받기도 했다.

〈명사明史〉에 따르면 정화의 함선 중 가장 큰 것은 길이 44장丈(132m), 폭 18장(54m)에 이르렀다. 총 62척의 배에 2만 7,800명의 선원을 데리고 원정을 떠났다. 조금 과장이 있다 해도 1492년 아메리카 대륙에 도착한 콜럼버스의 산타마리아호(길이 18m, 승무원 40여 명)보다 훨씬 컸던 것은 분명하다.

만일 정화가 아프리카 서안을 돌아 포르투갈의 함선과 마주쳤다면, 혹시 콜럼버스가 출항했던 스페인의 우엘바 항구에 먼저 도착했더라면 어땠을까. 어쩌면 명이 대항해시대의 주인공이 되었을지도 모른다. 당시 명의 국력은 세계 최강이었다.

반면 유럽은 달랐다. 오스만제국이 유럽과 인도의 교역로를 가로막아 향신료 수입이 어려워지자 새로운 무역로가 필요했다. 지중해 무역으로 번성했던 이탈리아 도시국가들이 쇠퇴했고, 지리적으로 유럽의 끝부분인 이베리아반도에 있던 스페인과 포르투갈은 이를 기회 삼아 지중해가 아닌 새로운 해상교역로를 찾아 나섰다. **28** 이때부터 서양과 동양의 역사는 정반대의 길을 걷기 시작했다.

사실 문명이 시작된 이후 인류 역사에서 중국은 단 한 번도 초강

---

28 흥미롭게도 대항해시대의 초기 주역은 스페인과 포르투갈이었지만, 실제 주인공은 이탈리아인들이었다. 크로스토퍼 콜럼버스나 아메리고 베스푸치 등은 이탈리아인이었지만, 스페인의 배를 타고 아메리카 대륙에 도착했다.

대국의 자리를 다른 나라에 내준 적이 없다. 앵거스 매디슨**29**의 〈매디슨 프로젝트〉에 따르면 서기 1000년 중국의 인구(5,900만 명)는 유럽 30개국을 합친 것(2,556만 명)보다 많았다. 당시 일본 인구는 750만 명, 미국은 130만 명에 불과했다.

매디슨은 특히 1990년 물가를 기준으로 이 시대의 GDP 규모를 달러로 환산했는데(기어리-카미스 달러) **30** 중국(274억 달러)이 유럽 30개국(109억 달러)보다 훨씬 앞서 있었다. 1500년에도 여전히 중국 (618억 달러)이 유럽 30개국(441억 달러)을 압도했다.

그러나 16세기 이후 유럽의 대항해시대가 열리면서 두 문명의 경제력이 역전된다. 1700년 유럽 30개국의 GDP(809억 달러)가 200년간 84% 늘어난 반면, 중국(828억 달러)의 성장률은 34%에 그쳤다. 1900년엔 유럽 30개국의 GDP(6,739억 달러)가 중국(2,181억 달러)의 3배나 됐다. 50년 후엔 1조 3,962억 달러와 2,449억 달러로 격차가 더욱 커졌다.

사실 인류의 4대 발명품이라 불리는 종이, 화약, 나침반, 인쇄술

---

29 앵거스 매디슨(1926~2010). 2000년간 세계 경제사를 연구한 영국의 경제사학자. OECD 초대 경제개발부국장을 지낸 뒤 네덜란드 흐로닝언대학 교수로 일했다. 〈매디슨 프로젝트〉는 기원후 전 세계 국가의 경제 흥망사를 다룬 방대한 연구서다.

30 기어리-카미스 달러(*Geary-Khamis dollar*)는 국제 경제에서 구매력을 기준으로 가치를 비교할 때 쓰인다. 주로 1990년 물가를 달러로 환산해 각국의 경제력을 평가한다.

은 모두 중국에서 나왔다. 이미 2,500년 전 춘추전국시대에 공자·
맹자를 비롯한 제자백가들이 모든 학문의 기초를 닦았다. 제나라의
관중31은 기원전 7세기 정전제井田制를 실시하고 화폐를 유통시켜 상
업을 발전시켰다. 기원전 3세기 진나라는 중국을 통일하며 당시 서
양의 어떤 나라도 따라올 수 없는 막강한 제국으로 성장했다.

　춘추전국시대 중국의 사회시스템은 오늘날 우리가 흔히 말하는
글로벌 스탠더드가 이미 통용되고 있었다. 물자와 인력의 교류가 빈
번했고, 각각의 제후국들이 경쟁을 통해 더 나은 문물을 만들기에
힘썼다. 왕들은 유능한 인재를 모시기에 위해 다른 나라 출신까지도
삼고초려三顧草廬했다. 그 덕분에 제자백가諸子百家들은 천하를 주유
하며 자신들의 이론을 왕에게 설파했다. 진나라가 천하를 통일하기
직전 최고권력을 가진 여불위呂不韋32는 조나라 사람이었지만 적국

---

31 '관포지교'(管鮑之交)로 유명한 관중은 군주인 환공을 도와 제나라를 춘추시대의
　　패권국가로 올려놨다. 정치와 경제, 사법, 행정에 이르기까지 중국이라는 나라의
　　기틀을 마련했다. 관중은 조세개혁을 단행하고 정전제(토지를 '井'자 모양으로 9
　　등분하여 8가구가 한 등분씩 소유하고, 가운데 필지는 공동 경작해 수확물을 국가
　　에 바치는 방식)로 토지제도를 개혁했다. 백성들에게 땅을 나눠주고 토지이용률
　　을 높이는 한편 세금을 줄였다. 바다에 인접한 지리적 이점을 활용해 중국 역사상
　　최초로 중상주의 정책을 폈고 상업이 발달하면서 화폐를 널리 유통시켰다.
32 조나라 출신의 거상이었다. 국경을 넘나들며 큰돈을 벌었다. 훗날 시황제가 되는
　　영정의 친부라는 설도 있다. 즉 영정의 아버지가 조나라에 인질로 붙잡혀 있을 때
　　여불위가 자신의 첩을 시집보냈는데, 이미 그때 임신한 상태였다는 기록이 남아
　　있다. 영정이 성년이 된 후 권력 투쟁에서 밀려 귀양을 떠났다가 자결했다. 뛰어난
　　상인이자 정치가였으며, 전국시대 귀중한 역사서로 평가되는 〈여씨춘추(呂氏春
　　秋)〉를 편찬했다.

인 진나라에서 재상을 지냈다.

그러나 근대의 중국은 정반대로 갔다. 이를 서구의 과학사가들은 '니덤 퍼즐'이라고 부른다. 영국의 과학사회학자 조지프 니덤33은 중국의 저발전을 '과학혁명의 부재'에서 찾았다. 그는 〈중국의 과학과 문명〉에서 "서로 다른 사회·경제적 조건이 중국과 유럽의 운명을 갈랐다"고 지적한다. 즉, 15세기 이전까진 거의 대부분의 분야에서 서양을 앞섰던 중국의 과학기술이 16세기 이후 역전된 것이다.

이 같은 역전의 핵심원인은 중국이 개방정책을 포기하고 쇄국정책으로 돌아선 데 있다. 명의 전성기를 이끌었던 영락제가 죽으면서 해외 원정사업도 덩달아 폐기됐다. 당시 명은 인력, 자원이 풍부해 외국과의 교역 필요성을 느끼지 못했다. 특히 북방 오랑캐의 침입에 더 많은 군사, 외교 자원을 할애하면서 해양정책이 뒷전으로 밀렸다.34

아울러 실리보다 명분을 따지는 주자학적 교리에 빠져 있었고, 새로운 지식을 만들어낼 수 있는 자유로운 풍토와 이를 유통시킬 수 있는 글로벌 시장의 형성이 더뎠다. 그 결과 아편전쟁과 같은 굴욕

---

33 조지프 니덤(1900~1995). 영국의 과학사회학자. 니덤이 제자들과 함께 쓴 7권 25책의 역작 〈중국의 과학과 문명〉은 15세기 이전까지 중국이 세계적 과학기술강국이었다는 점을 실증적으로 밝혀 서구우월주의를 깨는 중요한 계기가 됐다.

34 이 당시 중국이 남쪽의 수도 난징에서 북쪽의 베이징으로 천도한 것도 같은 맥락이다. 자금성으로 들어간 새 황제는 스스로가 세계의 중심이라고 자부했고 굳이 바닷길을 따라 해외 원정을 보낼 필요가 없었기에 시도조차 하지 않았다.

적인 패배를 당하며 서양에 밀렸다. 니덤은 "중국이 세계로 뻗어나가지 못했고, 강력한 중앙집권국가 체제와 유교전통으로 자율과 개방성이 부족했다"고 진단했다.

반면 유럽은 봉건제가 무너지고 르네상스에서 꽃핀 학문과 예술이 전 사회로 퍼져 나갔다. 신항로 개척으로 다양한 문물을 교류하며 새로운 기술과 물자를 받아들였다. 구질서의 해체와 시장의 확대는 사회 전체의 효율성을 높였다. 이런 토양 아래 갈릴레이에서 뉴턴으로 이어지는 17세기 과학혁명이 일어났다.

결국 문명의 발전을 위해선 그 나라의 제도가 어떤 형태를 띠고 있는지가 매우 중요하다. 제도는 결국 규범과 보상체계로 요약된다. 플레이어들이 지켜야 할 일종의 게임의 룰이 공정해야 하며, 그로 인해 얻게 되는 성과의 분배방식이 정의로워야 한다. 이런 제도적 토양이 마련돼 있을 때 과학과 기술, 학문이 발전한다.

17세기 서양을 예로 들면, 자연의 원리를 탐구하는 과학과 이를 실생활에 활용한 기술의 발전이 물질적 혁명의 토대를 이루었다. 여기에 과학적인 사고방식을 통한 인문·사회의 발전이 더해지면서 문명의 도약이 이뤄진 것이다. 그 때문에 영국의 역사가 허버트 버터필드는 "과학혁명은 종교의 출현 이래 인류 역사상 가장 중요한 사건"(Bentley, 2012)이라고 평가한다. 이처럼 중국과 유럽의 사례를 볼 때 과학혁명은 자율과 개방성, 다문화 같은 자유주의적 요소가 있어야 가능하다.

같은 유럽에서도 네덜란드와 영국이 프랑스, 독일을 제치고 앞서 나간 것 역시 같은 이유다. **35** 16~17세기 네덜란드의 급부상은 일찍부터 상업이 발달하고 해상교역에 신경 썼기 때문이다. 국토의 4분의 1이 해수면보다 낮아 경작이 어려웠던 네덜란드는 1579년 스페인에 독립선언을 하면서 여러 나라의 인재를 받아들였다. 종교 박해를 피해 네덜란드로 온 개신교도 중에는 유능한 인재들이 많았고 이들이 함께 어우러져 과학·예술·학문의 꽃을 피웠다.

18~19세기 과학혁명의 선두주자로서 바통을 이어받은 나라가 영국이다. 1215년 마그나카르타부터 일찌감치 민주주의의 싹을 틔워온 영국은 산업혁명과 함께 비약적인 발전을 이뤘다. 기술혁신을 위해선 창의성이 필요하고, 이를 위해선 사회 전반에 다양성과 개방정신이 깃들어 있어야 한다. 애덤 스미스와 존 스튜어트 밀 같은 자유주의 사상가들의 요람인 영국에서 산업혁명이 일어난 것은 매우 당연한 일이다.

다양한 의견을 수용할 수 있는 포용성이 있어야 과학이 발전할 수 있고, 과학적 사고가 그 사회의 지배적 가치로서 자리를 잡아야 문명이 진보한다. 네덜란드, 영국과 미국 모두 관용과 개방, 다양성의 정신을 존중하며 과학기술을 꽃피우고 패권국가로 우뚝 섰다. 이

---

35 1500년 네 나라의 1인당 GDP는 비슷했지만, 1600년 네덜란드(1,381달러)는 프랑스(841달러), 독일(791달러)을 멀찌감치 따돌렸다. 1700년엔 2,130달러로 프랑스, 독일(910달러)의 2배를 넘어섰다.

처럼 눈부신 과학의 성과는 자유주의와 민주주의의 토양 아래서만 가능하다.

그러나 한국은 어떤가. 신성철 전 KAIST 총장이 정부의 무리한 고발로 20개월 간 검찰 수사를 받다 무혐의 처분됐다. 그는 지난 정권에서 임명됐고 박근혜 전 대통령의 초등학교 동문이다.[36] 처음부터 과학계는 "문재인 정부가 무리하게 적폐로 내몬다"며 반발했다. 당시 〈네이처〉도 "한국 과학자들이 부당한 처사에 저항하고 있다"고 지적했다.[37]

2018년 4월 임기 2년을 남기고 사퇴한 임기철 전 한국과학기술기획평가원장은 "과기부 차관으로부터 '촛불정권이 들어섰으니 물러나야 하는 것 아니냐'는 말까지 들었다"고 했다. 문재인 정부 출범 후 임기를 못 채우고 그만둔 기관장만 12명이다.[38] 단지 지난 정권의 인사란 이유로 적폐 딱지를 붙여 내쫓는 것은 과거 유럽의 종교 박해와 무엇이 다른가.

그뿐만이 아니다. 대학 구성원들이 뽑은 후보가 마음에 들지 않

---

36 당시 과학계에서는 지난 정부에서 임명됐고, 또 박근혜의 초등학교 동문에다 영남대 이사까지 지낸 탓에 적폐로 몰렸다는 이야기가 많았다.

37 〈동아사이언스〉(2020. 8. 4.), "검찰 신성철 KAIST 총장에 혐의 없음 … 과학계 더 이상 연구자 피해 없어야".

38 〈세계일보〉(2019. 3. 13.), "사퇴 압박 의혹 과기정통부, 문재인 정부서 12명 임기 중 사퇴".

는다며 총장 자리를 비워두는 행태도 반복된다. 공주교대는 개교 이후 처음 직선제를 도입해 66.4%의 압도적 지지를 받은 이명주 교수를 추천했지만 교육부가 거부했다. 구체적 이유는 밝히지 않았다. 과학과 학문의 영역까지 적폐로 모는 행태는 박근혜 정부의 '블랙리스트'와 무엇이 다를까.

과학자를 홀대하고, 원전과 같은 과학정책조차 비과학적 결정을 내리는 풍토에선 기술발전도, 경제성장도 기대할 수 없다. 과학에는 자유주의와 민주주의가 필요하다. 오직 이성과 논리에 따라 의사결정이 이뤄지고, 다양한 생각이 존중받을 수 있는 개방적 풍토에서만 창의성과 혁신이 나오기 때문이다.

그러나 현 정권의 행태를 보자. 비판적 글을 쓴 필자를 고발하고, 극성 지지자들이 댓글테러를 가하도록 방조한다. 당론을 거부하고 소신 투표를 한 국회의원은 낙인찍힌다. 그렇게 비판적 목소리를 내고 싶어도 못 내고 만다. 이런 가운데 여당은 "생각 같아서는 언론의 징벌적 손해배상을 30배, 300배 때리고 싶다"(정청래)며 표현의 자유를 옥죄는 법안까지 발의했다. 여기에 대북전단금지법까지 통과시켜 국제사회의 웃음거리가 됐다. 통일부는 아예 전단배포단체까지 고발했다. 닫힌사회의 전형이다.

권력자에 대한 조그만 지적조차 용납하지 않는 것도 마찬가지다. 이명박·박근혜 대통령에겐 '쥐박이, 2메가, 귀태鬼胎, 그년' 같은 표현을 일삼았던 이들이다. 그러나 지금은 문재인 대통령을 그냥 '문재인'이라고 불러도 큰 화를 입는다. 작은 비판조차 허용하지 않고 조선시대의 왕처럼 돼버렸다.

비판이 사라진 곳엔 권력을 향한 찬가만 남는다. "달빛 소나타가 대통령의 성정을 닮았다"며, 〈월광月光〉을 피아노로 연주했던 낙선 의원은 청와대에 입성한 후 비서관을 거쳐 대변인까지 됐다. **39** 한 검사는 유명한 소프라노가 부른 〈달님에게 보내는 노래〉를 대통령 에게 바치는 것인 양 SNS에 올려 큰 호응을 얻었다. 열린사회에서 는 좀처럼 보기 드문 우상화의 모습이다.

모든 권력은 달콤함에 취해 쓴소리를 배척한다. 과거 군사정권이 국가보안법으로 표현의 자유를 말살한 것도, 박근혜 정부의 블랙리 스트도 그 때문이었다. 하지만 촛불혁명으로 집권한 문재인 정부라 면, 적어도 과거의 권위주의 세력과는 달라야 하지 않을까.

각자의 개성과 다양성을 말살하고 공동체 구성원들이 모두 똑같 은 생각을 해야 한다는 전체주의는 진리에 대한 그릇된 믿음에서 생 겨난다. 선동가는 자신이 설계한 유토피아를 진리로 맹신하고, 다 수 대중은 맹목적으로 따르기 때문이다. 이때 변화의 동력은 계급 간의 반목反目과 적대敵對이며, 이 갈등이 개악의 원인이 된다. 착취 와 피착취 관계인 두 계급의 투쟁이 역사를 변화시켰다는 마르크스 의 '사적 유물론'은 지금도 살아 숨쉰다.

이처럼 민주주의 사회에서 독선이 위험하다는 것은 모두가 잘 안

---

39 〈뉴스1〉(2020. 5. 31.), "달빛 소나타 박경미도 靑으로".

다. 존 스튜어트 밀은 〈자유론〉에서 "어떤 의견이 불경스럽고 비도
덕적이라 해도 자신에게 절대로 오류는 있을 수 없다고 생각하는 것
이 오히려 (불경스럽고 비도덕적인 의견보다) 치명적인 독을 품는다"고
했다. "자기 생각이 옳다고 확신하는 사람들은 절대적 권력이나 맹
목적 복종을 요구하기 때문"이다(Mill, 1859).

그러면서 소크라테스의 사례를 예로 들었다. "아테네인들은 불경
不敬과 부도덕不道德을 이유로 그때까지 태어난 사람 중 최고의 지성
이라고 할 수 있는 사람을 죽음으로 몰았다. (독선은) 개인의 사사로
운 삶 구석구석까지 침투해 상대방의 영혼을 침투하고 도저히 빠져
나갈 틈을 주지 않는다(앞의 책)."

이와 같은 독선에 빠지지 않는 유일한 방법은 다양성을 인정하고
이성적인 토론을 통해 각자 의견의 타당성을 검증받는 것이다. 설령
많은 사람들이 옳다고 믿는 A라는 명제를 반박하는 주장이 나오더
라도 합리적 토론의 과정을 거치면 A에 대한 신뢰는 높아질 것이다.
반대로 토론을 통해 A의 오류와 잘못이 드러난다면 그것 또한 매우
큰 성과다.

밀은 "각 시대에는 수많은 주장과 의견이 잉태되지만 시간이 지나
면 그 얼마나 우스꽝스러웠는지 후회되는 경우도 많다"며, "과거가
현재로 부정되듯, 현재도 미래에 번복될 것이며 우리가 진리라고 믿
는 많은 것들이 언젠가는 폐기될 것이 확실하다"고 했다(앞의 책).
그런 이유에서 밀은 '진리', '절대선' 같은 표현을 쓰는 이들을 경계
해야 한다고 강조했다. "반증가능성이 없는 것은 과학이 아니다"라

는 칼 포퍼의 말과 비슷한 맥락이다.

　이처럼 독선을 경계하고 다양성을 추구하는 것은 민주주의 사회의 가장 핵심적인 원리다. 그리고 이를 가능케 하는 것은 자유주의自由主義다. 그래서 밀은 "가장 정확한 진리를 얻기 위해서는 누구나 자신의 뜻을 펼칠 수 있는 표현의 자유가 있어야 하며, 다양한 입장에서 다른 생각을 조율할 수 있는 능력이 필요하다"고 말한다. 아울러 "세상의 어떤 현자도 이것 외에 다른 방법으로 지혜를 얻은 사람은 없다"고 지적했다(앞의 책).

　이렇게 자유주의는 우리 사회를 떠받치는 가장 큰 기둥이다. 시민 각자가 자유롭게 의견을 펼칠 수 없다면 사회적 다양성은 피어나지 못한다. 새로운 의견이 반영되지 않고 과거의 의견만 답습한다면 인류는 앞으로 나아갈 수 없다. 같은 이유로 자기 생각만 옳다고 믿으며 타인의 생각을 받아들이지 않으면 역사는 후퇴한다. 결국 유토피아와 전체주의는 한 끗 차이다. 닫힌사회로 치닫는 지금, 전체주의라는 유령의 그림자가 우리 사회에 드리우고 있다. 19세기 누군가의 말처럼.

20

/

블룸버그와 노무현의 길

배트맨 vs. 슈퍼맨, 그리고 블룸버그

영화 〈배트맨〉의 주 무대인 고담Gotham시는 뉴욕에서 모티브를 따왔다. 1939년 배트맨 캐릭터를 처음 만들어낸 빌 핑거는 뉴욕시의 전화번호부에서 발견한 '고담 보석점Gotham Jewelers'이란 상호에서 작품 속 도시 이름을 가져왔다고 한다. 〈배트맨〉의 배경은 자연스럽게 1930~40년대 뉴욕으로 설정되었다.[1]

〈배트맨〉은 과거에 파산 직전까지 몰렸던 뉴욕의 암울한 모습으

---

[1] 사실 고담은 19세기 유럽에서 건너온 이주민들이 새로운 항구도시에 붙여 준 별명이다. 1807년 잡지 〈살마군디(Salmagundi)〉에서 극작가 워싱턴 어빙은 뉴욕을 '염소의 도시'(*Goat's Town*)란 뜻으로 고담에 비유했다. 영국 노팅엄주 고담 지역의 민간 설화에 빗대 뉴욕시민들의 어리석음을 풍자한 것이다.

로 고담시를 그렸다. 이때의 뉴욕은 치솟는 범죄율과 심각한 재정 파탄으로 사회혼란이 극에 달했다. 뉴욕시는 1970년대 말 1만여 명의 교사와 수천 명의 경찰, 소방관을 해고하는 강도 높은 구조조정을 실시했다.

서민들의 삶은 더욱 살기 어려워지고 길거리에선 총기사고가 빈번하게 발생하면서 뉴욕은 무질서한 도시 고담처럼 변해 갔다. 작품 속에서 이를 해결하기 위해 나선 사람이 배트맨의 아버지 토마스 웨인이다. 웨인기업의 오너로 억만장자인 그는 시장에 출마해 고담을 살리려고 했다. 자선 사업가이기도 한 그는 시민들로부터 높은 지지를 받았다.

그러나 웨인은 조커가 촉발한 성난 군중들의 시위에 휘말려 목숨을 잃고 만다. 이 사건을 계기로 웨인의 어린 아들 브루스는 아버지의 복수를 명분삼아 자경단自警團이 되기로 결심한다. 아버지의 죽음이 배트맨의 탄생을 야기한 것이다. 그다음부터 브루스가 자신의 어마어마한 재력을 활용해 고담을 구해내는 것이 〈배트맨〉의 주요 스토리다.

실제 1970년대 뉴욕은 마피아의 주요 거점이었고 불황까지 겹쳐 사회적 아노미 상태에 빠져 있었다. 매일 아침 살인사건의 피해자들이 발견됐고 강도 사건이 빈번했다. 길거리에선 매춘부와 마약중독자를 쉽게 볼 수 있었다. 1977년 3월엔 대규모 정전사태가 발생하자 도시 전역에서 약탈사건이 벌어지기도 했다.

당시 혼란스러웠던 뉴욕의 모습은 마틴 스코세이지 감독의 영화

〈택시 드라이버〉에 사실적으로 묘사돼 있다. 택시기사인 주인공 트래비스 버클(로버트 드니로)은 거리에서 매일 술에 취해 마약에 중독된 사람들을 만난다. 퇴역군인인 그는 이들을 '쓰레기'로 생각하지만 자신도 점점 테러범으로 변한다.

반면 〈배트맨〉과는 또 다른 분위기의 영화 〈슈퍼맨〉의 배경(메트로폴리스) 역시 뉴욕에서 모티브를 따왔다. 〈데일리 플래닛〉의 기자인 클라크 켄트는 평소엔 조용하고 내성적인 사람이지만, 악당을 마주하면 정의의 히어로로 슈퍼맨으로 변신한다. 작품 속에서 메트로폴리스는 고담보다는 밝은 색채로 그려지지만, 악당의 주요 무대인 점은 동일하다.

이처럼 뉴욕은 영화, 소설 등 각종 예술작품의 주요 배경으로 쓰인다. 세계 금융의 심장 월스트리트가 있고, 뮤지컬의 중심지인 브로드웨이가 있다. 맨해튼의 마천루는 자본주의의 꽃이며, 항구 앞에 우뚝 솟은 자유의 여신상은 자유민주주의의 상징이다. 인구 830만 명, 면적 1,213㎢(서울의 2배 크기)의 뉴욕은 명실상부한 세계 최고의 도시다.

이런 이유로 뉴욕엔 늘 전 세계의 시선이 집중된다. 뉴욕시장은 늘 잠재적인 대권 후보로도 여겨졌다. 이곳에서 3선을 연임했던 마이클 블룸버그도 예외는 아니었다. 실제로 그는 조 바이든이 민주당 후보로 결정되기 전에 대선 출사표를 냈다. 그를 지지하는 이들도 많았지만, 결국 낙마할 수밖에 없던 이유는 그가 공화당 출신이었기 때문이다. 사실 블룸버그가 이끌었던 12년은 뉴욕의 황금기였다. 뉴욕시장 재임시절 성공적인 시정운영으로 퇴임 직후엔 '런던시장 영입설'이 나오기도 했다.

2015년 4월 영국의 〈선데이타임스〉는 "프리미어리그에 출중한 외국인 선수가 없으면 어떻게 되겠느냐?"며, "(외국인 영입이) 아스날과 첼시에 좋았던 것처럼 런던에도 좋을 것"이라고 보도했다. 당시 런던시장이었다 나중에 영국 총리가 된 보리스 존슨의 측근도 해당 기사에서 "블룸버그는 런던의 좋은 친구이자 기여자다. 존슨 시장을 비롯해 많은 이들이 그를 지지한다"고 밝혔다.[2] 블룸버그가 얼마나 시장 역할을 잘했으면 런던에서도 그를 모셔 와야 한다는 이야기가 나왔을까?[3]

블룸버그는 도널드 트럼프보다 훨씬 돈이 많다.[4] 부자가 된 방식에서도 블룸버그는 남다르다. 금수저였던 트럼프와 달리 블룸버그는 스스로 사업을 일으켰다. 그는 1942년 보스턴 외곽의 브라이턴에서 평범한 유대인 부모 아래 태어났다. 러시아 혈통의 아버지(헨리 블룸버그)는 유제품 회사의 회계원, 어머니(샬럿 루벤스 블룸버그)

---

2 〈매일경제〉(2015. 4. 5.), "블룸버그 전 뉴욕시장, 런던시장 출마 가능성".
3 그러나 블룸버그가 대선 출마 의사를 밝힌 직후 〈워싱턴포스트〉는 이렇게 표현했다. "트럼프가 갖지 못한 모든 것을 가지고 있는 그는 훌륭한 대통령은 될 수 있을 것이다. 그러나 민주당 후보가 되기엔 힘들 듯하다."
4 미국 경제전문지 〈포브스〉에 따르면(2019년 기준) 그의 자산은 534억 달러다. 자신의 부를 입버릇처럼 자랑하는 트럼프(30억 달러)보다 18배나 많다.

는 벨라루스 출신 이민자의 딸이었다.

블룸버그는 2018년 〈뉴욕타임스〉 기고문에서 "넉넉하지 않은 가정에서 자란 나는 국가장학금과 학자금 대출, 근로장학금으로 존스홉킨스대를 졸업했다"고 밝혔다. 전기공학을 전공한 그는 주차장 안내원 등의 아르바이트를 하며 생활비를 벌었다. 1964년 대학 졸업후 블룸버그는 곧바로 하버드대 경영대학원에 입학했다. 1966년에는 미국의 4대 투자은행이었던 살로몬 브라더스에 입사해 세일즈와 주식거래 부문에서 능력을 인정받았다.

그러나 1981년 살로몬 브라더스가 다른 회사에 인수·합병되는 과정에서 조직과 마찰을 빚고 해고당한다. 뜻밖의 실직은 오히려 전화위복이 됐다. 조그만 사무실 한 칸을 얻어 회사를 세우고 '이노베이티브 마켓 시스템스'라는 이름을 지었다. 그가 내놓은 상품은 증권회사에서 수작업했던 금융 분석자료를 컴퓨터로 일괄처리해 제공하는 일종의 '증권뉴스'였다. 오늘날 〈블룸버그 통신〉의 모태다.

이후 블룸버그는 증권정보 외에도 종합뉴스를 함께 제공하는 미디어그룹으로 성장했다. 24시간 방송하는 블룸버그라디오Bloomberg Radio, 블룸버그텔레비전Bloomberg Television, 글로벌 금융 전문가를 위한 잡지 〈블룸버그 마켓Bloomberg Markets〉 등 다양한 매체로 사업을 확대했다. 현재 블룸버그그룹은 180여 개 지역에서 1만 9천여 명의 인원을 고용하고 있다. 사업이 번창하면서 회사지분의 88%를 소유한 그는 막대한 부를 거머쥐었다.

세계 최고의 부호 중 하나가 된 블룸버그는 정치에 눈을 돌렸다.

2001년 뉴욕시장이던 루돌프 줄리아니가 상원의원 출마를 이유로 3선 연임을 포기하자 블룸버그는 유력주자로 급부상했다. 공화당 후보로 나선 블룸버그는 50.3%를 득표해 시장에 당선됐다. 그러나 그의 앞길은 순탄치만은 않았다.

2002년 1월 취임한 그는 불과 몇 달 전 벌어진 9·11 테러의 후유증을 치유하는 데 집중했다. 여전히 테러의 충격과 공포가 뉴욕시를 여전히 뒤덮고 있어 외국인은 물론 자국민조차 뉴욕에 가길 꺼리던 시절이었다. 취임식에서 블룸버그는 "뉴욕을 재건해 자유세계의 수도로 만들겠다"며 시민들을 안심시켰다.

성공한 사업가 출신답게 블룸버그는 제일 먼저 방만한 재정문제를 바로잡았다. 취임 초기 약 40억 달러의 적자였던 시 재정은 2007년 35억 달러 흑자로 돌아섰다. 캐릭터산업의 최강자인 디즈니의 마케팅 전문가를 영입해 뉴욕의 브랜드를 전 세계에 홍보했다.

그러다 또 다시 뉴욕에 위기가 찾아왔다. 2008년 월스트리트에서 시작된 금융위기 탓에 도시 분위기는 침몰 직전의 타이태닉호와 같았다. 특히 뉴욕의 한복판 맨해튼에서 양극화, 불평등 문제에서 비롯된 '월가를 점령하라*Occupy Wall Street*' 시위가 벌어졌다. 하지만 3번 연임하는 동안 그가 쌓아온 신뢰와 정책의 성과들로 인해 그의 지지율은 견고했다. 특히 2009년 선거 때는 공화당을 탈당해 무소속 후보로 나왔지만 과반(50.7%)을 득표하는 데 성공했다.

아울러 그가 재임하는 동안 뉴욕은 기술혁신을 주도하는 스타트업의 요람으로 성장했다. 실리콘밸리를 본 따 '실리콘앨리*Silicon Alley*'

란 말도 생겨났다. 블룸버그가 시장으로 재임한 12년간 일관된 정책기조는 '과학기술의 도시 뉴욕'이었다.[5]

아울러 블룸버그가 뉴욕시장으로서 가장 공들였던 분야 중 하나인 공교육 개혁과 빈곤퇴치도 미국 주류 언론들로부터 호평을 받았다. 뉴욕의 교사 임금을 다른 지역보다 높게 인상하고, 저소득층 자녀들도 좋은 수업을 받을 수 있도록 공교육 예산을 늘려 다양한 방과후 프로그램을 개설했다. 면학 분위기 조성을 위해 교내 휴대전화 반입도 금지했다.

그는 또 강력한 공중보건 정책으로도 화제가 됐다. 식당의 위생규제를 강화하고 시민건강을 위해 탄산음료 소비를 억제했다. 사무실 내 흡연도 전면 금지했다. 그가 시장으로서 마지막으로 결재한 서류 역시 전자담배를 일반담배와 같이 제한하는 것이었다. 퇴임 후에도 청소년들의 전자담배 흡연을 줄이는 캠페인에 1억 6천만 달러를 기부했다.

2018년에는 모교인 존스홉킨스대학에 18억 달러(약 2조 1천억 원)를 기탁했다. 미국 역사상 최대의 대학기부금이었다. 블룸버그는 "나 역시 누군가의 도움 덕분에 대학을 졸업하고 아메리칸드림을 이뤘다. 기부금을 내는 것은 젊은이들이 기회의 평등을 누릴 수 있도

---

5 블룸버그는 다음과 같은 경제개발 전략을 추진했다. ① 삶의 질 향상, ② 비즈니스 환경 구축, ③ 스타트업 허브 조성, ④ 교통, 주택 등 인프라 확대 등이다. 블룸버그 스스로 '스타트업 시장'(startup mayor)이 되겠다고 선언하며 뉴욕을 최첨단 기술 도시로 탈바꿈시켰다.

록 투자하는 것"이라고 말했다. 현재까지 그는 기후변화와 교육, 예술 등 다양한 분야에 걸쳐 60억 달러에 이르는 돈을 기부했다.

기부계의 큰손 블룸버그를 기념해 〈뉴욕타임스〉는 2013년 12월 그의 퇴임을 알리는 기사에서 "시장 재임기간 동안 개인 돈 6억 5천만 달러를 쓰고 물러난다"고 보도했다. 그가 쓴 돈의 내역도 간단히 소개한 부분이 흥미롭다. 직원들에게 아침·점심 식사와 간식을 제공하기 위해 80만 달러, 시민단체 등 지원금 50만 달러, 미술·복지·문화단체에 2억 6,300만 달러, 흑인 및 히스패닉 남성을 돕는 데 3천만 달러를 사용했다. 6

고담시를 지키는 배트맨은 시민들로부터 '히어로'로 칭송받지만 다른 한편에선 폭력을 정당화하고, 돈으로 정의를 매수한다는 비판을 받는다. 때론 원칙을 지키기 위해 내렸던 과감한 결단이 부메랑이 돼 돌아오기도 한다. 블룸버그도 마찬가지다. 뛰어난 업적도 있지만 약점도 존재한다.

가장 큰 비난을 받는 게 강경한 '불심검문stop and frisk' 정책이었다. 7

---

6 〈뉴욕타임스〉는 "알려진 금액만 이 정도이고 실제 쓴 돈은 6억 5천만 달러보다 많을 것"이라고 밝혔다. 그러면서 "뉴욕은 블룸버그 재임기간 전반적으로 더 나아졌다. 시민으로 돌아가는 블룸버그가 잘 되길 바란다"며 훈훈하게 기사를 마무리했다. 퇴임시장에 대한 평가로선 이례적이다. 블룸버그는 지난 100년간 뉴욕에서 3선을 한 네 번째 시장으로 남았다.
7 블룸버그 시장 시절의 경찰은 합리적 의심이 든다는 판단을 내리면 동의 없이 시민을 검문하고 연행했다. 블룸버그는 적극적으로 이 정책을 펼치면서 우범자로 의심

문제는 불심검문이 일부 지역에 편중돼 있다는 것이었다. 특히 흑인들이 압도적으로 많았다. 뉴욕의 인종 비율은 백인 35%, 히스패닉 28%, 흑인 23%, 아시안 14%다. 그러나 불심검문 비율은 흑인 55%, 히스패닉 32%, 백인 10%였다. 차별논란이 제기되자 이 정책은 법원의 판결대 위에 섰고, 2013년 8월 지방법원은 "미국 헌법에 위배된다"는 결정을 내렸다.

이는 블룸버그의 가장 큰 약점 중 하나다. '돈 많은 백인남성' 이미지에다 인종차별적이라는 오해까지 받게 된 것이다. 공화당 출신 뉴욕시장이면서 민주당 대선후보로 나오려던 그에게 이 같은 논란은 치명적일 수밖에 없었다. 결국 이런 한계 때문에 그는 대권의 꿈을 접어야 했다.

그러나 블룸버그의 강력한 치안정책 덕분에 범죄가 크게 줄어든 것은 사실이다. 1980~90년 연간 2천 건에 달했던 뉴욕의 살인사건은 2000년대 이후 5백 건 이하로 감소했다. 2017년엔 290건으로 급감해 빌 더블라지오 뉴욕시장은 "미국에서 가장 안전한 도시"라고 발표했다. 12년간 공권력을 강화한 전임 시장 블룸버그의 공이 없었다면 불가능한 일이었다.

되는 시민을 탐문하고 조사해 범죄율을 낮췄다. 2011년 기준 뉴욕시에서 불심검문을 받은 사람은 68만여 명에 달했다.

노무현의 하이브리드 실용성

여러 논란에도 불구하고 블룸버그가 갖는 정치적 상징성은 매우 크다. 먼저 그는 '공화당 대 민주당'으로 고착화된 기성정치의 틀을 벗어나 있다. 한국에서 '진보 대 보수'로 이분돼 모든 이슈가 하나의 프레임으로 환원되는 것처럼 미국에서도 이런 당파적 구도가 선거 국면에선 강력한 영향력을 발휘한다.

예를 들어 미국 선거의 단골 이슈는 총기규제, 낙태, 동성결혼, 파병, 감세 등이다. 여러 주제를 놓고 각각 공화당과 민주당 지지자는 각 집단에서 일관된 경향을 나타낸다. 공화당 지지자는 대체로 파병과 감세를 찬성하고 총기규제 및 낙태와 동성결혼은 반대한다. 민주당 지지자는 이와 반대 입장을 보인다.

그런데 블룸버그는 두 입장이 섞여 있어 기성정치에선 이단아異端兒로 평가된다. 그는 무엇보다도 트럼프의 보호무역주의와 미국 우선주의, 다문화를 배척하는 이민정책을 강력하게 비판했다. 심지어 블룸버그는 트럼프의 탈퇴 결정으로 문제가 된 파리기후변화 협약에 내야 할 미국 분담금을 자신이 내겠다고 선언하기도 했다. 이는 민주당의 기존 입장과 거의 같다. 아울러 낙태와 총기규제 등에 대해서도 진보적인 입장을 보인다.

반대로 그는 공화당 소속으로 출마해 두 차례나 뉴욕시장을 연임했다. 기업가 출신으로 시장의 자율성을 강조한다. 그렇다 보니 시장에 대한 그의 입장을 놓고 민주당의 유력 정치인들은 거센 공격을 퍼붓는다. 그의 출마 소식이 알려지자 사회주의 성향이 강한 버니 샌더스 상원의원은 "유감스럽지만 선거를 돈으로 사지는 못할 것"이라고 비꼬기도 했다.

하지만 언젠가는 블룸버그의 이런 하이브리드적 성향이 오히려 중도층을 흡수해 민주당의 외연을 넓힐 수 있다는 분석도 있다. 이전보다 세상은 더욱 다원화되고 복잡해졌는데, 언제까지 '공화당 대 민주당'의 프레임에만 갇혀 있을 것이냐는 관점이다. 즉 기업을 위한 법인세 인하를 찬성하면서도 동성결혼도 함께 찬성할 수 있지 않느냐는 이야기다.

이제 한국으로 시선을 돌려보자. 우리는 미국보다 더욱 심각한 진영정치에 빠져 있다. 현재 한국사회의 주요한 갈등 이슈는 대북정책과 외교문제, 시장의 자율성, 사회적 가치에 대한 개방성 등이다. 진보진영은 북한에 대해 호의적인 '햇볕정책'을 지지하고 시장에 적극 개입하며 증세를 해야 한다는 입장이다. 보수진영은 반대로 대북지원을 '퍼주기'로 해석하고 정부의 시장개입을 줄여 세금도 낮춰야 한다고 말한다.

물론 정책적 측면에서 일관된 경향성을 보이는 것 자체가 문제는 아니다. 다만 한국 정치에선 진영논리가 정책에 대한 냉정한 평가를 통해 형성되는 게 아니라, 인물을 중심으로 이념지형이 형성된다는 점이다. '조국 사태'를 둘러싼 광장의 시위가 대표적이다. 시민들은 두 패로 나뉘어 '조국 수호'와 '조국 반대'를 외치며 서초동과 광화문에서 분노를 쏟아냈지만, 어느새 사건의 본질은 사라지고 진영논리만 남았다.

이를 적극적으로 이용하는 것은 정치인들이다. 진보와 보수의 세대결로 해석하며 편향성의 동원을 일삼았다. 한국사회의 진보와 보수를 세밀히 따져 보면 정책에 대한 이념차이로 나뉘어 있는 게 아니다. 정책에 대한 찬반 여부에 따라 정파적 구도가 형성돼 있지 않고 단지 누구를 좋아하느냐에 따라 정치진영이 나뉘어 있을 뿐이다. 이는 한국의 대의민주주의 수준이 그만큼 낮다는 뜻이기도 하다.

그렇다 보니 한국의 시민들은 정책을 보고 정당을 지지하는 게 아니라 맹목적 팬덤으로, 그게 아니면 상대방이 싫어서 투표한다. 정책에 대한 찬반도 그 내용을 꼼꼼히 살펴보고 결정하는 게 아니라 좋아하는 인물을 먼저 정해 놓고 그의 의견을 맹목적으로 따른다.

건강한 민주주의 사회는 '견제와 균형check & balance'이 잘 이뤄져 있어야 한다. 대표적으로 국가와 시장, 시민사회가 자율적으로 움직이며 조화를 찾아가야 한다. 국가권력은 다시 입법부와 행정부, 사법부의 삼권분립이 보장돼 있어야 한다. 그러나 한국 정치는 입법부와 사법부가 행정부에 장악된 모습이다. 대통령과 국회가 서로 견제와 균형을 찾는 구도가 아니라 '청와대와 여당 대 야당'의 기울어진 운동장이다.

진영정치는 이 같은 대결구도를 사회 전체로 수직계열화한다. 시민사회와 국가가 서로 견제와 균형을 유지하지 않고, 시민사회의 세부영역(언론·시민단체 등)마저 '진보 대 보수' 프레임으로 나뉘어 있다. 이념에 따라 정파가 나뉘는 게 아니고 정파갈등이 이념갈등을 초래한다.

이런 상황이다 보니 정치세력 간에 합리적 토론이나 타협은 불가능하다. 모든 이슈를 '내 편 네 편'으로 가르며 대립하기 때문에 해결책을 찾기가 쉽지 않다. 아울러 건전한 내부 비판까지 진영논리를 벗어나면 매장되기 일쑤다.

이를 벗어나기 위해선 다양성을 공론화할 수 있어야 한다. 다양한 사회균열이 의회를 통해 대표될 수 있어야 하고 생활세계의 여러 이슈들이 시민사회에서 적극적으로 공론화 돼야 한다. 그러면서 진영논리를 뛰어넘는 하이브리드 실용성을 보여야 한다. 쉽게 말해 과거 노무현이 말했던 '좌파적 신자유주의' 같은 것이다.

당시 노무현은 좌파라고 해서 꼭 시장을 배척할 필요는 없다는 논리를 펼쳤다. 그 덕분에 한미 FTA도 체결했다. 하지만 진영논리의 문법을 따르지 않는 하이브리드 정치로 진보와 보수 양측에서 엄청난 공격을 받았다. 진보진영에선 어떻게 시장주의자들의 논리를 그대로 따라 할 수 있느냐는 지적을, 보수 진영에선 이도 저도 아닌 포퓰리즘이라는 비판을 받았다. 하지만 그는 "대북정책에 있어선 좌파적 입장을 보이면서 신자유주의에 대해선 우파적 입장을 갖는 것이 왜 불가능하냐?"는 물음을 철회하지 않았다.

진영논리는 한국 정치의 가장 본질적 문제점이다. 이를 깨기 위해선 하이브리드적인 사고를 가진 사람들이 많이 나와야 한다. 앞서 살펴본 블룸버그와 노무현의 사례처럼 정책과 이슈에 따라 진보와 보수의 고정관념을 따르지 않고 유연하게 생각할 수 있어야 한다. 정치가 빠르게 변화하는 사회균열과 갈등을 조정할 수 있으려면 지금보다 훨씬 더 개방적인 '오픈 마인드'를 가져야 한다. 그렇지 않고 자기만 옳다는 진영논리를 내세우면 시민들은 광장의 아노미 상태에 빠질 수밖에 없다.

고담시의 성난 군중들처럼 자신의 목소리가 대표되지 못한다는 걸 깨달은 한국사회의 시민들이 거리로 나섰다. 정치가 다양한 사회균열과 갈등을 해결할 수 있다면, 광장의 혼란은 생겨나지 않는다. 하지만 한국의 정당정치는 오히려 시민들이 거리로 나오도록 부추긴다. 시민의 의중이 무엇인지 파악해 정치적 의사를 대변할 생각을 하지 않고, 자기 이념을 실현하기 위해 오히려 시민을 선동한다. 이때 특정 정치인과 정파에 대한 맹목적 지지는 광장廣場의 광기狂氣를 키울 뿐이다.

21

/

진짜 자유주의는 소수 배려

왜 자유주의인가

진보와 보수는 그 자체가 이념이 아니라 철학과 가치, 이데올로기를 담는 그릇이라고 이미 밝힌 바 있다. 그 내용은 시대에 따라 변한다. 고대 로마에도, 진秦나라에도 보수와 진보는 늘 존재했다. 보수는 전통을 중시하며 완만하게 변화에 대처했고, 진보는 좀더 혁신적인 마인드로 급격하게 개혁을 이끌었다.

이때 중요한 것은 우리가 어떤 체제 안에서 진보나 보수 중 어떤 입장을 취할 것인가 하는 점이다. 북한과 같은 사회에서는 보수와 진보가 무의미하다. 일당독재, 그것도 김정은을 중심으로 한 독재 정치를 펼치고 있기 때문에 개혁이라는 것 자체가 불가능하다. 이런 목소리가 커지고 행동으로 옮겨지는 순간 체제 자체가 무너질 위기에 처하기 때문이다.

그러므로 우리가 필히 명심해야 할 것은 대한민국이 추구하는 정치체제가 자유민주주의라는 점이다. 헌법에서 규정해 놓았듯이 자유와 평등 두 개의 축을 바탕으로 하는 국가 운영시스템에 흠집이 가선 안 된다.1 만약 이를 반대하고 새로운 체제(그것이 중국식 사회주의가 됐든, 구소련의 공산주의가 됐든)를 이룩하려 한다면 그건 진보도 혁명도 아닌, 체제 전복顚覆이 될 뿐이다.

그렇다면 우리가 나아가야 할 방향은 자명하다. 자유민주주의 핵심가치가 지켜지는 선에서 보수도, 진보도 자기의 목소리를 낼 수 있을 뿐이다. 그렇기 때문에 정도의 차이는 있겠지만, 자유주의와 민주주의는 진보와 보수 모두 꼭 지켜야 할 가치가 된다.

특히 자유주의는 인간이 만들어 낸 유토피아를 믿지 않는다. 인간의 능력은 유한하기 때문이다. 제 아무리 천재인 사람의 설계도보다 수백, 수천만의 사람들이 집단지성으로 만들어낸 노하우와 지혜가 훌륭하다. 그 어떤 똑똑한 개인도 집단의 문화유산인 전통과 관습을 뛰어넘을 수 없기 때문이다. 어느 누구도 완전한 진리를 알 수 없고 완벽한 판단을 내릴 수 없다는 걸 인정해야 한다.

자유주의에서 더 나은 세상을 만드는 방법은 각자의 개성을 가진

---

1 〈중앙일보〉(2018. 6. 18.), "민주당도 폭망했다 살아나 … 보수도 불파불립해야 산다". 20대 국회의장이었던 문희상은 취임 당시 인터뷰에서 "언제 들어도 가슴 설레는 '자유'의 가치를 생명으로 하는 보수와 사회가 존재하는 한 진보가 강조할 수밖에 없는 '평등'의 가치는 영원히 함께 유지돼야 한다"고 밝혔다.

개인이 자유롭게 의견을 개진하고, 수많은 논증과 반박이 오가는 토론 속에서 길을 찾는 것이다. 그러므로 우리가 선택한 정치체제에서 가장 중요한 가치는 자유다. '사상의 자유경쟁시장'에서 만들어진 생각과 이념이 진리에 가장 가깝다. 가능한 많은 주장들이 자유롭게 개진되고 치열한 토론에서 살아남은 주장만이 그 시대의 진리가 될 수 있기 때문이다.

하지만 이 또한 시대가 바뀌면 진리의 자리를 내줘야 한다. 이는 종교적 교리와 도덕적 윤리, 과학적 이론도 마찬가지다. 그렇다면 자유주의는 어떻게 오늘날 민주주의 체제의 본질적 가치로 자리 잡았을까. 이를 미국 건국의 과정을 통해 자세히 살펴보자.

보수의 아버지, 미국 파운더스

18세기 중엽 당시 영국령이었던 현재의 미국 버지니아주에는 유독 모험심이 강한 소년이 한 명 있었다. 소년의 꿈은 탐험가가 되는 것이었지만 11세 때 아버지를 여의며 집안 농사를 책임지게 됐다. 하지만 모험가가 되고 싶은 그의 열정은 식지 않았다. 언젠가는 더 큰 세상으로 나가 세상을 탐험하겠다고 마음먹었다.

그런 소년에게는 한 명의 멘토가 있었다. 바로 이복형인 로렌스다. 14살 연상이었던 로렌스는 소년에겐 삶의 모델이자 아버지와 같은 사람이었다. 영국군 장교인 로렌스를 따라 그도 역시 성인이 되면 군인이 되겠다고 생각했다. 그리고 그가 20세 되던 해 형과 함께 군복을 입었다. 하지만 입대한 지 몇 달 만에 자신의 멘토였던 로렌스를 전장에서 잃고 말았다.

슬픔은 컸지만 형의 죽음으로 소년은 더욱 단단해졌다. 상실의 아픔을 딛고 마음에 난 상처를 스스로 다독이며 열심히 군 생활을 했다. 특유의 집념과 열정으로 전쟁에서 크게 활약했다. 그러나 식민지(미국) 출신이 영국군에서 성공하는 것은 불가능했다. 결국 그는 제대 후 고향에 돌아와 버지니아주의 하원의원이 됐다.

정치인이 된 그는 영국의 부당한 식민통치 현실에 눈을 떴다. 뜻이 맞는 의원들과 독립운동을 시작했고 1774년 '대륙군Continental Army(독립군)'의 총사령관에 올랐다. 그의 군 시절 경험은 이때부터 진가를 발휘했다. 1775년 시작된 전쟁에서 독립군의 지휘를 맡아 혁혁한 공을 세웠다. 그리고 1783년 이들은 영국으로부터 13개 주의 연방국가로 독립을 인정받았다.

훗날 독립영웅으로 추대된 그는 6년 후 초대 대통령으로 취임했다. 그가 바로 미국의 국부인 조지 워싱턴(1732~1799)이다. 그는 링컨, 루스벨트와 더불어 미국인이 가장 존경하는 정치인이다. 그의 수많은 업적 중에서도 가장 핵심은 미국의 정신과 가치를 바로 세웠다는 점이다. '자유'에 대한 워싱턴의 철학은 미국을 자유세계의 수호자로 만드는 데 큰 영향을 미쳤다. 영국군 시절 식민지 출신이어서 차별을 받아야 했던 경험부터 식민지를 착취하는 제국주의에 맞서 싸우기까지 워싱턴이 평생 추구했던 가치는 자유였다.

368

워싱턴은 자유를 구속하는 노예제에도 일찌감치 반대 입장을 가졌다. 다만 노예제를 반대하는 북부와 달리 이를 찬성하는 남부 사이에서 갈등이 커질 것을 우려해 정치적으론 이를 강하게 주장할 순 없었다. 하지만 노예제의 점진적인 폐지를 주장했던 워싱턴은 죽으면서 자신의 노예를 자유인으로 풀어주고 유산까지 남겨줬다.

워싱턴뿐 아니라 미국 건국의 아버지들이 가장 중시했던 정치적 가치도 자유였다. 독립전쟁 또한 영국의 식민지에서 벗어나 국가적 자유를 획득하는 과정이었기 때문이다. 이 같은 정신은 '파운더스 *founders*'(건국의 아버지들) 중 한 명인 패트릭 헨리(1736~1799)의 명언 '자유가 아니면 죽음을 달라'는 말에 잘 집약돼 있다.

사실 자유주의는 영국, 프랑스의 보수층인 부르주아가 만들어낸 정치적 산물이다. 부르주아는 절대왕권과 맞서 싸우며 법의 지배와 삼권분립 등의 성과를 얻어냈다. 이는 오늘날 우리가 민주주의 기본이라고 믿는 선거제도와 정당정치 등을 가능케 했다. 이처럼 민주주의 역사에는 시민의 자유를 위해 최전방에서 투쟁했던 부르주아가 있었다.

결국 민주주의의 본질은 자유주의와 그로부터 파생되는 다양성과 개방, 관용 등의 가치다. 국민 개개인의 자유가 최대한 보장될 때 국부가 가장 커질 수 있으며(애덤 스미스), 국가권력의 남용을 견제할 수 있는 시민의 자유가 보장돼야 사회가 바로 선다(에드먼드 버크)는 이론 모두 자유를 강조한다.

다시 미국 건국 아버지들의 이야기로 돌아가 보면 그들 또한 자유를 강조하는 철학 아래 나라를 세웠다.[2] 이 같은 정신이 잘 드러나 있는 게 1776년 발표된 독립선언문이다. 선언문은 모든 사람은 자유롭고 평등한 권리를 갖는다는 천부인권, 국가의 권력은 국민에게서 나온다는 주권재민, 잘못된 국가는 전복할 수 있다는 저항권 등의 내용을 담고 있다. 그리고 이 같은 시민의 권리를 확보할 수 있는 가장 본질적인 장치로 나온 게 '수정헌법 1조'(표현의 자유)다.

종교와 언론·출판의 자유와 집회·청원의 권리: 연방의회는 국교를 정하거나 또는 자유로운 신앙행위를 금지하는 법률을 제정할 수 없다. 또한 언론·출판의 자유나 국민이 평화롭게 집회할 수 있는 권리, 불만사항의 구제를 위해 정부에 청원할 수 있는 권리를 제한하는 법률을 제정할 수 없다.

이처럼 미국은 건국 때부터 자유주의적 전통 아래 세워진 나라다. 그렇기 때문에 유럽의 좌파적 시각에서 보면 미국의 정치지형 자체가 '우클릭'돼 있다. 실제로 유럽에선 '사회주의' 정당이 주류를 형성하고 있지만 미국에선 비주류다. 노력만 하면 누구나 계층이동이 가

---

2 수백 년간의 점진적 개선을 통해 명예혁명으로 불리는 영국의 방식은 논외로 할 때 근대 정치혁명은 크게 두 종류로 나뉜다. 훗날 좌파의 전통이 된 프랑스혁명과 자유민주주의 세계의 원조가 된 미국의 독립혁명이다.

능한 '아메리칸드림'은 '부르주아 대 노동자'의 계급 구조를 공고화하기에 어려운 환경이기도 했다. **3**

결국 미국 건국의 아버지들에겐 '자유주의가 곧 민주주의'며 이 같은 정신은 지금까지 가장 근본적 가치로 자리매김하고 있다. 특히 자유를 강조하는 파운더스의 사상이 명확한 정치철학으로 자리 잡은 것은 3대 대통령인 토마스 제퍼슨(1743~1826) 때다. 그는 민주공화당을 창당해 연방주의를 반대하며 대신 각 주의 독립과 개별적 운영을 강조했다. **4**

연방의 힘이 커지면 영국처럼 중앙집권적 권력이 탄생하고 이는 또 다시 제국주의로 흐를 수 있다는 우려 때문이었다. 제퍼슨은 "이상적인 정부는 가장 적게 간섭하는 정부다. 사람들은 자신에게 가장 잘 맞는 길을 스스로 찾아내기 때문"이라고 설명했다. 이런 파운더스의 자유주의 정신은 훗날 공화당의 링컨 대통령으로 이어지고 남북전쟁을 통해 노예제를 폐지하기에 이른다.

미국의 국부 워싱턴의 마지막은 어떠했을까. 처음 미국이 독립했을 때 사람들은 전쟁영웅으로 활약한 워싱턴을 왕으로 추대하려 했

3　앞서 살펴본 대로 민족별로 분열돼 있어 노동자들이 계급화된 정치주체로 나설 수 없던 부분도 크다.

4　건국 초기 미국 정치는 알렉산더 해밀턴으로 대표되는 연방주의자와 토머스 제퍼슨이 주축인 반(反) 연방주의자로 나뉘어 있었다. 제퍼슨은 강력한 중앙집권적 정부를 반대했다. 영국의 식민지에서 독립한 나라답게 시민 자치를 강조하는 분위기가 강했고, 제퍼슨이 3대 대통령으로 당선되며 연방주의 세력은 약화됐다.

다. 하지만 그는 스스로 선거를 통한 대의제를 제안했고 초대 대통령이 됐다. 1797년엔 두 번의 임기를 마치고 스스로 대통령 자리에서 물러났다. 그때도 국민들 사이에 그의 연임을 요구하는 목소리가 높았다. 그에게는 무한한 신뢰를 보내는 국민이 있었고 강력한 군대가 있었다. 하지만 그는 아름다운 퇴진을 선택했고 평화로운 정권교체의 전통을 만들었다.

퇴임 직후인 1798년 다시 프랑스와의 전쟁 가능성이 커지자 그는 국민의 부름대로 다시 총사령관 자리를 수락했다. 일흔에 가까운 고령이었지만 그는 "내 몸에 남아 있는 모든 피를 조국에 바치겠다"며 다시 전장으로 돌아갈 준비를 하고 있었다. 다행히도 전쟁은 일어나지 않았고 이듬해 그는 평화롭게 생을 마감했다.

권력을 잡는 것보다 더 어려운 일은 아름답게 물러나는 것이다. 이는 정치의 목표가 자신의 영달이나 공명심을 채우기 위한 게 아니라 오직 국민과 국가를 위한 것일 때 가능한 일이다. 권력은 소금물처럼 마실수록 갈증이 커지기 때문에 처음에 선했던 의도 역시 언젠가는 권력에 취해 부패한다. 그 때문에 권력자는 자신의 권력에 취해 절대 흐트러지지 않는 강한 의지가 있어야 한다. 또 자신이 물러설 때를 알고 다음 세대에게 그 역할을 넘겨주는 아량과 혜안도 필요하다.

한국의 자유주의

한국만큼 자유주의에 대한 오해가 깊은 나라도 드물 것이다. 자유란 이름을 정당에 새긴 정치가 중 자유를 중시한 사람이 없었고, 민주란 이름을 당명에 넣은 정치가 중 민주주의를 제대로 실천한 사람이 드물었다. 그렇기 때문에 한국 정치인들에게 자유와 민주주의 정신이 제대로 깃들어 있는가 하는 의문까지 갖게 한다.

전통을 중시하는 것은 단순히 기득권을 유지하기 위한 것이 아니다. 그동안 우리 선배들이 그런 문화를 만들고 지켜온 이유는 그만큼 정당성과 효용성을 인정받았기 때문이다. 그러므로 가능한 많은 주장들이 자유롭게 개진되고 치열한 토론을 통해 살아남은 이론만이 당대를 대표하는 시대정신이 된다. 반대로 전통이 다시 사상의 경쟁시장에서 논쟁을 거쳐 부당성이 인정되면 인습으로 변하고 새로운 전통이 세워진다.

자유주의는 시민 각자의 자유와 거기에서 파생되는 다양성과 개방성, 관용의 가치를 최우선으로 삼는다. 집단보다 개인, 통제보다 자율, 획일성보다 다양성을 존중한다. 국가가 대중을 획일화하고 통제할 때 이로부터 시민의 인권과 권리를 지켜내고 이를 실천할 법과 제도를 만드는 것이 진짜 자유주의자가 할 일이다.

그러므로 특정 정치인의 팬덤이 지식인의 입에 재갈을 물리고, 신문에 비판적 칼럼을 쓴 인사를 비난하며 '신상털기'를 하는 등 우리 사회가 전체주의화되는 것을 가장 앞장서서 막아야 할 이들이 자유주의자다. 외국어고, 자사고를 폐지해 학교 다양성을 없애고 획일화 하려는 시도에 맞서 학생과 학부모의 선택권을 지켜낼 수 있어야 한다. 누가 봐도 명백한 잘못을 저질러 놓고도 '아니다, 모른다'라고 발뺌하며 거짓뉴스와 음모론을 진실처럼 내세우는 '가짜 민주주의'와도 치열하게 투쟁해야 한다.

깨어 있는 시민은 자유주의라는 철학과 가치의 무기로 중무장해 민주주의를 중우정치로 후퇴시키고, 지성주의를 무너뜨리는 포퓰리즘 세력에 대항해야 한다. 시민의 이성과 합리를 마비시켜 대중을 선동하는 정치가들도 경계해야 한다. 자유주의가 사회 전반과 시민 각자에게 뿌리내려야만 민주주의의 미래가 밝을 수 있다. 5

먼저 사회적 자유주의는 언론·출판과 집회·결사의 자유로 대변되는 표현의 자유, 그리고 시민 개개인의 개성이 존중받는 다양성과 개별성, 수직적 구조를 무너뜨리는 수평적 조직관계, 자유로운 토론과 원활한 커뮤니케이션 등을 의미한다. 작고 보잘것없는 생각이라도 무시당해선 안 되며 다수의 목소리로 소수를 짓눌러서도 안 된다. 이런 확신을 갖고 행동으로 옮길 수 있는 사람이 진정한 사회적 자유주의자다.

---

5 자유민주주의를 정치체제로 하는 나라에서 자유주의는 필수조건이다. 하물며 스스로를 '리버럴'이라고 부르는 이들은 오죽하겠는가. 그러나 한국의 자칭 리버럴 중에는 자신과 다른 생각을 용납하지 않는 이들이 많다. 그들이야말로 자유주의의 진짜 적들이다. 자유주의에는 원래 사상과 가치의 장벽이 없다. 자유주의의 본질 자체가 이런 장벽을 깨뜨리는 데 있기 때문이다.

사회적 자유주의가 표현의 자유를 핵심으로 한다면, 정치적 자유주의는 위와 같은 사회·문화적 가치가 정당이라는 정치체제로 구현하는 것을 말한다. 하지만 분단이라는 특수한 상황에 놓인 한반도에선 사회적 자유주의와 정치적 자유주의는 도입 속도가 다를 수밖에 없다. 그동안 '보수'라고 불려왔던 정치집단의 정체성을 하루아침에 뒤집을 수는 없기 때문이다.

그러므로 정치적 자유주의는 사회적 자유주의가 충분히 무르익은 다음에 점진적으로 받아들여야 한다. 즉, 어설픈 민족주의에 취해 엄연한 분단의 현실을 망각하고 북한에 맹목적으로 퍼주기식 대응만 하는 것은 경계해야 한다. 그래야 사회혼란과 갈등을 줄일 수 있다. 궁극적으로 정치적 자유주의는 사회적 자유주의를 보다 실효성 있게 구현할 수 있는 시민적 토양을 만드는 일이다. 정치적 자유주의의 단계에선 '이제 남은 것은 덧없는 장미의 이름뿐'6인 국가보안법도 폐지하는 방향으로 가야 한다.

다시 말해 궁극적으로 경제·사회·정치 모두 동일한 수준의 자유주의를 실현해야 하지만 방법론적 관점에서 우선순위를 둬야 한다. 먼저 경제적 자유주의가 발전한 만큼 사회적 자유주의를 실천하

---

6 움베르트 에코는 소설 〈장미의 이름〉 마지막 부분에서 "지난날의 장미는 이제 그 이름뿐, 우리에게 남은 것은 그 덧없는 이름뿐"이라고 했다. 제 아무리 헤게모니를 쥐었던 구시대의 사상가들과 이론들도 세상이 변하면 유명무실해진다는 뜻이다. 이 작품은 엄숙한 중세적 질서와 가치를 지키려는 노 수도사의 독선과 독단을 스릴러 형태로 풀어냈다.

고 정치적 자유주의가 이에 따라 오는 순서로 진행해야 한다. 즉 일상의 삶 속에서 개인의 자유는 최대한 보장돼야 하지만, 유럽과 같은 수준의 정치적 자유주의를 단번에 기대하긴 어렵다. 반세기가 넘도록 냉전·반공체제에 길들여진 기성세대와 그들의 영향 아래 자라난 후속세대를 갑자기 바꾸는 것은 불가능하기 때문이다.

주의할 점은 자유가 방종을 의미하지 않듯, 개인의 자유와 여기서 비롯되는 개별성은 공동체 안에서 합의 가능한 수준이어야 한다는 것이다. 타인에게 피해를 주거나 혐오스러운 개성 표현은 공동체에 안녕과 질서를 깨뜨린다. 그러므로 지나친 개인주의로 흐를 가능성이 있는 급진적 자유주의와는 달라야 한다. 보수와 진보 구분 없이 모두가 추구해야 할 자유주의는 개인의 자유와 자아실현이 공동체의 이익과 공동선과 함께 조화되는 지점에 있다. 두 원 사이의 교집합交集合을 키워 나가는 것이 핵심이다.

법치주의와 자유주의

2020년 윤석열 당시 검찰총장에 대한 여당의 반응을 보면 황당할 때가 많았다. 지나치게 원론적이고 당연한 이야기를 하는데도 과하게 발끈하는 모습을 보였기 때문이다. 2020년 8월 '법의 지배rule of law' 발언이 대표적이다.

여당에선 "독재와 전체주의는 본인의 자화상"(유기홍), "사실상 반정부 투쟁 선언"(신동근) 같은 비난의견이 잇따랐다. **7** 특히 신정훈 의원은 "매우 충격적이다. 민주주의 사회에서 개인을 지배하는 것은 양심이고 사회를 지배하는 것은 상식"이라고 했다. 그러면서 "법은 양심과 상식의 경계를 정하는 도구"라며, "일반인에게 '법의 지배' 같은 무서운 말은 위험하게 들린다"고 했다.

그런데 이 말은 '법의 지배*rule of law*'와 '법에 의한 지배*rule by law*'를 혼동했다고밖에 생각되지 않는다. 법의 지배, 즉 법치주의法治主義 는 교과서에도 나오는 민주주의의 가장 핵심적인 원리이다. 윤석열 총장도 원고에 '*rule of law*'라고 명시했다. 반면 수단적 성격이 강한 '법에 의한 지배'는 권력자의 의지로 시민을 통제하거나 준법遵法 등 을 말할 때 쓰인다.

민주국가를 떠받치는 핵심 기둥은 '법의 지배'를 강조한 국민주권 (로크)과 삼권분립(몽테스키외) 이론이라는 점을 여러 차례 설명했 다. 사회계약론자인 로크(1689)는 개인이 국가에 양도한 권력의 행 사는 오직 국민이 합의한 원칙인 '법의 지배'로만 이뤄져야 하며, 국 민 의사에 반하는 권력은 심판할 수 있다고(저항권) 봤다.

몽테스키외(1748)는 '법치'에 의한 국민주권을 실현하기 위한 효 과적 장치로 삼권분립을 내세웠다. 독점 권력의 폭주를 막기 위해 입법·행정·사법권으로 나누고 견제와 균형의 원리에 따라 감시토

---

7 〈중앙일보〉(2020. 8. 4.), "윤석열 '독재' 발언에 빈정 상한 與 '사실상 반정부 투쟁 선언'".

록 했다. 즉 법치주의는 '법으로 시민을 통제한다'기보다 '통치자가
오직 법에 의해서만 권력을 행사한다'는 의미다. 이런 개념을 법을
만드는 국회의원이 모를 리 없다. 모른다면 자격이 없다.

대통령 권한이 막강한 한국에서는 정부를 견제하는 의회 역할과
사법부 독립이 중요하다. '상식'과 어긋나는 신 의원의 '법의 지배'
비판은 운동권 시절 경험에서 비롯된 것일 수 있다. 그는 1985년 미
국 문화원 점거사건으로 징역 3년을, 이후에도 공무집행방해, 음주
운전 등으로 네 차례 더 징역·벌금형을 선고받았다. 8
2020년 12월 윤석열이 법원의 업무복귀 결정으로 다시 내놓은 첫
마디 '상식'도 비슷한 논란을 일으켰다. 그의 첫말은 헌법과 법치,
상식이었다. 헌법·법치는 늘 하던 말인데, 상식이 새로 추가됐다.
공교롭게도 상식이라는 표현은 앞서 언급한 미국의 독립혁명 사상
가 토머스 페인의 저서 〈상식〉(Common Sense)과 같은 말이다.
이 책은 1776년 출간 3개월 만에 10만 권이 넘게 팔리며 독립선언
문의 기초가 됐다. 페인은 특권층(왕·귀족)이 지배하는 전제정치와
식민지배가 "인간은 평등하다"는 상식에 어긋난다며 독립운동을 역
설했다. 사회계약론을 바탕으로 민주공화제의 필요성을 강조한 페
인은 대의민주주의의 기틀을 다지는 데 큰 역할을 했다. 그의 문제

---

8 〈조선일보〉(2020. 8. 4.), "범죄전력 많은 與 신정훈, '민주주의가 법의 지배? 윤
   석열 발언 충격적'".

의식은 권력의 주체가 특권층이 아닌 국민이라는 것이다. **9**

　야스차 뭉크(2018)는 민주주의 위기 현상의 대표적 징후 중 하나로 선출 권력의 횡포를 꼽는다. 이들은 종종 "국민의 뜻을 만능"으로 내세우며 "독립기구들의 독립성을 침해하고 야당에 재갈을 물리려 하기" 때문이다. 그러면서 "짝패들과 함께 법원의 중립성을 훼손하고 언론을 장악하려 한다"고 지적했다.

시장의 실패도 적극 개입해야

미국의 포르노잡지인 〈허슬러〉의 사주 래리 플린트는 1983년 한 기독교 원리주의 목사를 풍자하는 가짜 인터뷰 기사를 실었다. 그는 '이것은 광고 패러디이니 심각하게 받아들이지 말라!'며 수차례 목사의 심기를 불편하게 했다. 평소 자신을 외설가猥藝家라며 사사건건 비난하는 그 목사를 골려주기 위한 것이었다. 목사는 곧바로 소송을 걸었다.

　외설 시비는 연방대법원까지 갔다. 최후 변론에서 플린트는 "나

───────────

9　윤석열이 2020년 10월 국정감사에서 "총장은 장관의 부하가 아니다"고 한 말도 검찰의 독립성을 강조한 것이나, 여당에선 이를 항명(抗命)이라고 비판했다. "권력은 늘 호시탐탐 법치를 무너뜨리고 제멋대로 하려고 하지만, 이런 폭주를 막기 위해 입법·행정·사법권을 나누고 견제와 균형의 원리에 따라 서로를 감시토록 했다." 몽테스키외의 말이다.

같은 쓰레기도 표현의 자유를 보장받을 수 있다면 미국은 모든 시민의 자유가 보호되는 위대한 나라"라며 수정헌법 제1조(표현의 자유)를 근거로 내세웠다. 그리고 대법원은 그에게 무죄를 선고했다. 당시 언론은 저속한 포르노잡지조차 표현의 자유를 보장받는 사회라며 자유의 나라 미국을 치켜세웠다.

밀(1859)은 "과거에 허무맹랑했던 주장이 오늘날엔 상식인 경우가 많다"며, "진리를 얻기 위해선 어느 한 개인의 의견에도 재갈을 물려선 안 된다"고 말한다. 그는 뉴턴의 경우를 예로 들며 다양한 비판이 제기되고 이를 반박하는 과정에서 이론은 그 타당성을 더욱 인정받는다고 설명하였다. 치열한 토론 끝에 살아남은 생각이 진리에 가깝다.

특히 4차 산업혁명 시대는 개인의 창의성과 자율성이 중시되는 시대다. 우리가 '패스트팔로워 *fast follower*'로 20세기 산업화의 모범생일 순 있었지만, 21세기엔 '퍼스트무버 *first mover*'가 아니면 살아남지 못한다. 그 전제조건이 자율과 창의, 개방과 관용의 정신이며 이런 핵심가치가 녹아있는 것이 자유주의다.

이제 보수도 경제적 자유주의의 편견에서 벗어나야 한다. 시장 만능이 자유주의자의 원형이 아니란 뜻이다. 자유주의자는 밖으로는 전체주의로 치닫는 집권세력의 오만과 독선에 맞서 싸우고, 안으로는 구태의 보수와 절연하려는 뼈를 깎는 자성이 필요하다. 이런 논쟁이 곳곳에서 일어나야 한다. 예를 들어 기본소득 논쟁을 통해 활발하게 대안을 모색하고, 그 과정에서 다양한 철학과 가치를 고민해야 한다.

그러므로 경제적 자유를 논할 때 방임하지 말고 시장의 실패에 대해 적극적으로 나서야 한다. 불평등과 양극화, 어려운 사람들을 돕기 위해 시장에 개입하는 것도 전향적으로 받아들일 필요가 있다. 시민 각자가 일정 수준 이상의 물적 토대를 갖출 때 사회적·정치적 자유도 꽃을 피울 수 있기 때문이다.

존 스튜어트 밀은 권력에 대항하는 소수자 권리로서의 사회적 자유를 강조했다. 앞서 우리가 살펴본 국민주권과 법치주의, 삼권분립 등과 궤를 같이하고 있다. 이렇게 약자를 배려하는 자유주의의 전통은 존 롤스10로 이어져 "최소 수혜자에게 최대의 혜택이 돌아가도록 하라"는 정의의 원칙으로 승화됐다. 11

그동안 경제적 자유주의는 주로 신자유주의적 입장만을 강조하는 시장경제학자의 관점에서만 논의됐다. 그러나 이제 시장에 대해서 사회정치학적 관점도 필요하다. 사회정치학적 자유주의의 핵심은

---

10 존 롤스(1921~2002). 미국 하버드대 교수로 사회계약론을 현대적으로 해석한 '정의론'으로 유명하다. 이전까지 윤리학에서 주로 논의돼 온 '정의' 개념을 정치철학으로 논의하며 논쟁의 장을 넓혔다. 자유주의적 관점에서 정의를 논했다. 이에 대한 비판적 논문 〈자유주의와 정의의 한계〉으로 유명한 이가 마이클 샌델이다.

11 롤스에 따르면 정의는 평등한 자유와 공정한 기회가 전제돼야 한다. 시민 누구나 자유의 권리를 동등하게 누릴 수 있어야 하며, 모두가 특권과 반칙 없이 균등한 기회를 보장받아야 한다. 불가피한 사회·경제적 불평등은 "최소 수혜자에게 최대 혜택이 돌아갈 때"만 용인된다.

소수자 배려다. 그러므로 약자와 빈자에 대한 적극적인 정책이 필요하다. 오늘날 민주주의 위기가 심화된 것이 불평등의 확산인 것을 떠올려 봐도 소수자 배려 정책은 선택이 아닌 필수사항이다.

에필로그

이 책은 "제대로 공부한 적 없고 돈 버는 게 얼마나 어려운지 모르는 민주 건달들"(홍세화)이 어쩌다 집권세력이 됐는지, "정권의 '내로남불'이 너무 많아 정리하다 도중에 그만둘 만큼"(강준만) 도덕성도 없는 586 정치세력이 어떻게 한국 정치를 위기에 빠트렸는지 살펴봤다. 그 결과 검찰·사법의 종속화, 의회정치의 몰락, 다양성의 실종 등 우리가 겪고 있는 정치적 위기의 본질은 '자유주의 없는 민주주의'라는 걸 알 수 있었다. 자유민주주의에서 '자유'가 떨어져 나가며 유사類似전체주의로 흘러가고 있다.

보편적 관점에서 민주주의의 위기 현상은 전 세계적인 불평등의 심화와 관련이 깊다. 트럼프, 르펜, 치프라스 등 대중과 직거래하는 포퓰리스트는 좌우를 가리지 않는다. 이들은 오랜 경기침체와 그로 인한 양극화를 먹이삼아 대중을 선동한다. 이들의 출현 배경에서 공통점은 한때 부유했던 나라의 성장이 정체되며 상대적 박탈감이 커지고 중산층이 쪼그라들고 있다는 점이다.

이런 흐름은 한국도 예외가 아니다. 2000년대 이전까지는 성장의 과실을 비교적 공평하게 나눠가질 수 있었지만, 지난 10여 년간 부의 편중이 매우 심화됐다. 특히 문재인 정권에서의 아파트값 폭등은 자산격차를 더욱 크게 벌리며 '한번도 경험하지 못한 양극화'를 초래하고 있다. 불평등이 심화되고 합리적인 중산층이 사라질수록 민주주의는 더 큰 위기의 수렁에 빠진다.

이를 타개할 수 있는 방법은 열린사회로 가는 것뿐이다. 소수 엘리트가 현실을 유토피아로 바꾸려는 오만부터 버려야 한다. 세상은 일순간의 혁명이나 개혁이 아니라, 상대적인 단점들을 하나씩 보완해 나가는 점진적 사회공학의 방식으로 개선될 수밖에 없다. 이를 위해선 그 어떤 주류의 생각도 언제든지 반박될 수 있는 열린사회여야 한다. 그리고 그 핵심은 자유주의다.

자유주의에선 개인의 자유를 최대한 보장하고, 매우 제한된 경우에만 국가가 개인의 자유를 제한할 수 있다. 그것도 법치주의라는 원칙과 제도 아래서만 가능하다. 그럼에도 불구하고 국가권력이 법과 제도를 넘어 자유에 위해를 가하려 할 때는 '결사'와 '표현'의 자유로 맞서야 한다. 물론 타인의 자유를 해치지 않을 때만 말이다.

개인이 부당한 국가권력에 맞서 싸우는 것은 불가능한 일이지만 '결사'를 이룬 개인들은 그 합을 능가하는 힘을 갖기 때문에 결사의 자유는 국가권력에 대항할 수 있는 핵심수단이다. 그 때문에 '표현'

384

의 자유는 자유주의의 가장 핵심적인 가치다. 모든 개인은 정치와 과학, 신학, 사회, 예술 등 모든 분야에 대해 자유롭게 말할 권리를 갖는다. 이것이 전제되지 않다면 닫힌사회다.

과거 국가보안법 등으로 다양성에 재갈을 물렸던 국가주의세력 못지않게, 오늘날 진보를 자칭하는 세력 또한 자유를 옥죄고 있다. 독재와 싸우며 체화한 '민주 대 반민주' 구도를 '아군 대 적군'으로 대체하며 정치를 토론과 타협이 아닌 갈등과 투쟁으로만 이해한다. 자신과 다른 이들을 적폐, 토착왜구 등으로 모는 것이 대표적이다.

자유주의에는 말 그대로 '자유'를 강조하는 의미도 있지만 '소수 보호'라는 뜻도 담겨 있다. 평등을 강조하는 민주주의와 상보相補관계로서 그러하다. 민주주의는 1인 1표에 의한 다수결을 주요 의사결정 원리로 삼기 때문에 소수를 억압하기 쉽다. 만인이 평등하다는 매우 숭고한 이념이지만, 다수결이라는 의사결정 방식 때문에 언제든지 다수의 횡포로 흐를 수 있다.

그 때문에 자유주의 철학이 민주주의의 전제로 기능할 때만 건강한 사회가 만들어질 수 있다. 존 스튜어트 밀의 말대로 각자의 자유를 강조함으로써 소수의 권익을 높이고 국가권력에 제한을 가하는 것이 진짜 사회적 자유다. 여기에 국민주권과 법치주의rule of law, 삼권분립 같은 가치들이 건강하게 작동해야 '민주적 통제'라 부르고 '선출 권력의 횡포'라 읽는 현 집권세력의 실정을 바로잡을 수 있다.

정치세력은 늘 편향적인 동원을 하기 위해 호시탐탐 기회를 노린다. 언론과 시민단체도 정치권의 진영논리에 끌려가기도 하며, 때로는 스스로 진영논리를 확대재생산하는 역할을 한다. 이 같은 편향성의 동원이 가능한 이유는 시민 각자가 반反지성주의에 빠져 있기 때문이다. 개개인이 충분히 합리적이고 이성적으로 판단할 수 있다면 정치세력에 쉽게 선동되지 않는다.

지금의 시민들은 뉘른베르크[1]와 같은 거대 광장에서 정치인에게 열광하지 않는다. SNS 등 온라인이 주무대이다. 특히 네티즌이 자발적으로 벌이는 '실검 전쟁'은 과거에는 찾아보기 힘들었던 새로운 정치참여의 방식이다. 느슨한 연대의 네트워크 시민들은 이슈를 직접 만들고 주도한다. 온라인을 통해 오프라인 집회를 계획하고, 마음에 들지 않는 글이나 글쓴이에 대해선 '좌표'를 찍어 실력 행사를 한다.

그러나 정치참여가 늘어나는 것이 언제나 긍정적인 일은 아니다. 여전히 다수의 건강한 시민들이 있지만, 디지털 정치참여는 중우정치로 흐르기 쉽다. 아울러 정치인으로 하여금 포퓰리즘의 유혹에 빠지게 한다. 디지털 정치참여가 이뤄지는 온라인 공간은 공론장이라기보다는 욕설과 비난이 판치는 배설의 영역에 가깝다. 그리고 이들을 이용하는 것은 늘 정치세력이다.

디지털 중우衆愚는 스스로 자신의 민주주의적 역량이 부족하다는 것을 깨닫기 어렵다. 정치인과 언론은 늘 '위대한 국민', '현명한 민

---

1 2차 세계대전을 일으키기 전 히틀러는 뉘른베르크에서 여러 차례 전당대회를 개최했다. 이곳은 히틀러의 정치적 기반이 된 곳이다.

심'과 같은 레토릭으로 치켜세우고 중우의 눈을 가린다. 이들 모두 대중의 표와 지지를 받아야 존립이 가능하기 때문에 입에 쓴 약을 주기보다 달콤한 말만 앞세운다. 그렇다 보니 국민을 정말 개·돼지 처럼 여기고 조삼모사朝三暮四하는 정치인들이 늘고 있다.

　그렇다면 우리는 어떻게 해야 할까. 노무현의 말대로 시민들이 깨어 있어야 한다. 2차 세계대전이 끝난 뒤 독일인들처럼 스스로 변 해야 한다. 당시 독일 지식인들의 가장 큰 과제는 '히틀러의 과오를 답습하지 않으려면 어떻게 해야 하는가?'였다. 히틀러가 저지른 만 행의 책임은 그의 집권과 독주를 견제하지 못한 시민들에게도 있었 다. 그렇기 때문에 전후 독일 지식인들은 민주주의라는 제도를 갖추 는 것 못지않게 그 제도를 운영하는 시민의 역량도 중요하다는 교훈 을 얻었다.

　영국이나 프랑스와 달리 민주주의를 '수입'한 독일의 경우 제도는 완벽했어도, 이를 운영하는 시민은 성숙하지 못했다. 그 결과 전후 독일인들은 국가적인 시민교육에 힘쓰기로 했고 반세기 동안 열심 히 '정치교육'을 했다. 1976년 보수·진보진영을 대표하는 정치인, 지식인들은 '이념과 정파를 뛰어넘는 정치교육 3원칙'에 합의했다. ① 강압적인 교화敎化와 주입식 교육을 금지하고 학생의 자율적 판단 을 중시하며, ② 논쟁적 주제는 수업 중에 다양한 입장과 논쟁 상황 이 그대로 드러나도록 하고, ③ 학생의 상황과 이해관계를 고려해 스스로 시민적 역량을 기르도록 돕는다는 게 핵심이다. **2**

정치교육의 핵심목표는 '선입견이 없는 (사람)'이란 의미를 가진 'Unvorein genommen'이란 단어로 압축된다. 커스틴 폴(요하네스구텐 베르크대 교수)은 "21세기 민주주의의 핵심은 서로 다른 다양한 의견이 한데 어우러지도록 조화시키는 점에 있다"며 "상대를 인정하고 열린 마음을 갖는 것이 정치교육의 출발"이라고 했다.**3** 이런 시민교육이 있었기에 오늘날 독일은 정치와 경제 양 측면에서 유럽을 이끄는 리더로 성장했다.

한국도 독일과 비슷한 점이 많다. 분단을 겪었고 전후 '한강의 기적'(독일은 '라인강의 기적')을 통해 경제를 성장시켰다. 민주주의를 수입해 적용하는 과정에서 혼란과 갈등이 많았다. 이런 측면에서 본다면 한국 정치엔 영국과 미국처럼 스스로 민주주의를 발전시킨 나라보다는 독일식 모델이 의미하는 바가 더 크다. 특히 정치교육(또는 시민교육)의 측면에서 그렇다.

성숙한 의식을 가진 시민들이 비판적 지성으로 정치권을 두 눈 부릅뜨고 감시한다면 정치 수준이 낮아질 리 없다. 정치인을 팬의 입장에서 무작정 좇기만 할 게 아니라 건강하고 비판적인 지지자가 돼야 한다. 시민을 우습게 여기는 정책과 공약을 남발할 때 준엄하게 꾸짖을 수 있어야 한다. 그러려면 공론장에서 자유롭게 토론하고 건

---

2 조그마한 시골도시인 보이텔스바흐(Beutelsbach)에 모여 합의에 성공해 '보이텔스바흐 협약'으로 불린다.
3 〈중앙일보〉(2017. 2. 16.), "히틀러 이후 70년 … 독일인은 어떻게 가장 매력적인 국민 됐나".

설적으로 타협할 수 있는 합리적 사고가 필요하다.

앞서 살펴본 대로 과학은 보고 믿는 것이며, 종교는 믿고 보는 것이다. 과거의 정치는 종교의 영역에 가까웠지만, 이제는 과학과 더욱 밀접해야 한다. 모든 이론은 반증이 가능해야 하고, 오직 사실과 논리로써 정책을 결정하고 집행해야 한다. 그것이 우리가 추구하는 열린사회의 길이다. 그 핵심 전제가 자유주의라는 것은 두말할 나위 없다.

끝으로 문재인과 박근혜의 이야기로 돌아가 보자. 흔히 지난 정권을 '이명박근혜'라고 합쳐 부른다. 현 집권세력이 지난 9년간의 보수정권을 싸잡아 비판하기 위해 만든 프레임이다. 그런데 세밀히 따져 보면 이명박과 박근혜는 매우 다른 사람이다. 불과 몇년 전까지 친이, 친박으로 나뉘어 갈등과 반목을 반복하지 않았던가. 두 사람은 통치 스타일부터 추구하는 지향점까지 전혀 다르다.

오히려 이명박은 노무현과, 박근혜는 문재인과 닮았다. 노무현과 이명박은 집권 당시 각자의 이데올로기가 있었지만, 국가의 미래를 위해 '실용'을 택했다는 점에서 닮았다. 이명박은 행정도시(세종시) 건설을 약속했던 과거의 한나라당과 달리 수정안을 냈다. 행정수도 건설 대신 기업을 유치해 자족도시를 만들자고 했다. 정부청사 이전으로는 기대하는 효과를 얻을 수 없다고 판단한 것이다. 하지만 '원칙'을 강조한 박근혜 앞에서 이명박의 계획은 무산됐고 행정도시는 예정대로 추진됐다. **4**

노무현은 2005년 당시 야당에 "두 당이 실제로는 정책 차이가 그리 크지 않다"며 대연정을 제안하기도 했다. 당시 지지들과 여당으로서는 도저히 받아들이기 힘든 결정이었다. 진보층 내부에서는 노무현 정부가 진보정권이 맞느냐는 정체성 논란까지 벌어졌다. 갖은 욕을 들어가면서도 노무현이 이런 결단을 내렸던 것은 그의 판단 기준이 국가와 국민의 이익, '실용'에 맞춰져 있었기 때문이다.

그러나 '문박근혜'(문재인 + 박근혜)는 어떤가. 두 사람은 둘째라면 서러워 할 원칙주의자다. 워낙 철새 정치인이 많은 한국에서 원칙과 철학을 지키는 것은 쉽지 않다. 온갖 이해관계와 회유, 압박을 이겨내는 것이 현실 정치에선 그만큼 어렵다는 뜻이다.

그러나 정치가의 위상이 높아질수록 그 원칙은 독선獨善과 독단獨斷이 되기 쉽다. 원칙은 불통으로 변하고 다른 사람의 말을 듣는 귀를 가로막는다.5 그렇기 때문에 정치인이 가진 권력의 크기에 비례해 유연성도 높아져야 한다. 특히 대통령 권한이 막강한 한국에선

---

4 박근혜는 이미 행정수도 이전에 찬성을 했었고, 그 약속을 지켜야 한다며 원칙을 고수했다. 2005년 고 박세일 정책위의장(서울대 교수)이 행정수도 이전을 반대하며 당 대표였던 박근혜와 갈등을 빚고 의원직을 사퇴한 것도 비슷한 맥락이었다.
5 미얀마의 민주화 영웅인 아웅산 수치 국가고문도 이런 비판에서 자유롭지 못했다. 노벨평화상까지 수상한 수치는 정작 자국에서 발생한 로힝야족 학살에 대해선 침묵했다. 이를 비롯한 국내외 정치의 많은 이슈에서 독단적 결정을 내리곤 했다. 이에 대해 미국 오바마 정부에서 미얀마 특사를 지낸 벤 로즈는월간지 〈애틀랜틱〉 기고문에서 이렇게 평가했다. "수치가 원하는 것은 국부의 딸로서 정당한 권리를 얻는 것이다. 수치의 주변 사람들은 그에 대해 '의사결정 스타일은 중앙집권적이고 여왕 같다'고 말한다."

그를 통제할 만한 권력이 없기 때문에 스스로 열린 자세를 갖지 않는 한 독단에 빠지기 쉽다.

문재인의 원칙도 그가 야당 대표이거나 인권변호사일 때는 큰 장점이었지만, 대통령이 되고 난 후엔 오히려 단점으로 작용했다. 문재인은 자신을 지지했던 국민뿐 아니라 지지하지 않았던 국민까지 모두 포용하는 대통령이 되겠다고 했다. 그러나 다수 국민이 원치 않는 자신만의 원칙을 지키겠다면서 갈등과 혼란을 야기했다.

원전原電 폐기 공약이 대표적이다. 대다수의 과학자와 일반 국민의 상당수도 원전 폐기를 지지하지 않는다. 원전가동률을 낮추면서 해외 연료수입이 크게 늘었고, 덩달아 전기료 인상 압박까지 커지고 있다. 무엇보다 원전을 대체할 만한 새로운 에너지원이 없는 상태에서, 기후변화에 심각한 영향을 미치는 화석에너지 의존도를 줄이지 못하고 있다.

실용보다 이념을 내세우고, 청와대에 갇혀 다른 생각을 가진 이들과 소통하지 않는 것은 문재인과 박근혜 모두 같다. 두 사람 다 태극기부대와 문파 등 강력한 팬덤을 등에 업고 종교화된 정치를 펴는 것도 비슷하다. 명확한 피아彼我 구분과 갈라치기, 과거로 향하는 적폐청산(비정상의 정상화)의 정치, 역사 해석의 권한까지 독점하려는 태도 등 정말 많은 부분에서 데칼코마니처럼 닮아 있다.

노무현이 실용과 미래를 이야기했다면, 문재인은 이념과 과거를 내세운다. 문재인은 노무현과 엮인 운명에서 정치를 시작했다고 하지만, 그 끝은 너무도 다르다. 노무현은 국가의 역할이 불평등 해소와 복지 차원에서 커지길 바랐는데, 문재인은 시민을 통제하고 억압하는 데 권력을 키우고 있다. 말로는 촛불혁명을 통한 촛불정신을 계승한다는데, 그가 말하는 '촛불정신'이 도대체 무엇인지 묻고 싶다. 아무리 기대를 접는다 해도 탄핵된 박근혜보다는 나아야 할 것 아닌가.

"기회는 평등하고 결과는 정의로울 것"이라는 그의 취임사는 많은 국민을 설레게 했다. 그러나 그 결과는 선택적 정의였다. 도덕적 관념에서 바라본 정의는 주관적이며 때론 선험적이다. 이때의 정의는 종종 뚜렷한 피아 구분과 선악의 이분법을 전제하기 쉽다. 복잡다단한 현실세계에선 히어로 영화의 그것처럼 쉽게 선악이 재단되지 않는다. 때론 정의를 위해 과정과 절차가 희생되기도 한다.

상대를 악이라 규정하면 논리로 실증하는 게 불가능하고 신념으로 정죄定罪할 수밖에 없다. 그렇기 때문에 민주주의 사회가 추구해야 할 정의는 결과로서의 정의가 아니라 공정으로서의 정의다. 공정은 절차적 의미에서의 객관과 합리, 정당성 등을 뜻한다. 자유민주주의와 그 안에서 비롯된 대의정치 시스템은 절차와 과정을 지키는 것이 지난하고 비효율적인 일이라 느껴져도, 궁극적으로는 최선의 결과를 도출해낼 수 있다. 절차를 어겼을 때 감수해야 할 비용을 생각하면 더욱 그렇다.

그러므로 새로운 사회의 시대정신은 정의가 아니라 공정에 가까워야 한다. 특히 오늘날 청년세대가 기성세대를 비판하는 지점도 여기에 있다. 586의 정의는 그들에겐 숭고하고 성스러운 이름일지 모르나 청년들에겐 그저 기득권과 내로남불일 뿐이다. 조국과 윤미향, 평창 동계올림픽 단일팀과 인천국제공항공사 사태가 그랬다.

진보는 원래 기성세대가 만들어놓은 기득권에 저항해 새로운 사회변화를 주도해 가는 이들을 뜻한다. 그렇기 때문에 진보는 청년의 다른 이름이었다. 변화할 수 없다면, 어제의 진보도 오늘의 수구일 뿐이다.

참고문헌

논문

강준만(2019). "왜 대중은 반지성주의에 매료되는가". 〈정치·정보연구〉, 22(1): 26~62쪽.

김종길(2005). "사이버공론장의 분화와 숙의 민주주의의 조건". 〈한국사회학 39(2)〉, 34~68쪽.

김희준(2008). "과학과 종교의 갈등". 〈지식의 지평4〉, 108~123쪽.

신현기, 우지숙(2019). "민주화 이후 대통령의 소통 수준에 대한 평가". 〈한국 정책개발학회〉, 19: 75~108쪽.

알레한드로 벨라스코(2018). "위기에 처한 차베스주의, 분쟁에 빠진 차베스주의". 〈세계화 시대의 라틴아메리카〉, 65~76쪽.

윤평중(2011). "강남좌파와 지식인의 아편". 〈철학과 현실〉, 90: 179~186쪽.

이항우(2005). "경합적 다원주의와 온라인 사회·정치 토론". 〈경제와 사회〉, 68(가을호): 189~285쪽.

전지윤(2010). "길을 잃은 노무현의 변명과 회한". 〈마르크스21〉, 5: 321~340쪽.

최장집(2019). "한국 민주주의의 공고화, 위기, 그리고 새 정치질서를 위한 대안". 〈김대중 학술회의 기조강연〉.

한보희(2013). "음모 대세: 혹은 음모론에 대처하는 우리의 자세". 〈문학과 사회〉, 26(4): 296~310쪽.

Charles Fishman(2012), "The Insourcing Boom", 〈*The Atlantic Monthly*〉.

Gene M. Grossman and Rossi-Hansberg(2008). "Trading Tasks: A simple Theory of Offshoring". 〈*American Economic Review*〉, 98(5): 1978~1997쪽.

Umberto Eco(1995). "Ur-Fascism". 〈*New York Review of Books*〉.

도서(국내)

강원택 (2018). 《한국정치론》. 박영사.

강준만 (2011). 《강남좌파》. 인물과사상사.

_____ (2020). 《권력은 사람의 뇌를 바꾼다》. 인물과사상사.

김용철, 지충남, 유경하 (2018). 《현대 한국정치의 이해》. 마인드탭.

김정훈, 심나리, 김항기, 우석훈 (2019). 《386세대 유감》. 웅진지식하우스.

김종서, 정인지 (1451). 《高麗史》. 탁양현 역 (2018). 《고려사》. e퍼플.

김헌 (2008). 《위대한 연설》. 인물과사상사.

김훈 (2012). 《칼의 노래》. 문학동네.

노무현 (2009). 《진보의 미래》. 돌배게.

문재인 (2011). 《문재인의 운명》. 가교출판.

오구라 기조 (2017). 《한국은 하나의 철학이다》. 모시는사람들.

오연호, 조국 (2010). 《진보집권플랜》. 오마이북.

윤석만 (2018). 《리라이트》. 시루.

윤성이 (2018). 《한국정치 민주주의·시민사회·뉴미디어》. 법문사.

이철승 (2019). 《불평등의 세대》. 문학과지성사.

이한구 (2014). 《칼 포퍼의 '열린사회와 그 적들' 읽기》. 세창미디어.

장 프랑수아 시리넬리, 정명환, 변광배, 유기환 (2004). 《프랑스 지식인들과
　　　한국전쟁》. 민음사.

진영재 (2018). 《한국정치》. 법문사.

최장집 (2010). 《민주화 이후의 민주주의》. 후마니타스

도서(국외)

Adam Smith (1759). *The Theory of Moral Sentiments*. 김광수 역 (2016). 《도덕감정론》. 한길사.

_____ (1776). *The Wealth of Nations*. 김수행 역 (2007) 《국부론》. 비봉출판사.

Alexis de Tocqueville (1835). *De la democratie en Amerique*. 은은기 역 (2013). 《미국의 민주주의》. 계명대학교출판부.

Aristotle. *Politica*. 천병희 역 (2009). 《정치학》. 숲.

_____. *Rhetoric*. 이종오 역 (2015). 《수사학》. HUEBOOKs.

Benjamin Lee Whorf (1964). *Language, thought, and reality*. The MIT Press. 신현정 역 (2010). 《언어, 사고, 그리고 실재》. 나남.

Bruce Cumings (2011). *The Korean War*. Modern Library. 조행복 역 (2017). 《브루스 커밍스의 한국전쟁》. 현실문화.

Charles-Louis de Secondat Montesquieu (1748). *The Spirit of Laws*. 이재형 역 (2015). 《법의 정신》. 문예출판사.

Daniel Kahneman (2013). *Thinking, Fast and Slow*. Farrar, Straus and Giroux. 이창신 역 (2018). 《생각에 관한 생각》. 김영사.

David Balaam & Bradford Dillman (2016). *Introduction to International Political Economy*. Routledge. 민병오 외 역 (2016). 《국제정치경제》. 명인문화사.

David Easton (1965). *Framework for Political Analysis*. Prentice Hall.

Francis Fukuyama (1992). *The End of History and the Last Man*. Free Press.

George Lakoff (2014). *The All New Don't Think of an Elephant!*. Chelsea Green Publishing; 10th Anniversary edition. 유나영 역 (2018). 《코끼리는 생각하지마》. 와이즈베리.

George Orwell (1949). *Nineteen eighty-four*. 김기혁 역 (2009). 《1984》. 문학동네.

Hans-Peter Martin (2018). *Game Over*. Penguin Verlag. 이지윤 역 (2020). 《게임오버》. 한빛비즈.

Herbert Butterfield(1949), *Origins of Modern Science 1300~1800.* 차하순 역(1986), 《근대과학의 기원》, 탐구당

Jacob Bronowski(1956). *Science and Human Values.* 우정원 역(1994). 《과학과 인간가치》. 이화여자대학교출판부.

Jared Diamond et al, (2018). 《未來を讀む》. PHP硏究所. 오노 가즈모토 엮음. 정현옥 역(2019). 《초예측》. 웅진지식하우스.

Jean-Jacques Rousseau(1755). *Discourse on the Origin and Basis of Inequality Among Men.* 김중현 역(2015). 《인간 불평등 기원론》. 펭귄 클래식코리아.

John Locke(1689). *Two Treatises Of Government.* 강정인, 문지영 역(2017). 《통치론》. 까치.

John Milton(1644). *Areopagitica.* 임상원 역(2013). 《아레오파지티카》. 나남.

John Rawls(1971). *Theory of justice.* 황경식 역(2003). 《정의론》. 이학사.

John Stuart Mill(1859). *On Liberty.* 서병훈 역(2018). 《자유론》. 책세상문고.

Joseph E. Stiglitz(2012). *The price of inequality: how today's divided society endangers our future.* W. W. Norton & Company. 이순희 역(2013). 《불평등의 대가》. 열린책들.

Juan J. Linz(1978). *The Breakdown of Democratic Regimes: Crisis, Breakdown and Reequilibration.* Johns Hopkins University Press.

Karl Raimund Popper. *The open society and its enemies.* 이한구 역(2006). 《열린사회와 그 적들》. 민음사.

Lasch, C. (1979). *Culture of Narcissism.* New York Warner Books.

Ludwig Andreas von Feuerbach(1841). *The Essence of Christianity.* 강대석 역(2008). 《기독교의 본질》. 한길사.

Ludwig Josef Johann Wittgenstein(1921). *Tractatus Logico-Philosophicus.* 이영철 역(2020). 《논리철학논고》. 책세상.

Michael Bentley(2012). *The Life and Thought of Herbert Butterfield: History, Science and God.* Cambridge University Press.

Michael J. Sandel(2010). *Justice: What's the Right Thing to Do?* Farrar, Straus and Giroux. 김명철 역(2014). 《정의란 무엇인가》. 와이즈베리.

_____ (2020). *The Tyranny of Merit: What's Become of the Common Good?* Farrar, Straus and Giroux. 함규진 역 (2020). 《공정하다는 착각》. 와이즈베리.

Michael Young (1958). *The Rise of the Meritocracy.* 유강은 역 (2020). 《능력주의》. 이매진.

Michiko Kakutani (2018). *The Death of Truth.* Tim Duggan Books. 김영선 역 (2019). 《진실 따위는 중요하지 않다》. 돌베개.

Neil Faulkner (2013). *A Marxist History of the World.* Pluto Press. 이윤정 역 (2016). 《좌파 세계사》. 엑스오북스.

Patricia Owens, John Baylis, Steve Smith (2011). *The Globalization of World Politics.* Oxford University Press. 하영선 역 (2019). 《세계정치론》. 을유문화사.

Platon. *Apology of Socrates.* 김세나 역 (2015). 《소크라테스의 변론》. 소울메이트.

Richard Hofstadter (1963). *Anti-intellectualism in American Life.* Vintage. 유강은 역 (2017). 《미국의 반지성주의》. 교유서가

Richard Toye (2013). *Rhetoric.* Oxford University Press. 노승영 역 (2015). 《수사학》. 교유서가.

Richard V. Reeves (2018). *Dream Hoarders.* Brookings Institution Press. 김성진 역 (2019). 《20 VS 80의 사회: 상위 20퍼센트는 어떻게 불평등을 유지하는가》. 민음사.

Roger Scruton (2015). *How to be a conservative.* Bloomsbury Continuum. 박수철 역 (2016). 《합리적 보수를 찾습니다》. 더퀘스트.

Sarah Chayes (2016). *Thieves of State.* W. W. Norton & Company. 이정민 역 (2018). 《부패권력은 어떻게 국가를 파괴하는가》. 이와우.

Steven Levitsky, Daniel Ziblatt (2018). *How Democracies Die.* Crown. 박세연 역 (2019). 《어떻게 민주주의는 무너지는가》. 어크로스.

Thomas Hobbes (1651). *Leviathan.* 신재일 역 (2007). 《리바이어던》. 서해문집.

Thomas L. Friedman (1999). *Lexus and the olive tree.* Farrar, Straus & Giroux. 신동욱 역 (2000). 《렉서스와 올리브 나무》. 창해.

_____(2005). *The World is Flat*. Penguin Books. 김상철, 이윤섭 역(2005). 《세계는 평평하다》. 창해.

Thomas More(1516). *Utopia*. 주경철 역(2021). 《유토피아》. 을유문화사.

Thomas Paine(1775). *Common sense*. 남경태 역(2012). 《상식》. 효형출판.

Thomas Piketty(2013). *Capital in the Twenty-First Century*. Harvard University Press. 장경덕 외 역(2014). 《21세기 자본》. 글항아리.

_____(2020). *Capital and Ideology*. Harvard University Press. 안준범 역(2020). 《자본과 이데올로기》. 문학동네.

Timothy Snyder(2017). *On Tyranny*. Crown. 조행복 역(2017). 《폭정》. 열린책들.

_____(2018). *The Road to Unfreedom*. Tim Duggan Books. 유강은 역(2019). 《가짜 민주주의가 온다》. 부키.

Umberto Eco(1980). *Il nome della rosa*. Houghton Mifflin Harcourt. 이윤기 역(2009). 《장미의 이름》. 열린책들.

Vladimir Lenin(1917). *The state and revolution*. 문성원, 안규남 역(2015). 《국가와 혁명》. 돌베개.

Xenophōn. *Memorabilia*. 천병희 역(2018). 《소크라테스 회상록》. 숲.

Yascha Mounk(2018). *The People vs. Democracy*. Harvard University Press. 함규진 역(2018). 《위험한 민주주의》. 와이즈베리.

Yuval Noah Harari(2017). *Homo Deus*. Random House UK. 김명주 역(2017). 《호모 데우스》. 김영사.